21世纪高等院校通识课规划教材

大学生普通话教程

DAXUESHENG PUTONGHUA JIAOCHENG

吴畏 主编

宋飞 王丹 副主编

东北财经大学出版社
Dongbei University of Finance & Economics Press
大连

图书在版编目（CIP）数据

大学生普通话教程 / 吴畏主编．—大连：东北财经大学出版社，2024.9．—（21世纪高等院校通识课规划教材）．—ISBN 978-7-5654-5327-4

Ⅰ．H102

中国国家版本馆CIP数据核字第20244TA350号

东北财经大学出版社出版

（大连市黑石礁尖山街217号　邮政编码　116025）

网　　址：http://www.dufep.cn

读者信箱：dufep@dufe.edu.cn

大连天骄彩色印刷有限公司印刷　　东北财经大学出版社发行

幅面尺寸：185mm×260mm　字数：224千字　印张：10　插页：1

2024年9月第1版　　2024年9月第1次印刷

责任编辑：李　栋　周　慧　王　玲　　责任校对：何　莉

封面设计：原　皓　　版式设计：原　皓

定价：34.00元

教学支持　售后服务　联系电话：（0411）84710309

如有印装质量问题，请联系营销部：（0411）84710711

前言

在当今这个信息交流频繁、文化多元融合的时代，语言不仅是思想的载体，更是个人素养与社会交往能力的直接体现。普通话作为中华民族共同的语言纽带，其重要性不言而喻。对于即将步入社会的大学生而言，掌握标准、流畅的普通话，不仅是学业与职场的基本要求，更是传承与弘扬中华文化的重要途径。基于此，《大学生普通话教程》应运而生，本书旨在通过系统化、科学化的教学内容，助力大学生提升普通话水平，增强语言表达与沟通能力。

本书专为高等院校的本科生及研究生设计，同时也适合广大社会读者自我提升使用。大学时期，作为从校园走向社会的过渡阶段，不仅要求学生具备深厚的专业知识，更强调其社会适应性和实践能力的培养。在这个阶段，无论是进行学术报告、团队讨论，还是参与社会实践、文化交流，一口流利的普通话都是有效沟通的关键。因此，本书的编写紧贴时代脉搏，旨在满足大学生在多维度生活中对高水平语言表达的需求。

本书深入贯彻党的二十大精神，积极响应国家文化强国战略，遵循《中华人民共和国国民经济和社会发展第十四个五年规划和2035年远景目标纲要》中关于提升国民语言文化素质的要求，将社会主义核心价值观融入教学内容，注重语言技能与思想政治教育的有机结合。通过精选实例、深入讲解与实践练习相结合的方式，使学生在学习普通话的过程中，不仅能提升语言技能，更能深化对中华文化的理解和认同，促进优秀传统文化的创新性传承与发展。

在内容编排上，本书在传统普通话教学框架基础上进行了创新，特别增设了针对解说词演讲方法和技巧的章节，旨在通过这一独特的语言应用场景，不仅教授普通话的发音、语调及演讲技巧，还融入了丰富的文化内涵，让学生在实践中感受中华文化的魅力并自觉传播中华文化。

本书由贵州大学文学院吴畏教授担任主编，王丹、宋飞、任庆馨、何洁、郑玉杨、陈诵弦、林洁等多位资深教师也参与了本书的编写工作。尽管我们力求完美，但由于时间限制及个人认知局限，书中定会存在不足之处，我们诚挚邀请广大读者提出宝贵意见与建议，以便未来版本的修订与完善。

《大学生普通话教程》的出版，寄托着我们对青年学子的殷切期望，希望每一位读者都能通过对本书的学习，掌握普通话，在语言的海洋中畅游，以更加自信的姿态，讲好中国故事，传播好中国声音。

编　者

2024年6月

前言

目录

第一章

绪　论

知识目标

1. 理解普通话作为现代汉民族共同语的定义，包括其语音、词汇、语法三方面的规范。

2. 了解普通话的历史发展：掌握普通话从先秦时代的“雅言”到现代“普通话”的演变过程，理解其在不同历史时期的名称和形式变化。

3. 了解普通话推广的政策与法规：了解中华人民共和国成立以来关于推广普通话的主要政策文件、标志性事件及其重要意义，如《关于推广普通话的指示》《中华人民共和国国家通用语言文字法》等。

4. 认识普通话在现代社会的作用：认识普通话在促进民族团结、社会和谐、经济发展以及国际交流中的重要作用。

5. 了解本教材的基本组成和学习内容。

能力目标

能够准确阐述普通话作为现代汉民族共同语的定义，并能在实际应用中遵守规范，确保语言表达的准确性和规范性。能够系统地梳理普通话的历史发展脉络。

学思践悟

鼓励学生将所学的普通话知识运用到实际生活中去，通过实践不断检验和提升语言能力，在普通话学习和实践中勇于创新、敢于表达自己的想法和观点，通过交流，分享经验和成果，让学生将所学的普通话知识和技能服务于社会、服务于人民，为构建和谐社会贡献自己的力量。

第一节 普通话的定义

语言是最重要的交际工具和信息载体。普通话作为中华人民共和国的官方语言承载着深厚的文化底蕴和民族情感。自中华人民共和国成立以来，国家高度重视普通话的推广与普及，不仅将其视为民族团结、社会和谐的重要基石，更将其作为增强国家凝聚力、提升国民文化素质的重要途径。

普通话，是以北京语音为标准音，以北方话为基础方言，以典范的现代白话文著作为语法规范的现代汉民族共同语。这一定义从语音、词汇和语法三个方面限定了普通话的内涵和表达。其中，普通话的音节结构简单，声音响亮，界限分明，节律感强，同时声调抑扬顿挫，富有表达性。作为标准语，普通话高于各方言，对各方言起示范作用，规定各方言的发展方向；方言则从属于普通话，向普通话集中、靠拢。普通话口语与统一的书面语一致，方言则不存在与其口头形式一致的独立的书面语。各种方言在通行区域、使用人口、使用场合等方面受到一定限制，普通话的通行区域、使用人口则可以覆盖各个方言，使用场合也几乎不受限制。因此，普通话是具有全民性的特殊方言。

第二节 普通话的发展历史

汉民族共同语的发展历史可以追溯至先秦时期，那时的古代汉民族共同语被称为“雅言”。随着历史的演进，其名称和形式在不同时期有所变化。汉代时，这种共同语被称为“通语”，而到了明代则改称“官话”。辛亥革命后，其名称进一步变化为“国语”。在中华人民共和国成立后，1955年召开的现代汉语规范问题相关学术会议确定称汉民族共同语为“普通话”，并确立了以北京语音为标准音，以北方话为基础方言，以典范的现代白话文著作为语法规范的三项标准。

现代汉语规范化运动的发端要从20世纪初，即清末民初的三大语文运动说起。提倡文字改革，创制拼音字母的切音字运动，推广汉民族共同语的国语运动，提倡用能够表达公共口语的白话文取代文言文作为正式书面语言的白话文运动。这“三大运动”的发展，为20世纪50年代的汉语规范化运动，汉语拼音方案的研制和确立等创造了条件。

中华人民共和国成立后，1955年10月召开了“全国文字改革会议”和“现代汉语规范化学术会议”，确定以“普通话”作为汉民族共同语的正式名称，对有关内容进行了具体讨论。1956年2月，国务院发布《关于推广普通话的指示》，除了语音标准之外，还增加了词汇、语法两项内容，对普通话作出了全面、明确的解释。一是，以北京语音为标准音。即把北京话的语音系统（包括声母、韵母、声调及其配合关系）作为普通话的语音标准，但不包括北京土语的语音成分。二是，以北方话为基础方言。北方话使用人数最多、使用范围最广。历史上，中原地区方言一直是“雅言”和“通语”的基础方言。普通话既要不断吸收外来词和方言词充实自己，又要舍弃北方话中过于土俗的词语。三是，以典范的现代白话文著作为语法规范。“典范的现代白话文著作”是指现代名家的著作和政府公告以及重要政论文章等，这类书面语在写作过程中经过了反复的推敲锤炼，用词造句严谨精致，是对口语形式的加工完善，可以作为普通话的语法标准。

进入改革开放时期，普通话推广迎来了新的发展机遇。1982年，普通话被正式写入《中华人民共和国宪法》，规定“国家推广全国通用的普通话”，确立了普通话的官方地位。同年，教育部、国家语委联合发布了《关于进一步搞好语言文字规范化工作的若干意见》，进一步明确了推广普通话的重要性和具体措施。1994年10月，国家语委、国家教委、广电部联合颁布了《关于开展普通话水平测试工作的决定》，明确提出在全国范围内逐步实行普通话水平测试制度，将普通话水平纳入教师、播音员、主持人等职业资格考核体系。进入21世纪，随着信息技术的飞速发展，普通话的推广迎来了新的高潮。2000年，国家语委发布了《关于开展普通话水平测试工作的决定》，标志着普通话水平测试工作的全面启动。这一举措极大地推动了普通话的普及和应用，提高了国民的普通话水平。2001年1月1日，《中华人民共和国国家通用语言文字法》正式实施，这是我国第一部关于语言文字的专门法律，明确规定了普通话和规范汉字作为国家通用语言文字的地位和使用范围，为普通话的推广提供了法律保障。此外，国家还通过实施“推普周”活动、加强学校普通话教育等措施，不断推动普通话的普及和应用。这些政策文件的出台和实施，为普通话的推广提供了有力的政策保障和制度支持。普通话的作用在于“全国通用”。它是在北方话的基础上确立、发展起来的，但是，它高于方言，是各方言之间的共同语，同时也是我国各民族之间相互交往和联系的信息桥梁。为了适应新的形势和任务，国家语言文字工作委员会对新时期推广普通话工作的方针做了必要的调整。[①]2023年，《普通话水平测试实施纲要（2021年版）》（简称“新版纲要”）在国（境）内外公开发行，新版纲要自2024年1月1日起正式实施，旨在提升普通话水平测试规范化、科学化水平，适应新时代语言生活发展变化。新版纲要的公布和实施，将进一步提升普通话水平测试的科学化规范化水平，促进普通话推广普及高质量发展。

第三节　普通话的推广与政策支持

普通话是现代汉民族的共同语，我国不同方言、不同语言的各地区、各民族之间使用普通话进行交流与沟通，加强了民族间的团结，增强了中华民族的凝聚力。特别是港澳回归后，港澳同胞积极学习和使用普通话，表现出了对祖国的强烈认同感。在中国特色社会主义现代化建设的历史进程中，大力推广、积极普及全国通用的普通话，有利于消除语言隔阂，促进社会交往，对社会主义经济、政治、文化建设和社会发展具有重要意义。随着改革开放和社会主义市场经济的发展，社会对普及普通话的需求日益迫切。推广普及普通话，营造良好的语言环境，有利于促进人员交流，有利于商品流通和培育统一的大市场。我国是多民族、多语言、多方言的人口大国，推广普及普通话有利于增进各民族各地区的

① 刘照雄.推广普通话的重要举措——普通话水平测试简论［J］. 语言文字应用，1994（4）：6.

交流，有利于维护国家统一，增强中华民族凝聚力。[①]2020年，国务院办公厅印发《国务院办公厅关于全面加强新时代语言文字工作的意见》（国办发〔2020〕30号）。该文件指出："以推广普及和规范使用国家通用语言文字为重点，加强语言文字法治建设，推进语言文字规范化、标准化、信息化建设，科学保护各民族语言文字，构建和谐健康语言生活，传承弘扬中华优秀语言文化，提升国家文化软实力，为铸牢中华民族共同体意识、建设社会主义现代化强国贡献力量。"普通话的推广与普及，对于个人和社会都具有重要意义。对于个人而言，掌握普通话有助于提升个人的语言能力和文化素养，增强个人的就业竞争力和社会适应能力。对于社会而言，普通话作为国家的官方语言，是促进民族团结、社会和谐的重要工具，也是展示国家形象和文化软实力的重要窗口。《国务院办公厅关于全面加强新时代语言文字工作的意见》也明确提出了普通话推广工作的主要目标是：到2025年，普通话在全国普及率达到85%，语言文字规范化、标准化、信息化水平进一步提高，语言文字科技水平和创新能力明显提升，中华优秀语言文化得到更好传承弘扬，与人民群众需求相适应的语言服务体系更加完善。到2035年，国家通用语言文字在全国范围内的普及更全面、更充分，普通话在民族地区、农村地区的普及率显著提高，国家语言文字事业取得长足发展，基本实现新时代语言文字工作治理体系和治理能力现代化。因此，国家开展了一系列通用语言文字示范培训，以提高人民群众通用语言文字应用能力。

普通话的推广和普及能加快经济建设的步伐。2020年，脱贫攻坚战取得全面胜利，"推普助力脱贫攻坚行动"收官。学界聚焦推普助力脱贫实践中的成效、经验、问题、不足，进一步深入探讨语言扶贫的理论与方略，研提语言扶贫效果评价体系与路径，探讨语言扶贫长效机制，建议将语言扶贫融入贫困治理、构建语言扶贫常态化制度体系、对接乡村振兴战略、重视民族地区语言教育与语言能力提升。国家在乡村振兴工作中，也把普通话推广作为重要途径之一，实施经典润乡土计划，助力乡村振兴战略。教育部、国家乡村振兴局、国家语委在2021年12月23日印发了关于《国家通用语言文字普及提升工程和推普助力乡村振兴计划实施方案》的通知（教语用〔2021〕4号），指出：到2025年，全国范围内普通话普及率达到85%；基础较薄弱的民族地区普通话普及率在现有基础上提高6~10个百分点，接近或达到80%的基本普及目标。推普脱贫攻坚成果得到巩固拓展，推普助力乡村振兴作用彰显。[②]通过普及国家通用语言文字，可以提高农牧民的交流能力和文化素质，使他们能够更好地参与到乡村产业的发展中来。例如，在电商、直播带货、新民宿等新兴产业中，掌握国家通用语言文字的农牧民可以更加便捷地与市场对接，提高产品的附加值和竞争力。此外，推广普通话还有助于将特色优质农牧产品凝练成"地理标志产品"，提升产业、产品附加值。在教育领域，政府加大了对农村学校国家通用语言文字教育的投入力度，提高了农村地区学生的语言能力和文化素养；在乡村产业发展方面，政府鼓励和支持农民利用国家通用语言文字优势开展电商、直播带货等新兴业务；在社会治理方面，政府积极推动乡村基层自治和法治建设，提高村民参与乡村治理的能力和水平。同时，各大学组织了假期社会实践活动，充分发挥学生的专业和文化优势，开展了"同讲

① 推广普通话宣传提纲和宣传口号，来源于中华人民共和国教育部政府门户网站（moe.gov.cn）。

② 教育部，国家乡村振兴局，国家语委.国家通用语言文字普及提升工程和推普助力乡村振兴计划实施方案[EB/OL].[2023-12-23]. https://www.gov.cn/zhengce/zhengceku/2022-01/09/content_5667268.htm.

普通话，共创新乡村”等系列推普助力乡村振兴实践活动，深入全国各地对口帮扶地，持续开展推普实践活动。这些举措都有助于培育乡村经济新增长点，推动乡村产业振兴。

第四节 本教材简述

大学是产生文明、交流文明、互鉴文明、传承和传播文明的关键场所，文明深度交流互鉴需要大学这一载体。大学教育是实现文明交流互鉴的纽带，是世界人民共享文明成果的有益平台。大学生是乡村振兴普通话推广工作、中国文化对外交流的主要力量之一。为真正实现“提升国民语言文化素养，提高国民语言能力”的目标，大学阶段的普通话学习和练习对学生来说极其关键。目前，由于广播、电视、网络等传媒的影响，来自大中城市的学生一般会说比较标准或带些方言色彩的普通话。部分来自边远或欠发达地区的学生，由于缺少良好的语言环境，小部分人不会说普通话，多数人虽然可以说，但说得生硬、不自然，方言色彩重。每个人普通话的基础不同，学习目标也应当有一定的区别。普通话基础较好的学生，应当在认真学习普通话的有关理论基础上，学习一些发声、朗读、演讲方面的知识和技巧，锤炼、提高普通话口语，注意分辨和纠正日常用语中的方言词汇。这部分人存在的普通话语音问题主要有：翘舌声母轻微缺陷（卷舌动作稍重或稍欠）、i组声母偏前、单元音a的舌位偏后或偏高、复合元音动程不足等。普通话基础一般的学生，应当通过学习尽量去除语音中的方言语音色彩，能用基本规范的普通话流畅地朗读文章，口语自然连贯。这部分人存在的主要问题有：平翘舌基本不分，存在齿间音、鼻化元音、复合元音无动程，个别声调不能准确把握等。普通话基础差的学生，应当从头学起，勇于练习，勤于练习，坚持不懈，加之教师耐心细致且有针对性的辅导，他们中的大多数人经过几个月的学习之后，也能说一口比较标准的普通话。

《国务院办公厅关于全面加强新时代语言文字工作的意见》提到：“开发普通话学习资源也是达到普通话推广主要目标的重要途径。”普通话教材是推广普通话、学习普通话的基础工具，也是推广普通话的重要文化载体。本教材融入了中国的文学、文化等内容，使学习者在学习普通话的同时，了解和感受中国文化的魅力。教材的功效在于协助教师的教和学生的学。本教材的编写理念是坚持以学习者为中心，注重理论与实践相结合，力求为学习者提供一本既系统全面又实用易懂的普通话培训教材。为了满足本科学生实际需求，帮助学生自如应对语言交际和表达，有效提升学生的普通话水平和语言表达水平，本教材还遵循简约实用的原则，将理论讲解与实例训练相结合，将知识介绍与系统归纳相结合，在内容安排上，充分吸收了国家推广普通话的最新理念和成果，结合新版《普通话水平测试实施纲要（2021年版）》的内容，帮助学生在熟悉普通话水平测试内容的同时提高语言应用能力和普通话交流能力。

具体内容包括：普通话语音训练，介绍普通话声母、普通话韵母、普通话声调、普通话音变规律；朗读训练，介绍作品朗读的测试要求和训练方法；普通话朗诵与技巧；普通话演讲。本教材通过设置丰富多样的练习活动和训练材料，在实际训练中激发学习者的学习兴趣和积极性。

第五节 展望与任务

我国经济社会飞速发展，国际影响力日益增强，不同地区人们的交往、沟通和社会信息的交换空前增加，国际交流也不断增多，汉语和汉字正在逐步走向世界，规范的语言文字迫切需要进一步得到推广。从中华人民共和国成立初期的探索，到改革开放时期的快速发展，再到21世纪的信息技术助力，普通话的推广与普及工作取得了显著成效。这一过程中，一系列政策文件的出台和实施、标志性事件的发生，都为普通话的推广提供了有力支撑和保障。推广普通话需要突出时代特色，不断创新工作思路和方法，强弱项、补短板、抓关键。展望未来，我们将继续紧跟国家推广普通话的最新政策导向，不断更新和完善教材内容，以适应时代发展的需要和新时代大学生的需求。同时，我们也期待更多的有识之士加入到推广普通话的行列中来，共同为构建和谐社会、实现民族复兴的中国梦贡献力量。普通话是我们共同的语言，也是连接中华民族的文化纽带。让我们携手共进，用普通话书写中华民族的辉煌篇章，共同创造更加美好的未来。

本章小结

本章深入探讨了普通话的定义、发展历史、推广与政策支持、本教材简述以及未来展望与任务。普通话作为现代汉民族的共同语言，承载着深厚的文化底蕴和民族情感，其标准由北京语音、北方话基础方言及现代白话文语法规范构成。自中华人民共和国成立以来，普通话的推广经历了从“雅言”到“普通话”的演变，并得到国家的高度重视，成为增强国家凝聚力、提升国民文化素质的重要途径。在政策支持下，普通话的推广取得了显著成效，促进了民族团结和社会和谐。大学作为推广普通话的重要阵地，其教材编写注重理论与实践结合，旨在帮助学生提升普通话水平。展望未来，普通话的推广需紧跟时代步伐，创新方法，以适应国际交流需求。

第二章

普通话语音训练

知识目标

1.通过本章的学习，了解声母的发音标准。

2.通过本章的学习，了解韵母的发音标准。

3.通过本章的学习，了解声调的发音标准。

4.通过本章的学习，了解音变的发音标准。

能力目标

1.通过本章的学习，掌握计算机普通话测试流程及注意事项。

2.通过本章的学习，熟悉普通话声母与方言的对应规律，分区域校对自己方言与普通话的差异。

3.通过本章的学习，熟悉普通话韵母与方言的对应规律，分区域校对自己方言与普通话的差异。

4.通过本章的学习，熟悉普通话的声调及音变常识。

学思践悟

党的二十大报告强调要加大国家通用语言文字推广力度。通过本章的学习，读者可以系统了解普通话语音知识，提高自身普通话水平。积极开展推普活动可以助力国家语言文字工作，帮助国民提高素质和全面发展，扶智先通语，强语助强国。

普通话以北京语音为标准音。普通话语音系统包括声母、韵母、声调，以及变调、轻声、儿化等。

音节是语音结构的基本单位，也就是在听觉上自然感到的最小的语音单位。普通话音节由声母、韵母和声调三部分构成，而贯穿整个音节的是声调。普通话声母和韵母按照正确的拼合关系拼合，可得到400个左右的音节（不带声调）。

第一节　声　母

音节开头的辅音称为“声母”，声母后面的部分称为“韵母”。如果音节开头没有辅音，那么这个音节的声母就是零声母。普通话共有22个声母，除零声母外，其余21个声母可以根据发音部位和发音方法列成表2-1。

表2-1　**普通话声母总表**

发音部位 发音方法		双唇音		唇齿音		舌尖前音		舌尖中音		舌尖后音		舌面前音		舌面后音	
		上唇	下唇	上齿	下唇	舌尖	齿背	舌尖	上齿龈	舌尖	硬腭前	舌面前	硬腭前	舌面后	软腭
塞音	不送气	b						d						g	
	送气	p						t						k	
塞擦音	不送气					z				zh		j			
	送气					c				ch		q			
擦音				f		s				sh		x		h	
近音										r					
鼻音		m						n							
边音								l							

一、声母的分类

（一）按发音部位分类

按照发音部位，普通话的辅音声母可以分为以下7种：

1.双唇音（b、p、m）：上唇和下唇接触形成阻碍。

2.唇齿音（f）：上齿和下唇接近形成阻碍。

3.舌尖前音（z、c、s）：舌尖与下齿、舌叶与齿龈接触或接近形成阻碍。

4.舌尖中音（d、t、n、l）：舌尖和上齿龈接触形成阻碍。

5.舌尖后音（zh、ch、sh、r）：舌尖翘起向硬腭前部接触或接近形成阻碍。

6.舌面前音（j、q、x）：舌面前部和硬腭前部接触或接近形成阻碍。

7.舌面后音（g、k、h）：舌面后部和软腭前部（软腭和硬腭的交界处）接触或接近形成阻碍。

（二）按发音方法分类

声母的发音方法包括三个要素：阻碍方式、声带状态、气流状态。

1.声母发音的阻碍方式

辅音的特点是气流在声腔中受到阻碍，通过一定方法冲破阻碍发出音来。形成阻碍和解除阻碍的方式就是发音方法。辅音的发音有一个动程，按时间顺序可以分为三个阶段：成阻——形成阻碍；持阻——持续阻碍；除阻——解除阻碍。根据形成阻碍和解除阻碍方式的不同，普通话的辅音声母可以分为以下6种：

（1）塞音（b、p、d、t、g、k）：成阻阶段发音部位完全闭塞，气流无法通过；维持到除阻阶段时，阻塞突然放开，压力很大的气流冲出从而发出声音。

（2）擦音（f、h、x、sh、s）：成阻时发音器官只是靠近，留下狭窄的缝隙；持阻时气流从缝隙中挤出形成湍流发出声音。

（3）塞擦音（z、c、zh、ch、j、q）：成阻阶段发音部位完全闭塞，气流无法通过；持阻时阻碍略微放松，气流挤出产生摩擦，形成先塞后擦的音，称为塞擦音（塞音和擦音紧密结合在一个发音过程中）。

（4）近音（r）：成阻阶段发音器官接近，口腔通道变窄，留有比擦音大又比高元音小的缝隙，未达到形成湍流的程度，气流通过时只产生轻微的摩擦。

（5）鼻音（m、n）：成阻阶段口腔里形成的阻碍完全闭塞，软腭下降，打开气流通向鼻腔的通路；持阻阶段气流通过鼻腔发音。一般鼻音都是浊音，即发音时气流使声带振动。

（6）边音（l）：成阻阶段舌尖与上齿根接触形成阻塞，但舌头两边留出空隙；持阻时气流使声带振动，并从舌边流出。

2.声母发音的声带状态

根据发音时声带的状态，即声带是否颤动，普通话辅音声母还可以分为清音和浊音。声带颤动为浊音，共4个声母：m、n、l、r；除此之外，其余17个辅音声母都是清音，它们是：b、p、f、d、t、g、k、h、j、q、x、zh、ch、sh、z、c、s。

3.声母发音的气流状态

根据发音时呼出气流的强弱，塞音和塞擦音可以分为送气音（气流较强）和不送气音（气流较弱）两种。普通话有6个送气音：p、t、k、q、ch、c；6个不送气音：b、d、g、j、zh、z。

二、声母发音训练

进行普通话声母训练，一定要掌握普通话声母的发音要领，读准声母；了解自己家乡话声母与普通话声母的对应关系，辨别二者的差异，进行有针对性的训练，以纠正声母发音偏误。这样才能做到说普通话时，对声母的发音准确、清晰。

（一）双唇音

普通话的双唇音有b、p、m三个。这三个声母都是由上、下唇紧闭构成阻碍而发出来的音。它们的发音部位是双唇，所以叫双唇音。

1.b ［p］双唇、不送气、清、塞音

发音时，双唇闭合，软腭上升，关闭鼻腔通道；较弱的气流冲破双唇的阻碍，爆发成声。例如：

辨别 biàn bié　　播报 bō bào　　版本 bǎn běn

板报 bǎn bào　　包办 bāo bàn　　百倍 bǎi bèi

2.p ［pʰ］双唇、送气、清、塞音

发音的成阻和持阻阶段与b相同，只是除阻时气流较强。例如：

批评 pī píng　　排炮 pái pào　　爬坡 pá pō

澎湃 péng pài　　攀爬 pān pá　　乒乓 pīng pāng

3.m ［m］双唇、鼻音

双唇闭合，软腭下降，打开鼻腔通道；气流振动声带，从鼻腔透出成声。例如：

美满 měi mǎn　　明媚 míng mèi　　弥漫 mí màn

美妙 měi miào　　密码 mì mǎ　　茂密 mào mì

（1）测试中常见的失误分析

大部分地区的方言中b、p是分得很清楚的，但在某些方言区没有送气音，有的方言区即使有也是混淆不清的，例如“兔子跑了”和“肚子饱了”分不清。

b、p，发音部位一样，发音方法基本相同，只有送气和不送气之分。如不会发送气音则可以利用相应的不送气音来练习。

（2）语音练习

爸——怕　白——排　班——攀　包——抛　背——佩

奔——喷　棒——胖　蹦——碰　绊——畔　鄙——痞

饱了——跑了　发白——发排　掰手——拍手　奔跑——喷泉

真棒——真胖　被服——佩服　分贝——分配　辫子——骗子

（二）唇齿音

普通话的唇齿音只有一个f，是由上齿和下唇轻触，从缝隙中摩擦成音，所以叫唇齿音。下唇接近上齿，形成窄缝，同时软腭上升，关闭鼻腔通道；气流从上齿和下唇之间缝隙中挤出，摩擦成声。例如：

非凡 fēi fán　　芬芳 fēn fāng　　丰富 fēng fù

放飞 fàng fēi　　吩咐 fēn fù　　方法 fāng fǎ

1.测试中常见的失误分析。

部分地区把声母f读为h，如把“飞机”读为“灰机”；或把声母h读为f，导致“工会”与“公费”不分等问题；也有的人f和h混用。究其原因：一是发音不够准确，有的人在发f时，不是用上齿和下唇摩擦，而是用上下嘴唇摩擦；还有的人发h时，找不到舌面后部与软腭摩擦的位置。二是能够发出f和h，但弄不清楚哪些字是f声母，哪些字是h声母。

f的发音动作并不复杂，发音时注意下唇内侧接近上齿，上唇不要参与发音。h发音时注意舌面后部与软腭的摩擦，要避免下唇和上唇的接触。

学习f和h时，在学会正确发音方法的基础上，要记住哪些字是f声母，哪些字是h声母。常用字中f声母的有120多个，h声母的有180多个。

除了记这些常用字外，还可以记代表字。可根据汉字形声字的声旁类推记忆，如声旁为“方”的形声字坊、防、妨、肪、房、仿、访、纺、放”声母都是f，声旁为“皇”的形声字“凰、惶、煌、蝗”声母都是h。

另外，也可借助声韵配合规律来记忆，和f相拼的韵母比h少很多，尤其是以u开头的韵母，f只和单韵母u相拼，而h除了ueng不能与之相拼外，其他以u开头的韵母都可以与之相拼。除此以外，与h相比，f不与e、ai、ao相拼。

2.语音练习。

发——哈　佛——活　访——黄　飞——灰　府——虎　烦——寒

非——挥　分——痕　凡——环　逢——烘　拂——湖　范——换

废——绘　坟——浑　夫——呼　发——花　方——慌　风——哼

返回——换回　犯病——患病　飞尘——灰尘　白发——白话

幅度——弧度　分钱——婚前　斧头——虎头　防空——航空

翻阅——欢悦　废话——绘画　发展——花展　公费——工会

乏力——华丽　船夫——传呼　富丽——互利　西服——西湖

典范——点焊　废气——晦气　热敷——热乎　风箱——烘箱

五分——五荤　芳草——荒草　饭馆——宦官　附注——互助

(三) 舌尖中音

普通话舌尖中音有d、t、n、l四个。这四个声母都是由舌尖和上齿龈构成阻塞而发出来的音，舌尖接触的是比上齿背稍后一点的齿龈，所以叫舌尖中音。

1.d ［t］舌尖中、不送气、清、塞音

舌尖抵住上齿龈，软腭上升，关闭鼻腔通道；较弱的气流冲破舌尖的阻碍，爆发成声。例如：

等待 děng dài　单调 dān diào　到达 dào dá

得到 dé dào　道德 dào dé　大地 dà dì

2.t ［t^h］舌尖中、送气、清、塞音

成阻、持阻阶段与d相同，只是除阻时气流较强。例如：

天堂 tiān táng　探听 tàn tīng　跳台 tiào tái

团体 tuán tǐ　淘汰 táo tài　体贴 tǐ tiē

3.n ［n］舌尖中、鼻音

舌尖抵住上齿龈，软腭下降，打开鼻腔通道；气流使声带振动，从鼻腔透出成声。例如：

牛奶 niú nǎi　南宁 nán níng　男女 nán nǚ

难弄 nán nòng　能耐 néng nài　恼怒 nǎo nù

4.［l］舌尖中、边音

舌尖抵住上齿龈，软腭上升，关闭鼻腔通道；气流使声带振动，从舌头两边通过。例如：

理论 lǐ lùn　流利 liú lì　玲珑 líng lóng

罗列 luó liè　　　拉链 lā liàn　　　冷落 lěng luò

（1）测试中常见的失误分析。

①d、t这两个声母出现问题主要有两方面原因：一是发d、t的呼读音时，舌位靠前。如把“得到”dé dào发成dê dào；“特别”tè bié发成 tê bié。纠正方法：舌位稍后移，改嘴角向左右微展为上下微展，加大开口度，上下齿都看得见，上下齿间距离约有一小指宽。也可先练好e韵的发音，再发d的呼读音de。二是在某些方言区没有送气音，有的方言区即使有也是混淆不清的。d、t，发音部位一样，发音方法基本相同，只有送气和不送气之分。

②在发l、n这两个声母出现问题时主要有两方面原因：一是有些方言区里缺少l或n声母，所以不会发音；二是可以发出l和n声母，但使用时有混淆，有的把l读为n，有的把n改为l。n、l两个声母最大的区别在于n是鼻音声母，发音时鼻腔有气流流出；l没有鼻音，发音时气流从口腔流出。捏住鼻子发l，没有任何困难，而捏住鼻子发n，气流不能从鼻腔流出，无法正常发音。此外，发l音时舌的前半部下凹，舌身收窄，气流从舌头两侧流出；发n音时舌的两侧与上颚形成完全的闭合。

n音边音化。发n音时，没有将口腔通路完全关闭，有气流从口腔中通过，使n音带有边音色彩。纠正方法：发n音时，舌尖上抬抵住上齿龈，闭口，先从鼻腔里哼出一个“嗯”音，然后打开口腔发出nē。l音鼻化。发音时，软腭上提不够，没有将鼻腔通道完全关闭，有气流从鼻腔出来，使l音带有鼻音色彩。纠正方法：发l音时，舌尖微卷，舌尖不抵满上齿龈后部，成阻点比发音时靠后。舌尖从上往下弹动发音。要发准l音，最好先学会弹动舌尖，可用加元音的方法练习。例如：ɑ-lɑ、u-lu、i-li。

学习声母l和n，除学会正确的发音方法外，还要记住常用字。常用的以l为声母的字有270个左右，以n为声母的字有90个左右。可借助形声字声旁进行类推记忆，例如，声旁是“兰”的字，声母往往是“l”，如“拦、栏、烂”等；声旁是“内”的字，声母往往是“n”，如“纳、钠、呐”等。

（2）语音练习。

语音练习一：

打——塔　道——套　带——太　当——汤　颠——天　爹——贴
顶——挺　东——通　导——讨　堤——梯　跌——铁　读——图
调动——跳动　导论——讨论　弹头——探头　兑换——退换
堆土——推土　颠倒——天空　毒手——徒手　掸子——毯子

语音练习二：

那——辣　年——联　拿——拉　你——里　娘——良　虐——略
耐——赖　挠——劳　内——类　鸟——了　宁——零　挪——锣
南——兰　农——龙　脑——老　牛——流　奴——路　尿——料
馁——磊　诺——落　能——棱　您——林　女——旅　讷——乐
恼怒——老路　妮子——梨子　男鞋——蓝鞋　新娘——新粮
浓重——隆重　眼内——眼泪　无奈——无赖　南宁——兰陵
油腻——游历　留念——留恋　鸟雀——了却　闹灾——涝灾

水牛——水流　女客——旅客　男女——褴褛　门内——门类

(四) 舌尖前音

普通话舌尖前音有z、c、s三个，这三个声母都是由舌尖和上齿背构成阻碍而发出的音，舌尖接触的是上腭前部的齿背，所以叫舌尖前音，也叫平舌音。

1.z ［ts］舌尖前、不送气、清、塞擦音

舌尖轻抵下齿背，软腭上升，关闭鼻腔通道；较弱的气流冲破舌叶与齿龈的阻碍后在原闭塞的部位之间保持适度的缝隙，气流从缝隙流出摩擦成音（也有用舌尖抵上齿背形成阻碍的情况）。例如：

藏族 zàng zú　总则 zǒng zé　自尊 zì zūn

祖宗 zǔ zōng　自足 zì zú　造作 zào zuò

2.c ［tsʰ］舌尖前、送气、清、塞擦音

成阻阶段与z相同，不同的是在除阻时气流较强。例如：

层次 céng cì　粗糙 cū cāo　摧残 cuī cán

仓促 cāng cù　措辞 cuò cí　参差 cēn cī

3.s ［s］舌尖前、清、擦音

舌尖轻抵下齿背，软腭上升，关闭鼻腔通道；舌叶与齿龈形成适度的缝隙，气流从缝隙流出摩擦成音（也有用舌尖接近上齿背形成缝隙的情况）。例如：

色素 sè sù　洒扫 sǎ sǎo　琐碎 suǒ suì

松散 sōng sǎn　三思 sān sī　思索 sī suǒ

(五) 舌尖后音

普通话的舌尖后音有zh、ch、sh、r四个。这四个声母都是由舌尖和硬腭前部构成阻碍而发出来的音。舌尖接触上腭的部位是比齿龈更靠后的硬腭的前端，所以叫舌尖后音，也叫翘舌音。

1.zh ［tʂ］舌尖后、不送气、清、塞擦音

舌尖抵住硬腭前部，软腭上升，关闭鼻腔通道；较弱的气流冲破舌尖的阻碍后，在原闭塞的部位之间保持适度的缝隙，气流从缝隙流出摩擦成音。例如：

庄重 zhuāng zhòng　主张 zhǔ zhāng　支柱 zhī zhù

转折 zhuǎn zhé　真正 zhēn zhèng　战争 zhàn zhēng

2.ch ［tʂʰ］舌尖后、送气、清、塞擦音

成阻阶段与zh相同，不同的是在除阻时气流较强。例如：

超产 chāo chǎn　长城 cháng chéng　船厂 chuán chǎng

穿插 chuān chā　唇齿 chún chǐ　长处 cháng chù

3.sh ［ʂ］舌尖后、清、擦音

舌尖上翘接近硬腭前部，形成适度的缝隙；软腭上升，关闭鼻腔通道；气流从缝隙中挤出，摩擦成声。例如：

山水 shān shuǐ　双手 shuāng shǒu　闪烁 shǎn shuò

神圣 shén shèng　实施 shí shī　沙石 shā shí

4.r [ʐ] 舌尖后、近音

发音部位与sh相同，不同的是声带振动，口腔通道缝隙比擦音大又比高元音小，除特别重读外，一般摩擦轻微，也有人称之为“通音”。例如：

仍然 réng rán　　柔韧 róu rèn　　容忍 róng rěn

闰日 rùn rì　　荣辱 róng rǔ　　荏苒 rěn rǎn

（1）测试中常见的失误分析

①普通话有平舌音（z、c、s）和翘舌音（zh、ch、sh、r）两组声母，常见的主要问题是平翘舌音混淆，如部分地区把zh、ch、sh读作z、c、s，或把z、c、s读作zh，ch，sh。单纯从发音角度来看，有些地区发z、c、s时，舌头置于上下牙齿之间，听上去有咬着舌尖的感觉；而有些地区发zh、ch、sh时，舌尖接触位置不准确，或是偏前，或是偏后。实际上，很多地区都可以发出平舌音和翘舌音的，问题是不知道哪些字是平舌音，哪些字是翘舌音。

z、c、s在发音时，舌尖是抵住下齿背的；而zh、ch、sh发音时舌尖翘起，抵住或接近的部位是硬腭前部。

学习区分平舌音和翘舌音，除了学会正确的发音方法外，更为重要的是要记住常用字。声母为z、c、s的常用字有270多个，声母为zh、ch、sh的常用字有660多个，这900多个字的使用频率较高，有必要记住字音。也可根据汉字形声字的声旁类推，如通过记住“宗”是平舌音，进而记住“棕、踪、粽、综”等也是平舌音；还可以借助声韵配合规律来记忆，如ua、uai、uang在普通话中只和zh、ch、sh相拼，不和z、c、s相拼。

②我国许多地区的方言中没有声母r，有的地区把r声母的字读为零声母字，如把“肉”读为“诱”；有的地区把r声母读为l声母，如把“然”读为“兰”，把“如”读为“卢”等。

r声母的发音部位和sh相同，可以在掌握sh的发音之后再练习r。r发音时声带颤动，而且摩擦比sh弱很多。以r为声母的字不太多，只有59个，记忆起来应非难事。r声母的学习可借助一些规律，如r不和以u开头的韵母相拼；r声母的字里，第一声的字很少，常用的只有“扔”。也可记住一些代表字，例如“然、壤、刃、柔、容”等。

（2）语音练习

语音练习一：

zh——z

战——暂　照——灶　照——造　争——增　专——钻　纸——紫

钟——宗　逐——足　诊——怎　债——再　皱——奏　坠——最

ch——c

插——擦　程——层　炊——催　戳——撮　陈——岑　拆——猜

迟——词　臭——凑　串——篡　吵——草　充——匆　春——村

sh——s

傻——洒　深——森　收——搜　是——四　生——僧　山——三

栓——酸　说——缩　少——扫　睡——碎　射——色　湿——丝

zh——z

铡草——杂草　照旧——造就　正品——赠品　嘱咐——祖父

战时——暂时　志愿——自愿　肿胀——总账　终止——宗旨

z——zh

阻力——主力　早到——找到　物资——物质　仿造——仿照

姿势——知识　增订——征订　杂志——渣滓　杂技——札记

ch——c

持续——词序　重来——从来　常输——藏书　触动——促动

初步——粗布　推迟——推辞　吹动——摧动　不成——不曾

c——ch

村庄——春装　擦好——插好　蚕丝——禅师　残品——产品

侧身——撤身　辞呈——驰骋　凑钱——臭钱　操纵——超重

sh——s

商数——桑树　失事——私事　熟语——俗语　闪光——散光

输油——酥油　实数——食宿　师法——司法　申述——申诉

s——sh

肃立——树立　私语——施与　意思——意识　诉讼——输送

近似——近视　五岁——午睡　僧人——生人　搜集——收集

语音练习二：

然——言　让——样　绕——耀　扰——咬　人——银

冗——永　柔——油　肉——又　如——余　软——远

然——兰　让——浪　饶——劳　热——乐　荣——龙

柔——楼　肉——漏　如——卢　软——卵　若——洛

（六）舌面前音

普通话舌面前音有 j、q、x 三个。它们都是由舌面前部和硬腭前部构成阻碍而发出来的音。它们的发音部位是舌面和硬腭，所以叫舌面前音。

1.j ［tɕ］舌面前、不送气、清、塞擦音

舌尖抵住下齿背，舌面前部抵住硬腭前部；软腭上升，关闭鼻腔通道；较弱的气流冲破舌面前部的阻碍后，在原闭塞的部位之间保持适度的缝隙，气流从缝隙流出摩擦成音。例如：

加紧 jiā jǐn　境界 jìng jiè　交际 jiāo jì

简洁 jiǎn jié　家兴 jiā xīng　经济 jīng jì

2.q ［tɕʰ］舌面前、送气、清、塞擦音

成阻阶段与 j 相同，不同的是在舌面前部与硬腭前部形成适度的缝隙时流出的气流较强。例如：

亲切 qīn qiè　恰巧 qià qiǎo　请求 qǐng qiú

轻巧 qīng qiǎo　牵强 qiān qiǎng　崎岖 qí qū

3.x ［ç］舌面前、清、擦音

舌尖抵住下齿背，舌面前部接近硬腭前部，形成适度的缝隙；软腭上升，关闭鼻腔通道；气流从间隙中挤出，摩擦成声。例如：

喜讯 xǐ xùn　　想象 xiǎng xiàng　　现行 xiàn xíng

先行 xiān xíng　　消息 xiāo xi　　休息 xiū xi

测试中常见的失误分析如下：

①部分地区j、q、x发音部位偏前，具体表现是发j、q、x时，舌面前部或舌尖与上齿背而非硬腭前部接触，发音与z、c、s很接近。

j、q、x发音时，舌尖要抵住下齿背，舌面前部抵住硬腭前部；练习初始阶段，可以尽量让舌尖在下门齿背后下垂，以免舌尖在发音过程中起作用。

②有些地区j、q、x与z、c、s或zh、ch、sh混淆。有的人把zh、ch、sh读为j、q、x，如把“知道”读成“鸡道”，把“诗人”读成“西人”；有的人把j、q、x读为z、c、s，如把“家”的声母读为“z”，把“谢谢”的声母读为“s”。

练习者首先应掌握正确的发音方法，再按字、词、句、篇章、说话的顺序练习，养成正确的发音习惯。j、q、x与z、c、s或zh、ch、sh相混淆的地区，除了掌握正确的发音方法外，还需要记住以j、q、x为声母的字：一是借助声韵配合规律来记忆，在普通话里，j、q、x只与以“i”开头的齐齿呼韵母、以“u”开头的撮口呼韵母相拼；二是利用汉字形声字的声旁类推，如通过记住“交”是j声母，类推“郊、胶、跤、狡、饺、绞、皎”等也是j声母。

③语音练习。

j——z

基——资　已——紫　技——自　家——杂　谏——赞

匠——葬　叫——造　洁——则　九——走　卷——钻

j——zh

基——只　己——指　季——治　家——渣　见——站

匠——帐　叫——赵　洁——折　九——肘　卷——撰

q——c

奇——辞　启——此　气——次　前——残　掐——擦

浅——惨　倩——灿　穷——从　区——粗　券——窜

q——ch

奇——持　启——齿　气——斥　掐——插　前——残

腔——昌　敲——超　穷——虫　全——船　区——出

x——s

西——斯　系——四　香——桑　想——嗓　萧——骚

小——扫　需——苏　轩——酸　炫——算　勋——孙

x——sh

西——施　席——时　洗——使　系——是　瞎——沙

下——煞　笑——哨　显——闪　先——山　项——上

（七）舌面后音

普通话舌面后音有g、k、h三个，这三个声母都是由舌根和软腭构成阻碍而发出来的音。它们的发音部位是舌根和软腭，所以叫舌面后音。

1.g ［k］舌面后、不送气、清、塞音

舌面后部抬起，抵住软腭和硬腭的交界处，形成阻碍；软腭上升，关闭鼻腔通道；较弱的气流冲破阻碍爆发成声。例如：

巩固 gǒng gù　　高贵 gāo guì　　光顾 guāng gù

挂钩 guà gōu　　公共 gōng gòng　　规格 guī gé

2.k ［kʰ］舌面后、送气、清、塞音

成阻、持阻阶段与g相同，只是除阻时气流较强。例如：

开垦 kāi kěn　　宽阔 kuān kuò　　可靠 kě kào

刻苦 kè kǔ　　可口 kě kǒu　　坎坷 kǎn kě

3.h ［x］舌面后、清、擦音

舌面后部隆起接近软腭和硬腭的交界处，形成窄缝；软腭上升，关闭鼻腔通道；气流从形成的缝隙中挤出，摩擦成声。例如：

欢呼 huān hū　　荷花 hé huā　　航海 háng hǎi

绘画 huì huà　　后悔 hòu huǐ　　黄海 huáng hǎi

（1）测试中常见的失误分析

大部分地区的方言中，g、k是分得很清楚的。但是，在某些方言区没有送气音，有的方言区即使有也是混淆不清的。

g、k，发音部位一样，发音方法基本相同，只有送气和不送气之分。若不会发送气音则可以利用相应的不送气音来练习。

（2）语音练习

哥——科　改——凯　故——库　瓜——夸　干——看　刚——康

告——靠　耕——坑　搁——克　箍——枯　搞——考　盖——快

搞好——考好　关心——宽心　挂钩——跨沟　大概——大块

改正——开征　刚健——康健　龟甲——盔甲　刻骨——刻苦

（八）零声母

普通话中的零声母音节比较少。读零声母音节时，前面往往会带上辅音。以a、o、e开头的开口呼韵母前往往有微弱的喉塞音或舌面后浊擦音；在齐齿呼、合口呼和撮口呼韵母前往往带有一个同部位的近音。由于这些音的喉塞或摩擦成分都很轻微，而且没有辨义作用，可有可无，所以注音或标音时都不写出来。例如：

阿姨 ā yí　　安稳 ān wěn　　恶意 è yì

医院 yī yuàn　　野营 yě yíng　　影音 yǐng yīn

晚宴 wǎn yàn　　娃娃 wá wa　　乌鸦 wū yā

云雾 yún wù　　鱼丸 yú wán　　鸳鸯 yuān yāng

1.测试中常见的失误分析

在有些方言区中，在发以a、o、e开头的开口呼零声母音节时，往往在前加辅音 ng作声母，如把（爱）ài发成ngài，（安）ān发成ngān。

在练习时，要注意舌根不要高抬与软腭接触，可先发元音ɑ，保持舌根和软腭的状态，下颌上抬向i、向n驱向，发出ài、ɑn。方言中，念ng声母的音节，在普通话中为零声母。

有部分人在发合口呼零声母音节wu时，往往在前加齿唇浊擦音v［v］。如把（舞）wǔ发成vǔ。在练习时，要注意圆唇，上齿不碰下唇。方言中，念v［v］的音节，在普通话中为零声母。

有部分人在发齐齿呼零声母音节时，往往在前加辅音n或l作声母。如把（严）yán发成nián或lián；（业）yè发成niè。在练习时，要注意舌尖不上抬接触上齿龈。

2.语音练习

埃　碍　俺　凹　蛾　雾　硬　研　毅　污　挨　爱　按

午　鹅　恩　岩　砚　谊　诬　哀　隘　暗　舞　额　欧

奥运	尔雅	安逸	昂扬	碍眼
暗语	扼要	噩运	遨游	按语
意味	疑案	语言	阴暗	遥远
原因	拥有	幽暗	药业	养眼
委员	婉约	无语	无畏	外语
唯一	外围	晚雾	忘我	网页
欲望	预言	愿意	鱼饵	冤案
渊源	渔翁	余温	韵尾	豫园

三、训练材料

1.绕口令

（1）八百标兵奔北坡，炮兵并排北边跑。炮兵怕把标兵碰，标兵怕碰炮兵炮。

（2）黑化肥发灰，灰化肥发黑；黑化肥发灰会挥发，灰化肥挥发会发黑；黑化肥挥发发灰会花飞，灰化肥挥发发黑会飞花。

（3）老龙恼怒闹老农，老农恼怒闹老龙；农怒龙恼农更怒，龙恼农怒龙怕农。

（4）牛郎恋刘娘，刘娘念牛郎，牛郎连连恋刘娘，刘娘年年念牛郎，郎恋娘来娘念郎。

（5）七巷有个漆匠，西巷有个锡匠，七巷漆匠偷了西巷锡匠的锡，西巷锡匠拿了七巷漆匠的漆，七巷漆匠气西巷锡匠偷了漆，西巷锡匠讥七巷漆匠拿了锡，请问锡匠和漆匠，谁拿了谁的锡？谁拿了谁的漆？

（6）四是四，十是十；十四是十四，四十是四十。莫把四字说成十，休将十字说成四。若要分清四十和十四，经常练说十和四。

（7）山前有四十四棵死涩柿子树，山后有四十四只石狮子。山前的四十四棵死涩柿子树，涩死了山后的四十四只石狮子。山后的四十四只石狮子，咬死了山前的四十四棵死涩柿子树。不知是山前的四十四棵死涩柿子树涩死了山后的四十四只石狮子，还是山后的四十四只石狮子咬死了山前的四十四棵死涩柿子树？

2.诗词

bǔ suàn zǐ · yǒng méi

卜算子·咏梅

máo zé dōng

毛泽东

fēng yǔ sòng chūn guī，fēi xuě yíng chūn dào。
风雨送春归，飞雪迎春到。

yǐ shì xuán yá bǎi zhàng bīng，yóu yǒu huā zhī qiào。
已是悬崖百丈冰，犹有花枝俏。

qiào yě bù zhēng chūn，zhǐ bǎ chūn lái bào。
俏也不争春，只把春来报。

dài dào shān huā làn màn shí，tā zài cóng zhōng xiào。
待到山花烂漫时，她在丛中笑。

bǔ suàn zǐ · yǒng méi

卜算子·咏梅

lù yóu

陆游

yì wài duàn qiáo biān，jì mò kāi wú zhǔ。
驿外断桥边，寂寞开无主。

yǐ shì huáng hūn dú zì chóu，gèng zhuó fēng hé yǔ。
已是黄昏独自愁，更著风和雨。

wú yì kǔ zhēng chūn，yī rèn qún fāng dù。
无意苦争春，一任群芳妒。

líng luò chéng ní niǎn zuò chén，zhǐ yǒu xiāng rú gù。
零落成泥碾作尘，只有香如故。

lùn shī

论诗

zhào yì

赵翼

lǐ dù shī piān wàn kǒu chuán，zhì jīn yǐ jué bù xīn xiān。
李杜诗篇万口传，至今已觉不新鲜。

jiāng shān dài yǒu cái rén chū，gè lǐng fēng sāo shù bǎi nián。
江山代有才人出，各领风骚数百年。

wàng yuè

望岳

dù fǔ

杜甫

dài zōng fú rú hé ? qí lǔ qīng wèi liǎo 。
岱宗夫如何？齐鲁青未了。

zào huà zhōng shén xiù，yīn yáng gē hūn xiǎo。
造化钟神秀，阴阳割昏晓。

dàng xiōng shēng céng yún，jué zì rù guī niǎo。
荡胸生层云，决眦入归鸟。

huì dāng líng jué dǐng，yī lǎn zhòng shān xiǎo。
会当凌绝顶，一览众山小。

wǒ ài zhè tǔ dì

我爱这土地

ài qīng

艾青

jiǎ rú wǒ shì yì zhī niǎo,
假如我是一只鸟，
wǒ yě yīng gāi yòng sī yǎ de hóu lóng gē chàng:
我也应该用嘶哑的喉咙歌唱：
zhè bèi bào fēng yǔ suǒ dǎ jī zhe de tǔ dì,
这被暴风雨所打击着的土地，
zhè yǒng yuǎn xiōng yǒng zhe wǒ men de bēi fèn de hé liú,
这永远汹涌着我们的悲愤的河流，
zhè wú zhǐ xī de chuī guā zhe de jī nù de fēng,
这无止息地吹刮着的激怒的风，
hé nà lái zì lín jiān de wú bǐ wēn róu de lí míng……
和那来自林间的无比温柔的黎明……
——rán hòu wǒ sǐ le,
——然后我死了，
lián yǔ máo yě fǔ làn zài tǔ dì lǐ miàn。
连羽毛也腐烂在土地里面。
wèi shén me wǒ de yǎn lǐ cháng hán lèi shuǐ?
为什么我的眼里常含泪水？
yīn wèi wǒ duì zhè tǔ dì ài de shēn chén……
因为我对这土地爱得深沉……

第二节 韵 母

普通话的韵母共有39个，其中23个由元音构成，16个由元音加鼻辅音构成。韵母有两种分类方法：(1) 韵母按照结构可以分为3类：单韵母、复韵母和鼻韵母。(2) 根据韵母开头元音的发音口形可把韵母分为4类：开口呼、齐齿呼、合口呼和撮口呼。

开口呼——韵母开头不是i、u、ü的韵母。舌尖元音-i前（如zi中的-i）和-i后（如zhi中的-i）也是开口呼韵母。

齐齿呼——韵母开头是i的韵母。

合口呼——韵母开头是u的韵母。

撮口呼——韵母开头是ü的韵母。

普通话韵母总表见表2-2。

表2-2 普通话韵母总表

按四呼分 按结构分	开口呼（15）	齐齿呼（9）	合口呼（10）	撮口呼（5）
单韵母（10）	-i	i	u	ü
	ɑ			
	o			
	e			
	ê			
	er			
复韵母（13）		iɑ	uɑ	
			uo	
		ie		üe
	ɑi		uɑi	
	ei		uei	
	ɑo	iɑo		
	ou	iou		
鼻韵母（16）	ɑn	iɑn	uɑn	üɑn
	en	in	uen	ün
	ɑng	iɑng	uɑng	
	eng	ing	ueng	
			ong	iong

有些学者不认同ê为一个单韵母的说法，因此认为普通话有38个韵母。《汉语拼音方案》的韵母表中i、-i（前）、-i（后）都写成i，并且不列卷舌韵母er和舌面韵母ê，因此《汉语拼音方案》中一共有35个韵母。

一、单韵母

元音的不同是由共鸣腔（主要是口腔）的不同形状造成的，舌头的升降伸缩和嘴唇的圆展都可以构成不同的共鸣腔。可以从三个方面观察元音：

（1）舌位的高低。舌位是舌头隆起的最高点在口腔中所处的位置。舌位的高低与开口度大小有关，开口度越大，舌位越低；开口度越小，舌位越高。根据舌位的高低可以把元音分为高元音（如i、u）、半高元音（如e、o）、半低元音（如ê）、低元音（如ɑ）等。

（2）舌位的前后。可以分为前元音（如i、ü）、央元音（如e）、后元音（如u、o）。

（3）嘴唇的圆展。可以分为圆唇元音（如u、ü）和不圆唇元音（如i、ɑ）（“不圆唇”也可称为“展唇”或“非圆唇”）。

普通话的单韵母有10个。

（一）舌面元音

舌面元音有七个，分别是ɑ、o、e、ê、i、u、u，它们发音时的口形及舌位情况可参看下图（如图2-1所示）：

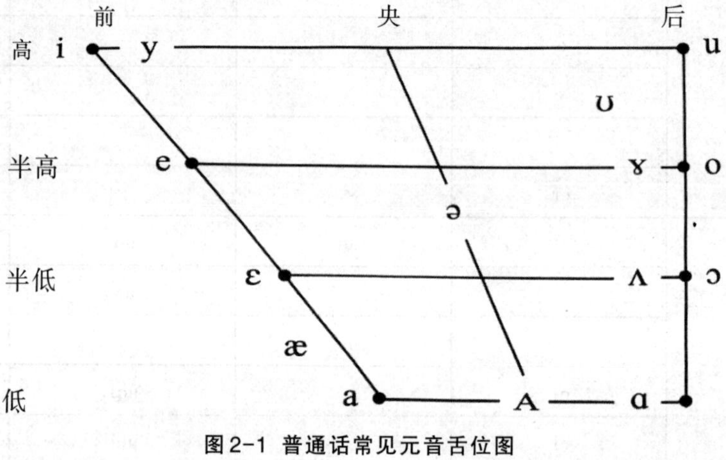

图2-1 普通话常见元音舌位图

1.ɑ［A］舌面、央、低、不圆唇元音

口大开，舌位低，舌头居中央，舌尖微接或微离下齿背，嘴唇展开。［A］介于［a］和［ɑ］之间，是中国语言学家使用但国际语音学会尚未认可的音标符号。例如：

大巴 dà bā　拉萨 lā sà　喇叭 lǎ ba

拉杂 lā zá　大妈 dà mā　沙发 shā fā

2.o［o］舌面、后、半高、圆唇元音

上下唇拢圆，舌头后缩，舌位半高。舌位比国际音标中的［o］略低一点，圆唇程度比［u］略低。唇音声母之后的o，如“波 bō”“婆 pó”“默 mò”“佛 fó”里的o，并非语学意义上的单韵母，只是拼写形式与单韵母相同，实际读音与复韵母uo相同。例如：

哦ò

3.e［ɣ］舌面、后、半高、不圆唇元音

发音与o基本相同，但双唇要自然展开。舌位比o略偏前，且有一个微小的下动程。例如：

合格 hé gé　　苛刻 kē kè　　特色 tè sè

色泽 sè zé　　隔热 gé rè　　社科 shè kē

4.ê［ε］舌面、前、半低、不圆唇元音

发音时口半开，舌位半低，舌尖抵住下齿背，嘴唇展开。ê单独使用时只限于“欸”。不过“欸”的发音并不稳定，有时候是复合元音。

5.i［i］舌面、前、高、不圆唇元音

口微开，两唇呈扁平状，舌体前伸，舌尖抵住下齿背。例如：

集体 jí tǐ　　启迪 qǐ dí　　奇迹 qí jì

仪器 yí qì　　洗衣 xǐ yī　　议题 yì tí

6.u［u］舌面、后、高、圆唇元音

发音时双唇拢圆，舌体后缩，舌面后部隆起接近软腭，舌位高而后。例如：

朴素 pǔ sù　　祝福 zhù fú　　出租 chū zū

初步 chū bù　　读物 dú wù　　鼓舞 gǔ wǔ

7.ü［y］舌面、前、高、圆唇元音

发音状况与i基本相同，但唇形拢圆。例如：

区域 qū yù　　趋于 qū yú　　语序 yǔ xù

聚居 jù jū　　序曲 xù qǔ　　语句 yǔ jù

（二）特殊元音

特殊元音有三个，分别是-i（前）、-i（后）、er。

1.-i（前）舌尖前、高、不圆唇元音

舌尖较用力，形成两个舌高点，一个在舌尖，一个在舌面后部。舌尖接近上齿背，但气流经过时不发生摩擦，唇形不圆。这个韵母在普通话里只出现在z、c、s声母的后面。例如：

四次 sì cì　　子嗣 zǐ sì　　刺字 cì zì

此次 cǐ cì　　次子 cì zǐ　　私自 sī zì

2.-i（后）舌尖后、高、不圆唇元音

舌尖上翘接近硬腭前部，气流经过时不发生摩擦，唇形不圆。这个韵母在普通话里只出现在zh、ch、sh、r声母的后面。例如：

知识 zhī shi　　制止 zhì zhǐ　　史诗 shǐ shī

指示 zhǐ shì　　失职 shī zhí　　实施 shí shī

3.er［a］卷舌、央、中、不圆唇元音

er是舌尖上翘带有卷舌色彩的央元音［ə］，发音时口型自然开启，舌位居中，舌尖向后卷，和硬腭前端相对，唇形不圆。也可以标写为er，其中的r表示卷舌。例如：

而且 ér qiě　　　儿女 ér nǚ　　　儿化 ér huà

二心 èr xīn　　　二胡 èr hú　　　偶尔 ǒu ěr

（1）测试中常见的失误分析

①将o读成e或uo

元音o和e都是后半高元音，舌位都在口腔后面，区别在于o是圆唇，e是不圆唇。学习o的发音并不难，先发e，声音拖长，把双唇拢圆，就可以发出o。

②将i读成ü

元音i和ü都是前高元音，舌位都在口腔前面，区别在于ü是圆唇，i是不圆唇。学习ü的发音并不难，先发i，声音拖长，把双唇拢圆，就可以发出ü。

卷舌韵母er没有卷舌或卷舌不自然，先发一个e，然后加上一个轻巧的卷舌动作，感受舌头由平展到卷起的过程。再通过练习，把卷舌动作做自然。卷舌动作使声音听起来有卷舌色彩就可以了，注意不要过度。

（2）语音练习

去——气　　许——洗　　余——疑　　趋——牺　　女——你

拘——击　　举——挤　　狱——疫　　驱——欺　　虚——昔

居——积　　矩——几　　需——析　　絮——戏　　吕——李

褐色——货色　　客气——阔气　　遮盖——桌盖　　搁置——国家

涉世——硕士　　快乐——快落　　大哥——大锅　　出阁——出国

得枪——夺枪　　瓜葛——瓜果　　课间——扩建　　饿倒——卧倒

二、复韵母（复合元音）

首先，复合元音的发音是一个动态过程，要从一个元音滑向另一个音，甚至滑向第三个元音，舌位、唇形和开口度都要随之变动。所谓“滑”，是指气流不中断，中间没有明显的界线，几个音自然连贯，形成一个整体。

其次，复合元音虽然由单元音组成，但由于它是一个连贯的整体，几个单元音之间必然相互影响，它们的发音与各自单独发音时相比有细微的变化。例如“ɑ”，本来是个“央低”元音，但在“ɑi”这个复合元音中，由于受到“前高”元音i的影响，它的发音位置就前移，成了前［a］；同样，“ɑo”中的“ɑ”由于受到“后高”元音“o（u）”的影响，它的发音位置就后移，成了后［ɑ］。因此，不能机械地照搬单元音的发音。

最后，构成复韵母的各个单元音所处的地位也不是完全平等的，其中一个元音发音时开口度大，声音响亮，是构成复韵母的中心成分，是主要元音，即韵腹。发音节时，要突出中心成分，把韵腹读得长些、重些，韵头则要轻而短，韵尾只表示发音滑动的方向，点到为止。

普通话共有13个复韵母。可以分为三组：前响复韵母、后响复韵母、中响复韵母。

（一）前响复韵母

前响复韵母共有4个：ɑi、ei、ɑo、ou。发音的共同特点是元音舌位都是由低向高滑动，前一个元音听起来比较响亮，且有向央元音靠拢的趋势。后一个元音轻短模糊，只是用来表示整个动程的趋向，不一定必然达到音标所代表的舌位。

1.ɑi ［ai］

是前元音的复合，动程较长。起点元音是前低不圆唇元音［a］，由它开始，舌位向［i］的方向往前往高滑动。例如：

彩排 cǎi pái　　开采 kāi cǎi　　白菜 bái cài

带来 dài lái　　晒台 shài tái　　拍卖 pāi mài

2.ei ［ei］

是前元音的复合，动程较短。起点元音是前半高不圆唇元音［e］，由它开始，舌位升高，向［i］的方向往前往高滑动。例如：

贝类 bèi lèi　　配备 pèi bèi　　黑莓 hēi méi

北美 běi měi　　肥美 féi měi　　妹妹 mèi mei

3.ɑo ［au］

是后元音的复合。起点元音是后低不圆唇元音［ɑ］，由它开始，舌位向［u］的方向滑动升高。例如：

号召 hào zhào　　草稿 cǎo gǎo　　跑道 pǎo dào

报考 bào kǎo　　冒号 mào hào　　草帽 cǎo mào

4.ou ［ou］

起点元音的实际舌位比［o］略微靠前，圆唇程度略低，因此ou也可以标写为［əu］。从［o］开始，舌位向［u］的方向滑动。这个复韵母的动程很小，例如：

收购 shōu gòu　　透露 tòu lù　　欧洲 ōu zhōu

丑陋 chǒu lòu　　喉头 hóu tóu　　豆蔻 dòu kòu

(二）中响复韵母

中响复韵母有四个：iao、iou、uai、uei。它们发音的共同点是舌位先由高向低，再由低向高滑动，开头的元音（韵头）短促而不响亮，在音节中特别是在零声母音节中，有轻微的摩擦。中间的元音（韵腹）响亮清晰，收尾的元音（韵尾）轻短模糊。

1.iɑo ［iɑu］

由前高元音［i］开始，舌位降至后低元音［ɑ］，然后向［u］的方向滑升。唇形从中间的元音［ɑ］逐渐圆唇。例如：

巧妙 qiǎo miào　　吊桥 diào qiáo　　疗效 liáo xiào

缥缈 piāo miǎo　　娇小 jiāo xiǎo　　逍遥 xiāo yáo

2.iou ［iou］

由前高元音［i］开始，舌位降至后半高元音［o］（略微靠前），然后向［u］的方向滑升。iou中的［o］读得比较短，这是汉语拼音iou简写为iu的依据。例如：

求救 qiú jiù　　绣球 xiù qiú　　优秀 yōu xiù

牛油 niú yóu　　旧友 jiù yǒu　　悠久 yōu jiǔ

3.uɑi ［uai］

由后高圆唇元音［u］开始，舌位向前滑降至前低不圆唇元音［a］，然后向前高不圆唇元音［i］的方向滑升。舌位动程先降后升，由后到前，曲折幅度大。唇形从前元音

［a］逐渐展唇。例如：

摔坏 shuāi huài　　外快 wài kuài　　怀揣 huái chuāi

淮海 huái hǎi　　外踝 wài huái　　乖乖 guāi guāi

4.uei ［uei］

由后高圆唇元音［u］开始，舌位向前滑降至前半高不圆唇元音［e］，然后向前高不圆唇元音［i］的方向滑升。舌位动程先降后升，由后到前。唇形从前元音［e］逐渐展唇。uei中的［e］读得比较短。例如：

归队 guī duì　　尾随 wěi suí　　回味 huí wèi

水位 shuǐ wèi　　垂危 chuí wēi　　悔罪 huǐ zuì

（三）后响复韵母

后响复韵母有五个：ia、ie、ua、uo、üe。它们发音的共同特点是舌位由高向低滑动，韵头是高元音i、u、ü，发音轻而短，后面的a、o、ê是韵腹，发音响亮清晰。

1.ia ［iA］

起点元音是前高元音［i］，由它开始，舌位滑向央低元音［A］止。［i］读得很短，［A］的发音响而长。例如：

加价 jiā jià　　恰恰 qià qià　　加压 jiā yā

假牙 jiǎ yá　　压价 yā jià　　下牙 xià yá

2.ie ［iɛ］

起点元音是前高元音［i］，由它开始，舌位滑向前半低元音［ɛ］止。例如：

贴切 tiē qiè　　铁屑 tiě xiè　　姐姐 jiě jie

斜街 xié jiē　　爷爷 yé ye　　结节 jié jié

3.ua ［uA］

起点元音是后高圆唇元音［u］，由它开始，舌位滑向央低元音［A］止。唇形由最圆展开到不圆。例如：

娃娃 wá wa　　挂画 guà huà　　画画 huà huà

花袜 huā wà　　耍滑 shuǎ huá　　挂花 guà huā

4.uo ［uo］

起点元音是后高圆唇元音［u］，由它开始，舌位滑向后半高圆唇元音［o］止。［o］的实际舌位比国际音标中的［o］略低一点。发音过程中，保持圆唇，开头最圆，结尾圆唇度略低。例如：

硕果 shuò guǒ　　过错 guò cuò　　堕落 duò luò

火锅 huǒ guō　　坐落 zuò luò　　懦弱 nuò ruò

5.üe ［yɛ］

起点元音是前高圆唇元音［y］，由它开始，舌位下滑到前半低元音［ɛ］止。［ɛ］略带圆唇色彩。例如：

雀跃 què yuè　　月缺 yuè quē　　决绝 jué jué

绝学 jué xué　　约略 yuē lüè　　雪月 xuě yuè

（1）测试中常见的失误分析

① 复韵母发音听起来像单韵母

复韵母发音不是两个或三个元音的简单相加，而是唇形舌位口腔开度的形状逐渐变化，由一个元音滑动、变化到另一个元音。移动过程中气息始终不断，声带一直振动。把复韵母读得听起来像单韵母，原因是发音过程中舌头和嘴唇没有移动变化。

发音要点一是要把起点元音发准确，注意舌头的高低和开口度的大小；发音要点二是起点元音要发得响亮而清晰，后一个元音要发得轻短而模糊，舌头由低向高移动的动作要完整。

②复韵母宽窄对比不准确

每对有宽窄对比关系的复韵母中，它们的舌位动程的运动方向是相近或相似的，区别在于韵腹元音的舌位高低（即口腔开口度大小）。

③复韵母的动程不完整

主要是中响复韵母失掉中间的韵头。发音时尽量打开口腔，将“声母——韵头——韵腹——韵尾”完整地展现出来，多做枣核形的练习。

（2）语音练习

ɑi——ei

白匪　败北　带累　代培　海内　暧昧

ɑo——ou

稿酬　矛头　招手　遭受　报酬　倒手

iɑ——ie

家业　佳节　家姐　嫁接　押解　下届

uɑ——uo

花朵　挂果　华佗　滑脱　跨国　话说

iɑo——iou

要求　交流　郊游　交友　料酒　表舅

uɑi——uei

怪罪　快慰　快嘴　衰退　外汇　外围

bi——āo　　pi——āo

ni——āo　　li——āo

mi——（o）ū　　di——（o）ū

ni——（o）ū　　li——（o）ū

三、鼻韵母

韵母由元音和鼻辅音韵尾构成，共有16个，分为两组：以n［n］为韵尾的前鼻音韵母和以ng［ŋ］为韵尾的后鼻音韵母。前鼻音韵母8个：ɑn、en、in、ün、iɑn、uɑn、uen、üɑn。后鼻音韵母8个：ɑng、eng、ing、ong、iɑng、uɑng、ueng、iong。

鼻韵母发音的特点是：元音与鼻辅音不是简单的拼合关系，而是由元音的发音状态向鼻辅音过渡，鼻音色彩逐渐增加，最后发音部位闭塞，形成鼻辅音。鼻辅音韵尾除阻阶段不发音。

韵尾-n［n］的发音同声母n基本相同，只是-n的部位比n-靠后，一般是舌面前部接触硬腭，教学上仍把它看成舌尖中鼻音。

韵尾-ng［ŋ］是舌面后鼻音。发音时软腭下降，打开鼻腔通道，舌面后部后缩抵住软腭，气流震动声带后从鼻腔通过。ng［ŋ］在普通话中不作声母，只能用作韵尾。

（一）前鼻韵母

1.an［an］

起点元音是前低元音［a］。先发［a］，紧接着软腭逐渐下降，打开鼻腔通道，舌面前部向硬腭前部移动闭合，气流从鼻腔流出。例如：

展览 zhǎn lǎn　　感染 gǎn rǎn　　谈判 tán pàn

寒山 hán shān　　散漫 sǎn màn　　赞叹 zàn tàn

2.en［ən］

起点元音是央元音［ə］，舌位居中。先发［ə］，紧接着软腭逐渐下降，打开鼻腔通道，舌面前部向硬腭前部移动闭合，气流从鼻腔流出。例如：

振奋 zhèn fèn　　根本 gēn běn　　认真 rèn zhēn

深沉 shēn chén　　愤恨 fèn hèn　　粉尘 fěn chén

3.in［in］

起点元音是前高不圆唇元音［i］。先发［i］，之后有一个短暂的央元音［ə］过渡，然 后软腭逐渐下降，打开鼻腔通道，舌面前部向硬腭前部移动闭合，气流从鼻腔流出。开口度始终很小，几乎没有变化。发音时央元音［ə］仅是过渡，不宜过分强调。例如：

辛勤 xīn qín　　紧邻 jǐn lín　　贫民 pín mín

濒临 bīn lín　　拼音 pīn yīn　　殷勤 yīn qín

4.ün［yn］

起点元音是前高圆唇元音［y］。先发［y］，之后有一个短暂的央元音［ə］过渡，然后软腭逐渐下降，打开鼻腔通道，舌面前部向硬腭前部移动闭合，气流从鼻腔流出。唇形从［y］开始逐步展开。发音时央元音［ə］仅是过渡，不宜过分强调。例如；

军训 jūn xùn　　均匀 jūn yún　　循循 xún xún

菌群 jūn qún　　群运 qún yùn　　芸芸 yún yún

5.ian［iɛn］

ian由于韵腹前后音的舌位都很高，受协同发音的影响，韵腹的舌位也相应提高了、些，一般用［ɛ］表示。发音时，从前高元音［i］开始，舌位向前半低元音［ɛ］滑降，紧接着软腭逐渐下降，打开鼻腔通道，舌面前部向硬腭前部移动闭合，气流从鼻腔流出。例如：

天边 tiān biān　　绵延 mián yán　　鲜艳 xiān yàn

变脸 biàn liǎn　　偏见 piān jiàn　　连绵 lián mián

6.uan［uan］

uan发音时，从后高圆唇元音［u］开始，唇形迅速由圆唇展开，舌位向前低元音

[a] 滑降，紧接着软腭逐渐下降，打开鼻腔通道，舌面前部向硬腭前部移动闭合，气流从鼻腔流出。例如：

专管 zhuān guǎn　　转换 zhuǎn huàn　　婉转 wǎn zhuǎn

专断 zhuān duàn　　换算 huàn suàn　　酸软 suān ruǎn

7.üan [yæn]

üan 由于韵腹前后音的舌位都很高，受协同发音的影响，韵腹的舌位略高一些。发音时，从前高圆唇元音 [y] 开始，之后往往先向 [u] 有一个短暂的过渡（未达到 [u] 的位置），再向前近低元音 [æ] 的方向滑降，紧接着软腭逐渐下降，打开鼻腔通道，舌面前部向硬腭前部移动闭合，气流从鼻腔流出。唇形由圆唇在向折点元音的滑动过程中逐渐展唇。也有人读作 [yɛn]。例如：

圆圈 yuán quān　　轩辕 xuān yuán　　涓涓 juān juān

源泉 yuán quán　　渊源 yuān yuán　　全员 quán yuán

8.uen [uen]

发音时，从后高圆唇元音 [u] 开始，向央元音 [ə] 滑降，紧接着软腭逐渐下降，打开鼻腔通道，舌面前部向硬腭前部移动闭合，气流从鼻腔流出。唇形由圆唇在向折点元音的滑动过程中逐渐展唇。例如：

论文 lùn wén　　混沌 hùn dùn　　谆谆 zhūn zhūn

温存 wēn cún　　困顿 kùn dùn　　春笋 chūn sǔn

（二）后鼻韵母

1.ang [ɑŋ]

起点元音是后低元音 [ɑ]。先发 [ɑ]，紧接着软腭逐渐下降，打开鼻腔通道，舌面后部向软腭移动闭合，气流从鼻腔流出。例如：

商场 shāng chǎng　　党章 dǎng zhāng　　帮忙 bāng máng

沧桑 cāng sāng　　烫伤 tàng shāng　　常常 cháng cháng

2.eng [əŋ]

eng [əŋ] 里的 [ə] 实际舌位略后而低，大致在国际音标的 [ə] 和 [A] 之间。先发 [ə]，紧接着软腭逐渐下降，打开鼻腔通道，舌面后部向软腭移动闭合，气流从鼻腔流出。例如：

征程 zhēng chéng　　成风 chéng fēng　　更正 gēng zhèng

风声 fēng shēng　　承蒙 chéng méng　　声称 shēng chēng

3.ing [iŋ]

起点元音是前高不圆唇元音 [i]。先发 [i]，之后有一个短暂的央元音 [ə] 过渡，然后软腭逐渐下降，打开鼻腔通道，舌面后部向软腭移动闭合，气流从鼻腔流出。口形没有明显变化。发音时央元音 [ə] 仅是过渡，不宜过分强调。例如：

英明 yīng míng　　清醒 qīng xǐng　　定型 dìng xíng

明星 míng xīng　　精明 jīng míng　　性情 xìng qíng

4.ong [uŋ]

ong [uŋ] 里的后近高圆唇元音 [u] 介于 [u] 和 [o] 之间，圆唇程度不高。先发

[u]，紧接着软腭逐渐下降，打开鼻腔通道，舌面后部向软腭移动闭合，气流从鼻腔流出。唇形始终拢圆。例如：

动容 dòng róng　　恐龙 kǒng lóng　　通融 tōng róng

共同 gòng tóng　　中东 zhōng dōng　　隆冬 lóng dōng

5.iang [iaŋ]

发音时，从前高元音 [i] 开始，舌位向后低元音 [ɑ] 滑降，紧接着软腭逐渐下降，打开鼻腔通道，舌面后部向软腭移动闭合，气流从鼻腔流出。例如：

想象 xiǎng xiàng　　踉跄 liàng qiàng　　强项 qiáng xiàng

湘江 xiāng jiāng　　良将 liáng jiàng　　亮相 liàng xiàng

6.uang [uaŋ]

发音时，从后高圆唇元音 [u] 开始，舌位向后低元音 [ɑ] 滑降，紧接着软腭逐渐下降，打开鼻腔通道，舌面后部向软腭移动闭合，气流从鼻腔流出。唇形由圆唇在向折点元音的滑动过程中逐渐展唇。例如：

矿藏 kuàng cáng　　双簧 shuāng huáng　　狂妄 kuáng wàng

状况 zhuàng kuàng　　网状 wǎng zhuàng　　窗框 chuāng kuàng

7.ueng [uəŋ]

发音时，从后高圆唇元音 [u] 开始，舌位向央元音 [ə] 滑降，紧接着软腭逐渐下降，打开鼻腔通道，舌面后部向软腭移动闭合，气流从鼻腔流出。唇形由圆唇在向折点元音的滑动过程中逐渐展唇。在普通话里，韵母 ueng 只有一种零声母的音节形式 weng。例如：

渔翁 yú wēng　　老翁 lǎo wēng　　水瓮 shuǐ wèng

蕹菜 wèng cài　　蓊郁 wěng yù　　嗡嗡 wēng wēng

8.iong [yŋ]

起点元音是前高圆唇元音 [y]。先发 [y]，紧接着软腭逐渐下降，打开鼻腔通道，舌面后部向软腭移动闭合，气流从鼻腔流出。[yŋ] 里的 [y] 和 [ŋ] 之间有一个过渡音 [u]，也可以标写为 [yuŋ]。例如：

穷凶 qióng xiōng　　炯炯 jiǒng jiǒng　　汹涌 xiōng yǒng

9.测试中常见的失误分析

前后鼻音不分或者前鼻音偏后、后鼻音偏前是普通话水平测试中的常见语音问题。有的人把-ng读作-n，有的人把-n读作-ng，如分不清"辛勤"和"心情"、"人参"和"人生"、"担心"和"当心"、"炖肉"和"冻肉"等。其中in和ing、en和eng混读的情况最为常见。

普通话中有16个鼻韵母，学好前后鼻音韵母具有重要意义。普通话水平测试使用的词语表收录了常用的前鼻音韵尾-n的字840多个（含多音字），后鼻音韵尾-ng的字680多个（含多音字），这1 500多个字约占该词语表收字总量的38%，因此读好前后鼻音对提高普通话水平、提升测试成绩有非常重要的作用。

区分in和ing，在解决发音的问题之前，首先要确定能够听出二者的不同。如果听不出"金"和"京"、"辛勤"和"心情"的区别，就需要多听示范发音，多对比，直到从听感上能区分开。解决好“听”的问题后，再解决“说”的问题。in和ing的区别在于韵尾不同。由于in里的-n发音时舌面前部要抵到硬腭前部，因此发完i后舌头隆起的部位有向前移动的动作；ing里的-ng发音时舌面后部要抵到软腭，因此发完i后舌头有向后移动的动作。另外注意不能把in和ing发成ien和ieng。

en的起点元音是央元音，舌位居中，而eng的起点元音比en略低、略后一点。同in类似，en的发音舌位有向前的动作，即发完e后舌面前部向硬腭前部移动；而发eng时舌位有向后的动作，发完e后舌面后部向软腭移动闭合。

10.语音练习

新颖 xīn yǐng	金星 jīn xīng	禁令 jìn lìng
尽情 jìn qíng	心病 xīn bìng	阴影 yīn yǐng
清贫 qīng pín	省亲 xǐng qīn	灵敏 líng mǐn
迎亲 yíng qīn	倾心 qīng xīn	心情 xīn qíng
神圣 shén shèng	生根 shēng gēn	诚恳 chéng kěn
人生 rén shēng	真正 zhēn zhèng	承认 chéng rèn
成本 chéng běn	本能 běn néng	奔腾 bēn téng
征文 zhēng wén	冷门 lěng mén	省份 shěng fèn

辛勤——心情	频繁——平凡	信服——幸福	贫民——平民
濒临——兵临	公民——功名	金色——惊色	临时——零食
申明——声明	长针——长征	审视——省市	瓜分——刮风
真理——争理	针眼——睁眼	伸张——声张	真龙——蒸笼

四、训练材料

1.绕口令

（1）妈妈开拉达，爸爸桑塔纳，娃娃是警察，跨上雅马哈。

（2）打南坡走来个老婆婆，两手托着俩笸箩，左手的笸箩装着菠萝，右手的笸箩装着萝卜。不知是左手的笸箩装着的菠萝多？还是右手的笸箩装着的萝卜多？说得对送你菠萝和萝卜，说得不对让你扛着笸箩上山坡。

（3）坡上立着一只鹅，坡下就是一条河，宽宽的河，肥肥的鹅，鹅要过河，河要渡鹅。不知是鹅过河，还是河渡鹅。

（4）清早起来雨稀稀，王七上街去买席。骑着毛驴跑得急，捎带卖蛋又贩梨。一跑跑到小桥西，毛驴一下失了蹄，打了蛋，撒了梨，跑了驴，急得王七眼泪滴，又哭鸡蛋又骂驴。

（5）村里有个顾老五，穿上新裤去卖谷。卖了谷，买了布，外加一瓶老陈醋。肩背布，手提醋，老五急忙来赶路。走了一里路，看见一只兔。老五放下了布和醋，糊里糊涂去追兔。刮破了裤，没追上兔，回来不见了布和醋。

（6）吕小绿家养了红鲤鱼绿鲤鱼和驴。李小莉家养了红驴绿驴和鲤鱼。吕小绿家的红鲤鱼绿鲤鱼和驴要跟李小莉家的红驴绿驴和鲤鱼比一比谁更红谁更绿。吕小绿说他家的绿鲤鱼比李小莉家的绿驴绿，李小莉说她家的绿驴比吕小绿家的绿鲤鱼绿。也不知是吕小绿家的绿鲤鱼比李小莉家的绿驴绿，还是李小莉家的绿驴比吕小绿家的绿鲤鱼绿。

（7）有个小孩儿叫小兰儿，口袋装着几个钱儿。又打醋，又买盐儿，还买了一个小饭碗儿。小饭碗儿，真好玩，红花绿叶镶金边儿，中间还有小红点儿。

（8）铜勺舀热油，铁勺舀凉油。铜勺舀了热油舀凉油，铁勺舀了凉油舀热油。

（9）小刁挑鸟太教条，非要一只苗条鸟，有头有尾还有腰，小刁挑鸟成笑料。

（10）陈是陈，程是程。姓陈不能说成姓程，姓程不能说成姓陈。禾旁是程，耳东是陈，陈程不分就会认错人。

（11）板凳宽，扁担长，扁担没有板凳宽，板凳没有扁担长，扁担绑在板凳上，板凳不让扁担绑在板凳上，扁担偏要绑在那板凳上。

（12）东洞庭，西洞庭，洞庭山上一根藤，藤上挂个大铜铃。风起藤动铜铃响，风停藤定铜铃静。

2.诗词

qìn yuán chūn·cháng shā

沁 园 春 ·长 沙

máo zé dōng

毛 泽 东

dú lì hán qiū，xiāng jiāng běi qù，jú zǐ zhōu tóu。
独 立 寒 秋，湘 江 北 去，橘 子 洲 头。
kàn wàn shān hóng biàn，céng lín jìn rǎn，màn jiāng bì tòu，bǎi gě zhēng liú。
看 万 山 红 遍，层 林 尽 染，漫 江 碧 透，百 舸 争 流。
yīng jī cháng kōng，yú xiáng qiǎn dǐ，wàn lèi shuāng tiān jìng zì yóu。
鹰 击 长 空，鱼 翔 浅 底，万 类 霜 天 竞 自 由。
chàng liáo kuò，wèn cāng máng dà dì，shuí zhǔ chén fú？
怅 寥 廓，问 苍 茫 大 地，谁 主 沉 浮？
xié lái bǎi lǚ céng yóu，yì wǎng xī zhēng róng suì yuè chóu。
携 来 百 侣 曾 游，忆 往 昔 峥 嵘 岁 月 稠。
qià tóng xué shào nián，fēng huá zhèng mào；shū shēng yì qì，huī chì fāng qiú。
恰 同 学 少 年，风 华 正 茂；书 生 意 气，挥 斥 方 遒。
zhǐ diǎn jiāng shān，jī yáng wén zì，fèn tǔ dāng nián wàn hù hóu。
指 点 江 山，激 扬 文 字，粪 土 当 年 万 户 侯。
céng jì fǒu dào zhōng liú jī shuǐ làng è fēi zhōu?
曾 记否，到 中 流 击 水，浪 遏 飞 舟？

qīng míng
清　明

dù mù
杜牧

qīng míng shí jié yǔ fēn fēn，lù shàng xíng rén yù duàn hún。
清　明　时节雨纷纷，路　上　行　人　欲　断　魂。

jiè wèn jiǔ jiā hé chù yǒu，mù tóng yáo zhǐ xìng huā cūn。
借　问　酒　家　何　处　有，牧　童　遥　指　杏　花　村。

huáng hè lóu sòng mèng hào rán zhī guǎng líng
黄　鹤　楼　送　孟　浩　然　之　广　陵

lǐ bái
李白

gù rén xī cí huáng hè lóu，yān huā sān yuè xià yáng zhōu。
故人西辞　黄　鹤　楼，烟　花　三　月　下　扬　州。

gū fān yuǎn yǐng bì kōng jìn，wéi jiàn cháng jiāng tiān jì liú。
孤帆　远　影　碧　空　尽，唯　见　长　江　天　际　流。

chì lè gē
敕勒歌

běi cháo mín gē
北　朝　民　歌

chì lè chuān，yīn shān xià。
敕　勒　川　，阴　山　下。

tiān sì qióng lú，lóng gài sì yě。
天　似　穹　庐，笼　盖　四　野。

tiān cāng cāng，yě máng máng，fēng chuī cǎo dī xiàn niú yáng。
天　苍　苍　，野　茫　茫　，风　吹　草　低　见　牛　羊。

jiāng nán chūn
江　南　春

dù mù
杜牧

qiān lǐ yīng tí lǜ yìng hóng，shuǐ cūn shān guō jiǔ qí fēng。
千　里　莺　啼　绿　映　红　，水　村　山　郭　酒　旗　风。

nán cháo sì bǎi bā shí sì，duō shǎo lóu tái yān yǔ zhōng。
南　朝　四　百　八　十　寺，多　少　楼　台　烟　雨　中。

第三节 声调

声调是语音结构中很重要的一个部分。它的作用和声母韵母一样重要，如果声调没读准确，说出来的话就会产生歧义，自然就会影响你和别人的交流。

反之，如果你的普通话声调读得错落有致，使得音节抑扬起伏，你说的话就会给别人带来听觉上的美感，旁人和你交流起来就是一种享受。

普通话的声调是普通话一个重要的特征，声调是可以区别意义的声音的高低升降、曲直长短的变化形式。普通话声调有四个调类：阴平、阳平、上声、去声。就是我们通常说的一声、二声、三声和四声。

调值是描述声调的数值表示方法，我们一般采用赵元任先生创制的五度标调法，将声调的相对音高分成五度，分别是低、半低、中、半高、高、可以用数字1、2、3、4、5表示，如图2-2所示。

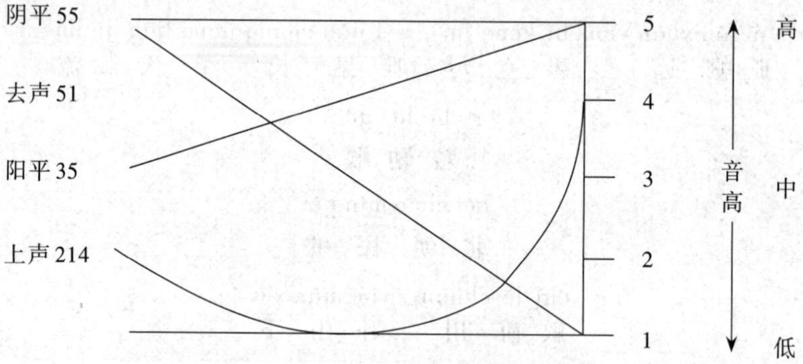

图2-2 普通话声调五度标记图

阴平［55］——高平调，主要特点是高调，音高基本上没有升降的变化。

发音例字：

编 biān 端 duān 方 fāng 宣 xuān 装 zhuāng

阳平［35］——高升调（也有人称为“中升调”），主要特点是升调，音高由中音升到最高音。

发音例字：

怀 huái 连 lián 棉 mián 年 nián 人 rén

上声［214］——降升调，主要特点是低调，是先降后升的曲折调。也可以读成［213］或［212］。

发音例字：

扁 biǎn 闯 chuǎng 广 guǎng 脸 liǎn 秒 miǎo

去声［51］——全降调，由最高音降到最低音。

发音例字：

掉 diào 换 huàn 辣 là 浪 làng 热 rè

声调的声学特性不仅包括语音的音高，还包括时长。时长与声调没有一定的对应关系，但普通话音节单独发音时，通常上声比其他声调长一些；在连续语流中，4种声调的时长差别不大，与其音节所在的位置、该音节是不是重音等因素有关。

1.绕口令练习

dōu lǐ zhuāngdòu dòuzhuāng mǎn dōu dōu pò lòu dòu
兜里装豆，豆装满兜，兜破漏豆。

dào chū dòu bǔ pò dōu bǔ hǎo dōu
倒出豆，补破兜，补好兜，

yòuzhuāngdòu zhuāng mǎn dōu bú lòu dòu
又装豆，装满兜，不漏豆。

2.声调的发音训练

阴平——阳平——上声——去声

天然宝藏 tiān rán bǎo zàng 光明磊落 guāng míng lěi luò

高原广阔 gāo yuán guǎng kuò 山明水秀 shān míng shuǐ xiù

山河美丽 shān hé měi lì 花红柳绿 huā hóng liǔ lǜ

去声——上声——阳平——阴平

妙手回春 miào shǒu huí chūn 四海为家 sì hǎi wéi jiā

智勇无双 zhì yǒng wú shuāng 寿比南山 shòu bǐ nán shān

大有文章 dà yǒu wén zhāng 耀武扬威 yào wǔ yáng wēi

同调四声练习

江山多娇 jiāng shān duō jiāo 名存实亡 míng cún shí wáng

声东击西 shēng dōng jī xī 对症下药 duì zhèng xià yào

变幻莫测 biàn huàn mò cè 见利忘义 jiàn lì wàng yì

四声交错练习

无可非议 wú kě fēi yì 和风细雨 hé fēng xì yǔ

画龙点睛 huà lóng diǎn jīng 龙飞凤舞 lóng fēi fèng wǔ

气壮山河 qì zhuàng shān hé 万马奔腾 wàn mǎ bēn téng

3.诗文练习

dié liàn huā chūn jǐng
蝶恋花·春景

sū shì
苏轼

huā tuì cán hóngqīng xìng xiǎo yàn zi fēi shí lǜ shuǐ rén jiā rào zhī shàng liǔ miánchuī yòu shǎo tiān yá hé
花褪残红青杏小。燕子飞时，绿水人家绕。枝上柳绵吹又少，天涯何

chù wú fāng cǎo qiáng lǐ qiū qiān qiáng wài dào qiáng wài xíng rén qiáng lǐ jiā rén xiào xiào jiàn bù wén shēng jiàn
处无芳草！墙里秋千墙外道。墙外行人，墙里佳人笑。笑渐不闻声渐

qiāo duō qíng què bèi wú qíng nǎo
悄，多情却被无情恼。

第四节　变　调

声调语言的两个或两个以上音节连在一起时，音节所属调类的调值有时会发生变化，这种现象称为“连读变调”。连读变调只可能出现在相连音节之间。普通话的连读变调包括上声变调以及“一”和“不”的变调。

（一）上声变调

上声是曲折调，发音时间最长，所以在语流中容易发生音变。

上声在阴平、阳平、上声、去声前都会产生变调，只有在单念或处在词语、句子的末尾才有可能读原调。

上声在阴平、阳平、去声、轻声前，即在非上声前，丢掉后半段“14”上升的尾巴，调值由214变为半上声21，变调调值描写为214–21。例如：

1.上声+阴平

北京 běi jīng　　摆脱 bǎi tuō　　女生 nǚ shēng

体温 tǐ wēn　　打车 dǎ chē　　体贴 tǐ tiē

2.上声+阳平

旅游 lǚ yóu　　改革 gǎi gé　　考察 kǎo chá

朗读 lǎng dú　　鸟群 niǎo qún　　祖国 zǔ guó

3.上声+去声

感谢 gǎn xiè　　导线 dǎo xiàn　　广阔 guǎng kuò

讨论 tǎo lùn　　挑战 tiǎo zhàn　　土地 tǔ dì

另：上声在轻声前调值也变成半上声21。例如：椅子、姐姐、尾巴、老婆、耳朵、马虎。

4.上声+上声

两个上声相连，前一个上声的调值变为35，跟阳平的调值一样。变调调值描写为214–35。例如：

美好 měi hǎo　　处理 chǔ lǐ　　理想 lǐ xiǎng

水井 shuǐ jǐng　　母语 mǔ yǔ　　小组 xiǎo zǔ

三个上声音节相连，如果后面没有其他音节，也不带什么语气，末尾音节一般不变调。开头、当中的上声音节有两种变调：

当词语的结构是双音节＋单音节（“双单格”）时，开头、当中的上声音节调值变为35，跟阳平的调值一样。例如：

蒙古/语 měng gǔ yǔ　　胆小/鬼 dǎn xiǎo guǐ　　洗脸/水 xǐ liǎn shuǐ

管理/组 guǎn lǐ zǔ　　手写/体 shǒu xiě tǐ　　水彩/笔 shuǐ cǎi bǐ

勇敢/者 yǒng gǎn zhě　　展览/馆 zhǎn lǎn guǎn

当词语的结构是单音节+双音节（“单双格”）时，开头音节处在被强调的逻辑重音时，读作“半上”，调值为21，当中音节则按两字组变调规律变为35。例如：

小/老虎 xiǎo lǎo hǔ　　很/美满 hěn měi mǎn　　小/拇指 xiǎo mǔ zhǐ

炒/米粉 chǎo mǐ fěn　　米/老鼠 mǐ lǎo shǔ　　主/考场 zhǔ kǎo chǎng

冷/处理 lěng chǔ lǐ　　耍/笔杆 shuǎ bǐ gǎn

5.诗词训练

liáng zhōu cí
凉州词

wánghàn
王翰

pú tao měi jiǔ yè guāng bēi　yù yǐn pí pa mǎ shàng cuī
葡萄美酒夜光杯，欲饮琵琶马上催。

zuì wò shā chǎng jūn mò xiào　gǔ lái zhēng zhàn jǐ rén huí
醉卧沙场君莫笑，古来征战几人回。

6.绕口令训练

diān dǎo gē
颠倒歌

tài yáng cóng xī wǎng dōng luò　tīng wǒ chàng gè diān dǎo gē
太阳从西往东落，听我唱个颠倒歌。

tiān shàng dǎ léi méi yǒu xiǎng　dì xià shí tou gǔn shàng pō
天上打雷没有响，地下石头滚上坡。

jiāng lǐ luò tuo huì xià dàn　shān lǐ lǐ yú dā chéng wō
江里骆驼会下蛋，山里鲤鱼搭成窝。

là yuè kǔ rè zhí liú hàn　liù yuè bào lěng dǎ duō suo
腊月苦热直流汗，六月暴冷打哆嗦。

jiě zài fáng zhōng shǒu shū tóu　mén wài kǒu dài bǎ lǘ tuó
姐在房中手梳头，门外口袋把驴驮。

(二)“一”和“不”的变调

1.“一”的变调

“一”的本调是一声，一二三声前变为第四声，四声前面变为二声，词语中间念轻声。“一”有两种变调：

(1) 在去声音节前调值变为35，跟阳平的调值一样。例如（以下“一”字标变调）：

一半 yí bàn　　一旦 yí dàn　　一定 yí dìng

一度 yí dù　　一概 yí gài　　一共 yí gòng

(2) 在阴平、阳平、上声前，即在非去声前，调值变为51，跟去声的调值一样。例如（以下“一”字标变调）：

阴平前

一般 yì bān　　一瞥 yì piē　　一身 yì shēn

一天 yì tiān　　一些 yì xiē　　一生 yì shēng

阳平前

一齐 yì qí　　一群 yì qún　　一时 yì shí

一同 yì tóng　　一行 yì xíng　　一直 yì zhí

上声前

一举 yì jǔ　　一口 yì kǒu　　一起 yì qǐ

一手 yì shǒu　　　　一体 yì tǐ　　　　一早 yì zǎo

当“一”作为序数表示“第一”时不变调，例如“一楼”的“一”不变调，表示“第一号楼”或“第一层楼”；而变调表示“全楼”。“一连”不变调表示“第一连”，而变调则表示“全连”，副词“一连”中的“一”也变调，如“一连五天”。“一”在复杂数词中作个位数，无论是基数词还是序数词都不变调，比如“十一”“一百零一”。此外在十位数上可以不变，例如“一百一十一”，第二个“一”是否变调有分歧。

（3）诗词训练

fù dé gǔ yuán cǎo sòng bié
赋得古原草送别

bái jū yì
白居易

lí lí yuán shàng cǎo, yí suì yì kū róng
离离原上草，一岁一枯荣。

yě huǒ shāo bú jìn, chūn fēng chuī yòu shēng
野火烧不尽，春风吹又生。

yuǎn fāng qīn gǔ dào, qíng cuì jiē huāng chéng
远芳侵古道，晴翠接荒城。

yòu sòng wáng sūn qù, qī qī mǎn bié qíng
又送王孙去，萋萋满别情。

（4）绕口令训练

lǎo ye táng shàng yí miàn gǔ
老爷堂上一面鼓

lǎo ye táng shàng yí miàn gǔ, gǔ shàng yì zhī pí lǎo hǔ
老爷堂上一面鼓，鼓上一只皮老虎。

pí lǎo hǔ zhuā pò le gǔ, jiù ná kuài pò bù wǎng shàng bǔ
皮老虎抓破了鼓，就拿块破布往上补。

zhǐ jiàn guò pò bù bǔ pò kù, nǎ jiàn guò pò bù bǔ pò gǔ
只见过破布补破裤，哪见过破布补破鼓。

2.“不”的变调

“不”的单字是去声，单念词尾不变调。“不”字只有一种变调。当“不”在去声音节前调值变为35，跟阳平的调值一样。例如：

不三不四 bù sān bú sì　不卑不亢 bù bēi bú kàng

不上不下 bú shàng bú xià 不做不休 bú zuò bù xiū

不偏不倚 bù piān bù yǐ 不僧不俗 bù sēng bù sú

不伦不类 bù lún bú lèi 不慌不忙 bù huāng bù máng

第五节　轻　声

一个音节在某个词或某句话里念得短而轻，失去了原有的声调，叫作轻声。一个音节读成轻声后，物理属性会发生相应变化，比如音长会大大缩短而且调形不再是原有声调的调形，它的音高依赖于前面音节的声调，阴平、阳平、去声之后的轻声音节音高表现为下降；上声之后的轻声音节音高表现为较高的平调或微升调，音高与时长是轻声感知中的重要因素。

轻声练习

清楚 qīng chu	他的 tā de	先生 xiān sheng
休息 xiū xi	庄稼 zhuāng jia	桌子 zhuō zi
婆婆 pó po	房子 fáng zi	粮食 liáng shi
萝卜 luó bo	头发 tóu fa	行李 xíng li
姐姐 jiě jie	耳朵 ěr duo	喇叭 lǎ ba
老实 lǎo shi	马虎 mǎ hu	使唤 shǐ huan
弟弟 dì di	豆腐 dòu fu	骆驼 luò tuo
漂亮 piào liang	吓唬 xià hu	意思 yì si

第六节 儿化

“儿化”又称儿化韵，是普通话和某些汉语方言中的一种语音现象，即后缀“儿”字不自成音节，而同前面的音节合在一起，使前一音节的韵母成为卷舌韵母。儿化音变的基本性质是使一个音节的主要元音带上卷舌色彩。-r是儿化韵的形容性符号，不把它作为一个音素看待。

在普通话中，儿化有时具有区别词义、区分词性的功能，如“尖”作动词，“尖儿”作名词；“一点”是名词指时间，“一点儿”作量词，是“少量、少许”的意思。在具有区别词义和辨别词性作用的语境中，该儿化处理的地方一定要儿化，否则就会产生歧义。还有一类儿化是表示喜爱、亲切的感情色彩，如：脸蛋儿、花儿、小孩儿、小鸡儿。表示少、小、轻等状态和性质，也常常用到儿化，如：米粒儿、门缝儿、蛋黄儿。

有的词语的末尾也是“儿”字，如婴儿、幼儿、健儿等，这些词语中的“儿”字是自成音节的，不是儿化韵。在某些诗歌、散文中，为了节奏和韵律的和谐，词尾的“儿”也是自成音节的，如“树上的鸟儿成双对”“风儿吹动着绿叶”“花儿朵朵向太阳”等，其中的“儿”必须独立成音节，不要儿化，否则会打乱诗歌或文章句子的节奏。在朗读文字材料时，我们要能及时分辨出儿化；在平时生活口语中我们要学会使用儿化并读准儿化。发儿化韵常见的毛病是“儿”与前面的音节分开，念成两个音节，并且“儿”字没有卷舌，发成e音。念准儿化韵的关键是把“儿”字与前面一个音节融成一个音节，在发韵腹的同时，把舌头卷起来，即卷着舌头念韵腹；不要把韵腹和卷舌变成一前一后两个动作。

1.例词

打杂儿 dǎ zár	刀把儿 dāo bàr	号码儿 hào mǎr
加塞儿 jiā sāir	名牌儿 míng páir	小孩儿 xiǎo háir

老伴儿 lǎo bànr	脸蛋儿 liǎn dànr	收摊儿 shōu tānr
赶趟儿 gǎn tàngr	瓜瓤儿 guā rángr	香肠儿 xiāng chángr
掉价儿 diào jiàr	豆芽儿 dòu yár	一下儿 yí xiàr
扇面儿 shàn miànr	小辫儿 xiǎo biànr	一点儿 yì diǎnr
鼻梁儿 bí liángr	花样儿 huā yàngr	透亮儿 tòu liàngr
大褂儿 dà guàr	麻花儿 má huār	脑瓜儿 nǎo guār
茶馆儿 chá guǎnr	打转儿 dǎ zhuànr	拐弯儿 guǎi wānr
蛋黄儿 dàn huángr	天窗儿 tiān chuāngr	包圆儿 bāo yuánr
人缘儿 rén yuánr	手绢儿 shǒu juànr	刀背儿 dāo bèir
摸黑儿 mō hēir	老本儿 lǎo běnr	纳闷儿 nà mènr
压根儿 yà gēnr	钢镚儿 gāng bèngr	夹缝儿 jiā fèngr
提成儿 tí chéngr	半截儿 bàn jiér	小鞋儿 xiǎo xiér
旦角儿 dàn juér	主角儿 zhǔ juér	跑腿儿 pǎo tuǐr
一会儿 yíhuìr	走味儿 zǒu wèir	冰棍儿 bīng gùnr
打盹儿 dǎ dǔnr	没准儿 méi zhǔnr	垫底儿 diàn dǐr
玩意儿 wán yìr	针鼻儿 zhēn bír	有劲儿 yǒu jìnr
脚印儿 jiǎo yìnr	送信儿 sòng xìnr	火星儿 huǒ xīngr
打鸣儿 dǎ míngr	花瓶儿 huā píngr	小曲儿 xiǎo qǔr
毛驴儿 máo lǘr	痰盂儿 tán yúr	挑刺儿 tiāo cìr
瓜子儿 guā zǐr	没词儿 méi cír	墨汁儿 mò zhir
记事儿 jì shìr	锯齿儿 jù chǐr	逗乐儿 dòu lèr
挨个儿 āi gèr	打嗝儿 dǎ gér	碎步儿 suì bùr
泪珠儿 lèi zhūr	没谱儿 méi pǔr	酒盅儿 jiǔ zhōngr
抽空儿 chōu kòngr	胡同儿 hú tòngr	叫好儿 jiào hǎor
门洞儿 mén dòngr	小熊儿 xiǎo xióngr	面条儿 miàn tiáor
半道儿 bàn dàor	红包儿 hóng bāor	小丑儿 xiǎo chǒur
火苗儿 huǒ miáor	开窍儿 kāi qiàor	棉球儿 mián qiúr
门口儿 mén kǒur	年头儿 nián tóur	小说儿 xiǎo shuōr
顶牛儿 dǐng niúr	加油儿 jiā yóur	
大伙儿 dà huǒr	火锅儿 huǒ guōr	

2.朗读训练

我们那儿有个王小三儿，在门口摆着一个小杂货摊儿。卖的是煤油火柴和烟卷儿，草纸豆儿纸还有大包的烟儿，红糖白糖花椒大料瓣儿，鸡子儿挂面酱醋油盐儿，糖葫芦一串儿又一串儿，花生瓜子儿还有酸杏干儿。王小三儿不识字儿，写账记账他净闹稀罕儿。街坊买了他六个鸡子儿。他就在账本上画了六个圈儿。过了两天人家还了他的账，他在账单上画了一道儿就勾了圈儿。到了年底下又去跟人家要账，他说人家短了他一串儿糖葫芦儿没有给他钱儿。

3.绕口令训练

进了门儿，倒杯水，喝了两口儿运运气儿，顺手拿起小唱本儿，唱一曲儿，又一曲儿，练完了嗓子我练嘴皮儿。绕口令儿，练字音儿，还有单弦儿牌子曲儿，小快板儿，大鼓词儿，越说越唱我越带劲儿。

第七节 语 调

我们在之前说过音调，那音调和语调是一回事么？严格说来声调是音节层面的音高变化，而语调是句子层面的音高特征，所以在连续的表达中，语调的变化会更容易被捕捉，而且表现力也会更强。语调可以引起声调音域的变化，能在保留音节声调调形的基础上对声调音域进行调节，恰当地运用语调，能有效地润色语言，促进思想沟通，使语言表达更加清晰明确，从而增强语言的表现力。因此，学会运用语调，对于提高语言表达能力是十分重要的。而在一般情况下，人的思想内容和感情态度，有一种基本状态，并不会出现大的起伏。这也就是说，语调的变化，是在一种基本语调的基础上进行的。形成语调的因素是多方面的，但起决定作用的是思想内容和感情态度。在没有词汇和句法标记的条件下，语调可以区分陈述、疑问、感叹等语气。同一语句由于高低升降的不同，可以表达多种多样的感情和意义。

在学习捕捉和练习语调时，我们可以粗略把基本相似和大体相同的语调归纳为以下几类：

(1) 升调——指语流运行状态由低向高，句尾音强而向上扬起。它一般用于提出问题、等待回答、感到意外、情绪惊恐、发布命令、进行号召等。例句如下：

全速前进！

你当时是怎么想的?!

伸手不见五指的黑夜里看到了几点幽幽的绿光……

(2) 降调——指情绪稳定，语流运行状态由高向低，句尾音弱而下降。它一般用于陈述句、肯定句、感叹句、祈使句等。例句如下：

就是这个地方。

你做得很好。

住手！

(3) 平调——指情绪沉稳，语流运行状态基本平直，句尾和句首差不多在同一高度。它一般用于庄重严肃、踌躇迟疑、冷漠淡然、思索回忆等句子中。例句如下：

君子有所为有所不为。

这件事容我再想想。

他不想趟这趟浑水。

(4) 曲调——情绪激动或情感复杂，语流运行呈起伏曲折状态。或由高而低再扬起，或由低而高再降下，或起伏更大。多用于语意双关、言外有意、幽默含蓄、讽刺嘲笑、意外惊奇、用意夸张等语句中。例句如下：

白发三千丈，缘愁似个长。

东边日出西边雨，道是无晴却有晴。

长风破浪会有时，直挂云帆济沧海。

1.重音

重音也叫重读。在口语表达中，它有强调重点、突出主要情感的作用。很多人从字面意思上将重音理解为在有声语言中加重声音处理，其实不然。重音存在的单位是语句，一句话中语句意思体现最为清楚的词和词语就是这句话的重音，语句目的不同，重音的强调也就不同；表达者有意对那些重要的语词或音节加以强调和处理，这些词语或音节就是重音。

把握重音的关键是找到重音的确切位置，这就需要明确讲话的重点，弄清话语主旨，真正把握每句话的表意重点——表意的重点词语往往就是重音的位置。同一句话，由于重音位置的移动，表意的重点就会发生变化。比如“今天我来这儿主持”这句话，重音不同，语意就不同：

今天我来这儿主持。（明天不来）

今天我来这儿主持。（不是别人来）

今天我来这儿主持。（明天在别处）

今天我来这儿主持。（不是来聊天）

由此可见，重音的位置对语意有重要影响。正确使用重音，是准确表情达意的关键。

2.停顿

停顿是指语言顿挫。它在口语表达中至少有两个作用：首先，停顿起着标点符号的作用，它作为话语中换气的间隙，既是表明上句话的结束，又是下句话的前奏，以此加强语言的清晰度和表现力。其次，停顿能使口语抑扬顿挫，它以间歇的长短、一定时间单位里次数的多少，形成讲话的节奏，给人以韵律美。

和重音一样，停顿的位置不同，一句话表达的语意往往也会不同。比如“她了解我不了解”这句话在不同的停顿之下就可以有不同的意义：

她/了解我不了解？（问是否了解自己）

她了解/我不了解。（承认自己不了解）

她了解/我不了解？（不承认自己不了解）

她了解我/不了解？（想证实她了不了解）

她了解我不/了解？（不相信别人了解）

可见，停顿要得当、得体，应当根据传情表意的需要合理设置停顿。巧设停顿可造成言外之意和弦外之音，让人觉得“此时无声胜有声”。训练有素的播音员或主持人往往善于利用语句的停顿，让听众去思索、回味和期待，以获得理想的语言效果。

第八节　综合实战演练

练习一

盼望着，盼望着，东风来了，春天的脚步近了。

一切都像刚睡醒的样子，欣欣然张开了眼。山朗润起来了，水涨起来了，太阳的脸红起来了。

小草偷偷地从土里钻出来，嫩嫩的，绿绿的。园子里，田野里，瞧去，一大片一大片满是的。坐着，躺着，打两个滚，踢几脚球，赛几趟跑，捉几回迷藏。风轻悄悄的，草软绵绵的。

……

“吹面不寒杨柳风”，不错的，像母亲的手抚摸着你。风里带来些新翻的泥土的气息，混着青草味儿，还有各种花的香，都在微微湿润的空气里酝酿。鸟儿将巢安在繁花绿叶当中，高兴起来了，呼朋引伴地卖弄清脆的喉咙，唱出宛转的曲子，跟轻风流水应和着。牛背上牧童的短笛，这时候也成天嘹亮地响着。

雨是最寻常的，一下就是三两天。可别恼。看，像牛毛，像花针，像细丝，密密地斜织着，人家屋顶上全笼着一层薄烟。树叶儿却绿得发亮，小草儿也青得逼你的眼。傍晚时候，上灯了，一点点黄晕的光，烘托出一片安静而和平的夜。在乡下，小路上，石桥边，有撑起伞慢慢走着的人，地里还有工作的农民，披着蓑戴着笠。他们的房屋，稀稀疏疏的，在雨里静默着。

天上风筝渐渐多了，地上孩子也多了。城里乡下，家家户户，老老小小，也赶趟儿似的，一个个都出来了。舒活舒活筋骨，抖擞抖擞精神，各做各的一份儿事去。“一年之计在于春”，刚起头儿，有的是工夫，有的是希望。

春天像刚落地的娃娃，从头到脚都是新的，它生长着。

春天像小姑娘，花枝招展的，笑着，走着。

春天像健壮的青年，有铁一般的胳膊和腰脚，领着我们上前去。

节选自朱自清《春》

朗读参考：

pànwàng zhe pànwàng zhe dōngfēng lái le chūntiān de jiǎo bù jìn le
盼望着，盼望着，东风来了，春天的脚步近了。

yí qiè dōu xiàng gāng shuì xǐng de yàng zi xīn xīn rán zhāng kāi le yǎn shānlǎng rùn qǐ lái le shuǐzhǎng qǐ lái le tài yáng de liǎnhóng qǐ lái le
一切都像刚睡醒的样子，欣欣然张开了眼。山朗润起来了，水涨起来了，太阳的脸红起来了。

xiǎo cǎo tōu tōu de cóng tǔ lǐ zuān chū lái nèn nèn de lǜ lǜ de yuán zi lǐ tián yě lǐ qiáo
小草偷偷地从土里钻出来，嫩嫩的，绿绿的。园子里，田野里，瞧
qù yí dà piàn yí dà piàn mǎn shì de zuò zhe tǎng zhe dǎ liǎng gè gǔn tī jǐ jiǎo qiú sài jǐ tàng
去，一大片一大片满是的。坐着，躺着，打两个滚，踢几脚球，赛几趟
pǎo zhuō jǐ huí mí cáng fēng qīng qiāo qiāo de cǎo ruǎn mián mián de
跑，捉几回迷藏。风轻悄悄的，草软绵绵的。

……

chuī miàn bù hán yáng liǔ fēng bú cuò de xiàng mǔ qīn de shǒu fǔ mō zhe nǐ fēng lǐ dài lái xiē xīn
“吹面不寒杨柳风”，不错的，像母亲的手抚摸着你。风里带来些新
fān de ní tǔ de qì xī hùn zhe qīng cǎo weir hái yǒu gè zhǒng huā de xiāng dōu zài wēi wēi shī rùn de kōng
翻的泥土的气息，混着青草味儿，还有各种花的香，都在微微湿润的空
qì lǐ yùn niàng niǎo ér jiāng cháo ān zài fán huā lǜ yè dāng zhōng gāo xìng qǐ lái le hū péng yǐn bàn de mài
气里酝酿。鸟儿将巢安在繁花绿叶当中，高兴起来了，呼朋引伴地卖
nòng qīng cuì de hóu lóng chàng chū wǎn zhuǎn de qǔ zi gēn qīng fēng liú shuǐ yìng hè zhe niú bèi shàng mù tóng de
弄清脆的喉咙，唱出宛转的曲子，跟轻风流水应和着。牛背上牧童的
duǎn dí zhè shí hòu yě chéng tiān liáo liàng de xiǎng zhe
短笛，这时候也成天嘹亮地响着。

yǔ shì zuì xún cháng de yí xià jiù shì sān liǎng tiān kě bié nǎo kàn xiàng niú máo xiàng huā zhēn
雨是最寻常的，一下就是三两天。可别恼。看，像牛毛，像花针，
xiàng xì sī mì mì de xié zhī zhe rén jiā wū dǐng shàng quán lǒng zhe yì céng bó yān shù yèr què lǜ de
像细丝，密密地斜织着，人家屋顶上全笼着一层薄烟。树叶儿却绿得
fā liàng xiǎo cǎor yě qīng de bī nǐ de yǎn bàng wǎn shí hòu shàng dēng le yì diǎn diǎn huáng yùn de
发亮，小草儿也青得逼你的眼。傍晚时候，上灯了，一点点黄晕的
guāng hōng tuō chū yí piàn ān jìng ér hé píng de yè zài xiāng xià xiǎo lù shàng shí qiáo biān yǒu chēng qǐ
光，烘托出一片安静而和平的夜。在乡下，小路上，石桥边，有撑起
sǎn màn màn zǒu zhe de rén dì lǐ hái yǒu gōng zuò de nóng mín pī zhe suō dài zhe lì tā men de fáng wū
伞慢慢走着的人，地里还有工作的农民，披着蓑戴着笠。他们的房屋，
xī xī shū shū de zài yǔ lǐ jìng mò zhe
稀稀疏疏的，在雨里静默着。

tiān shàng fēng zheng jiàn jiàn duō le dì shàng hái zi yě duō le chéng lǐ xiāng xià jiā jiā hù hù lǎo
天上风筝渐渐多了，地上孩子也多了。城里乡下，家家户户，老
lǎo xiǎo xiǎo yě gǎn tàngr shì de yí gè ge dōu chū lái le shū huo shū huo jīn gǔ dǒu sǒu dǒu sǒu jīng
老小小，也赶趟儿似的，一个个都出来了。舒活舒活筋骨，抖擞抖擞精
shen gè zuò gè de yí fènr shì qù yì nián zhī jì zài yú chūn gāng qǐ tóur yǒu de shì gōng
神，各做各的一份儿事去。“一年之计在于春”，刚起头儿，有的是工
fu yǒu de shì xī wàng
夫，有的是希望。

chūn tiān xiàng gāng luò dì de wá wa cóng tóu dào jiǎo dōu shì xīn de tā shēng zhǎng zhe
春天像刚落地的娃娃，从头到脚都是新的，它生长着。

chūn tiān xiàng xiǎo gū niang huā zhī zhāo zhǎn de xiào zhe zǒu zhe
春天像小姑娘，花枝招展的，笑着，走着。

chūn tiān xiàng jiàn zhuàng de qīng nián yǒu tiě yì bān de gē bo hé yāo jiǎo lǐng zhe wǒ men shàng qián qù
春天像健壮的青年，有铁一般的胳膊和腰脚，领着我们上前去。

节选自朱自清《春》

练习二

燕子去了，有再来的时候；杨柳枯了，有再青的时候；桃花谢了，有再开的时候。但是，聪明的，你告诉我，我们的日子为什么一去不复返呢？——是有人偷了他们罢：那是谁？又藏在何处呢？是他们自己逃走了罢：现在又到了哪里呢？

去的尽管去了，来的尽管来着；去来的中间，又怎样地匆匆呢？早上我起来的时候，小屋里射进两三方斜斜的太阳。太阳他有脚啊，轻轻悄悄地挪移了；我也茫茫然跟着旋转。于是——洗手的时候，日子从水盆里过去；吃饭的时候，日子从饭碗里过去；默默时，便从凝然的双眼前过去。我觉察他去的匆匆了，伸出手遮挽时，他又从遮挽着的手边过去；天黑时，我躺在床上，他便伶伶俐俐地从我身上跨过，从我脚边飞去了。等我睁开眼和太阳再见，这算又溜走了一日。我掩着面叹息，但是新来的日子的影儿又开始在叹息里闪过了。

在逃去如飞的日子里，在千门万户的世界里的我能做些什么呢？只有徘徊罢了，只有匆匆罢了；在八千多日的匆匆里，除徘徊外，又剩些什么呢？过去的日子如轻烟，被微风吹散了，如薄雾，被初阳蒸融了；我留着些什么痕迹呢？我何曾留着像游丝样的痕迹呢？我赤裸裸来到这世界，转眼间也将赤裸地回去罢？但不能平的，为什么偏白白走这一遭啊？

你聪明的，告诉我，我们的日子为什么一去不复返呢？

节选自朱自清《匆匆》

朗读参考：

yàn zi qù le　yǒu zài lái de shí hòu　yáng liǔ kū le　yǒu zài qīng de shí hòu　táo huā xiè le　yǒu
燕子去了，有再来的时候；杨柳枯了，有再青的时候；桃花谢了，有
zài kāi de shí hòu　dàn shì　cōngmíng de　nǐ gào sù wǒ　wǒ men de rì zi wèi shén me yí qù bú fù fǎn
再开的时候。但是，聪明的，你告诉我，我们的日子为什么一去不复返
ne　shì yǒu rén tōu le tā men ba　nà shì shéi　yòu cáng zài hé chù ne　shì tā men zì jǐ táo zǒu le
呢？——是有人偷了他们罢：那是谁？又藏在何处呢？是他们自己逃走了
ba　xiàn zài yòu dào le nǎ lǐ ne
罢：现在又到了哪里呢？

qù de jǐn guǎn qù le　lái de jǐn guǎn lái zhe　qù lái de zhōngjiān　yòu zěn yàng de cōngcōng ne　zǎo
去的尽管去了，来的尽管来着；去来的中间，又怎样地匆匆呢？早
shàng wǒ qǐ lái de shí hòu　xiǎo wū lǐ shè jìn liǎng sān fāng xié xié de tài yáng　tài yáng tā yǒu jiǎo a　qīng qīng
上我起来的时候，小屋里射进两三方斜斜的太阳。太阳他有脚啊，轻轻
qiāo qiāo de nuó yí le　wǒ yě máng máng rán gēn zhe xuán zhuǎn　yú shì　xǐ shǒu de shí hòu　rì zi cóng shuǐ
悄悄地挪移了；我也茫茫然跟着旋转。于是——洗手的时候，日子从水
pén lǐ guò qù　chī fàn de shí hòu　rì zi cóng fàn wǎn lǐ guò qù　mò mò shí　biàn cóng níng rán de shuāng yǎn
盆里过去；吃饭的时候，日子从饭碗里过去；默默时，便从凝然的双眼
qián guò qù　wǒ jué chá tā qù de cōngcōng le　shēn chū shǒu zhē wǎn shí　tā yòu cóng zhē wǎn zhe de shǒu biān guò
前过去。我觉察他去的匆匆了，伸出手遮挽时，他又从遮挽着的手边过
qù　tiān hēi shí　wǒ tǎng zài chuáng shàng　tā biàn líng líng lì lì de cóng wǒ shēn shàng kuà guò　cóng wǒ jiǎo biān
去；天黑时，我躺在床上，他便伶伶俐俐地从我身上跨过，从我脚边

fēi qù le děng wǒ zhēng kāi yǎn hé tài yáng zài jiàn zhè suàn yòu liū zǒu le yí rì wǒ yǎn zhe miàn tàn xī
飞去了。等我睁开眼和太阳再见，这算又溜走了一日。我掩着面叹息，
dàn shì xīn lái de rì zi de yǐngr yòu kāi shǐ zài tàn xī lǐ shǎn guò le
但是新来的日子的影儿又开始在叹息里闪过了。

zài táo qù rú fēi de rì zi lǐ zài qiān mén wàn hù de shì jiè lǐ de wǒ néng zuò xiē shén me ne zhǐ
在逃去如飞的日子里，在千门万户的世界里的我能做些什么呢？只
yǒu pái huái bà le zhǐ yǒu cōngcōng bà le zài bā qiān duō rì de cōngcōng lǐ chú pái huái wài yòu shèng xiē
有徘徊罢了，只有匆匆罢了；在八千多日的匆匆里，除徘徊外，又剩些
shén me ne guò qù de rì zi rú qīng yān bèi wēi fēng chuī sàn le rú báo wù bèi chū yáng zhēng róng le
什么呢？过去的日子如轻烟，被微风吹散了，如薄雾，被初阳蒸融了；
wǒ liú zhe xiē shén me hén jì ne wǒ hé céng liú zhe xiàng yóu sī yàng de hén jì ne wǒ chì luǒ luǒ lái dào zhè
我留着些什么痕迹呢？我何曾留着像游丝样的痕迹呢？我赤裸裸来到这
shì jiè zhuǎn yǎn jiān yě jiāng chì luǒ luǒ de huí qù ba dàn bù néng píng de wèi shén me piān bái bái zǒu zhè yī
世界，转眼间也将赤裸裸地回去罢？但不能平的，为什么偏白白走这一
zāo a
遭啊？

nǐ cōngmíng de gào sù wǒ wǒ men de rì zi wèi shén me yí qù bú fù fǎn ne
你聪明的，告诉我，我们的日子为什么一去不复返呢？

节选自朱自清《匆匆》

练习三

有的人在工作、学习中缺乏耐性和韧性，他们一旦碰了钉子，走了弯路，就开始怀疑自己是否有研究才能。其实，我可以告诉大家，许多有名的科学家和作家，都是经过很多次失败，走过很多弯路才成功的。有人看见一个作家写出一本好小说，或者看见一个科学家发表几篇有分量的论文，便仰慕不已，很想自己能够信手拈来，妙手成章，一觉醒来，誉满天下。其实，成功的作品和论文只不过是作家、学者们整个创作和研究中的极小部分，甚至数量上还不及失败作品的十分之一。大家看到的只是他们成功的作品，而失败的作品是不会公开发表出来的。

要知道，一个科学家在攻克科学堡垒的长征中，失败的次数和经验，远比成功的经验要丰富、深刻得多。失败虽然不是什么令人快乐的事情，但也决不应该因此气馁。在进行研究时，研究方向不正确，走了些岔路，白费了许多精力，这也是常有的事。但不要紧，可以再调换方向进行研究。更重要的是要善于吸取失败的教训，总结已有的经验，再继续前进。

根据我自己的体会，所谓天才，就是坚持不断的努力。有些人也许觉得我在数学方面有什么天分，其实，从我身上是找不到这种天分的。我读小学时，因为成绩不好，没有拿到毕业证书，只拿到一张修业证书。初中一年级时，我的数学也是经过补考才及格的。但是说来奇怪，从初中二年级以后，我就发生了一个根本转变，因为我认识到既然我的资质差些，就应该多用点儿时间来学习。别人学一小时，我就学两小时，这样，我的数学成绩得以不断提高。

一直到现在我也贯彻这个原则：别人看一篇东西要三小时，我就花三个半小时。经过长期积累，就多少可以看出成绩来。并且在基本技巧烂熟之后，往往能够一个钟头就看懂一篇人家看十天半月也解不透的文章。所以前一段时间的加倍努力，在后一段时间能收到预想不到的效果。

是的，聪明在于学习，天才在于积累。

节选自华罗庚《聪明在于学习，天才在于积累》

朗读参考：

yǒu de rén zài gōng zuò xué xí zhōng quē fá nài xìng hé rèn xìng tā men yí dàn pèng le dīng zi zǒu le
有的人在工作、学习中缺乏耐性和韧性，他们一旦碰了钉子，走了
wān lù jiù kāi shǐ huái yí zì jǐ shì fǒu yǒu yán jiū cái néng qí shí wǒ kě yǐ gào sù dà jiā xǔ duō
弯路，就开始怀疑自己是否有研究才能。其实，我可以告诉大家，许多
yǒu míng de kē xué jiā hé zuò jiā dōu shì jīng guò hěn duō cì shī bài zǒu guò hěn duō wān lù cái chéng gōng
有名的科学家和作家，都是经过很多次失败，走过很多弯路才成功
de yǒu rén kàn jiàn yí gè zuò jiā xiě chū yì běn hǎo xiǎo shuō huò zhě kàn jiàn yí gè kē xué jiā fā biǎo jǐ piān
的。有人看见一个作家写出一本好小说，或者看见一个科学家发表几篇
yǒu fèn liàng de lùn wén biàn yǎng mù bù yǐ hěn xiǎng zì jǐ néng gòu xìn shǒu niān lái miào shǒu chéng zhāng yí
有分量的论文，便仰慕不已，很想自己能够信手拈来，妙手成章，一
jiào xǐng lái yù mǎn tiān xià qí shí chéng gōng de zuò pǐn hé lùn wén zhǐ bú guò shì zuò jiā xué zhě men
觉醒来，誉满天下。其实，成功的作品和论文只不过是作家、学者们
zhěng gè chuàng zuò hé yán jiū zhōng de jí xiǎo bù fen shèn zhì shù liàng shàng hái bù jí shī bài zuò pǐn de shí fēn zhī
整个创作和研究中的极小部分，甚至数量上还不及失败作品的十分之
yī dà jiā kàn dào de zhǐ shì tā men chéng gōng de zuò pǐn ér shī bài de zuò pǐn shì bú huì gōng kāi fā biǎo chū
一。大家看到的只是他们成功的作品，而失败的作品是不会公开发表出
lái de
来的。

yào zhī dào yí gè kē xué jiā zài gōng kè kē xué bǎo lěi de cháng zhēng zhōng shī bài de cì shù hé jīng
要知道，一个科学家在攻克科学堡垒的长征中，失败的次数和经
yàn yuǎn bǐ chéng gōng de jīng yàn yào fēng fù shēn kè de duō shī bài suī rán bú shì shén me lìng rén kuài lè
验，远比成功的经验要丰富、深刻得多。失败虽然不是什么令人快乐
de shì qíng dàn yě jué bù yīng gāi yīn cǐ qì něi zài jìn xíng yán jiū shí yán jiū fāng xiàng bú zhèng què
的事情，但也决不应该因此气馁。在进行研究时，研究方向不正确，
zǒu le xiē chà lù bái fèi le xǔ duō jīng lì zhè yě shì cháng yǒu de shì dàn bú yào jǐn kě yǐ zài
走了些岔路，白费了许多精力，这也是常有的事。但不要紧，可以再
diào huàn fāng xiàng jìn xíng yán jiū gèng zhòng yào de shì yào shàn yú xī qǔ shī bài de jiào xùn zǒng jié yǐ yǒu de
调换方向进行研究。更重要的是要善于吸取失败的教训，总结已有的
jīng yàn zài jì xù qián jìn
经验，再继续前进。

gēn jù wǒ zì jǐ de tǐ huì suǒ wèi tiān cái jiù shì jiān chí bú duàn de nǔ lì yǒu xiē rén yě xǔ
根据我自己的体会，所谓天才，就是坚持不断的努力。有些人也许
jué dé wǒ zài shù xué fāng miàn yǒu shén me tiān fèn qí shí cóng wǒ shēn shàng shì zhǎo bú dào zhè zhǒng tiān fèn
觉得我在数学方面有什么天分，其实，从我身上是找不到这种天分
de wǒ dú xiǎo xué shí yīn wèi chéng jì bù hǎo méi yǒu ná dào bì yè zhèng shū zhǐ ná dào yì zhāng xiū
的。我读小学时，因为成绩不好，没有拿到毕业证书，只拿到一张修
yè zhèng shū chū zhōng yī nián jí shí wǒ de shù xué yě shì jīng guò bǔ kǎo cái jí gé de dàn shì shuō lái
业证书。初中一年级时，我的数学也是经过补考才及格的。但是说来

qí guài cóng chūzhōng èr nián jí yǐ hòu wǒ jiù fā shēng le yí gè gēn běnzhuǎn biàn yīn wèi wǒ rèn shí dào
奇怪，从初中二年级以后，我就发生了一个根本转变，因为我认识到
jì rán wǒ de zī zhì chà xiē jiù yīng gāi duō yòng diǎnr shí jiān lái xué xí bié rén xué yì xiǎo shí wǒ jiù
既然我的资质差些，就应该多用点儿时间来学习。别人学一小时，我就
xué liǎngxiǎo shí zhè yàng wǒ de shù xuéchéng jì dé yǐ bú duàn tí gāo
学两小时，这样，我的数学成绩得以不断提高。

yì zhí dào xiàn zài wǒ yě guàn chè zhè gè yuán zé bié rén kàn yī piāndōng xī yào sān xiǎo shí wǒ jiù huā
一直到现在我也贯彻这个原则：别人看一篇东西要三小时，我就花
sān gè bàn xiǎo shí jīng guò cháng qī jī lěi jiù duō shǎo kě yǐ kàn chū chéng jì lái bìng qiě zài jī běn jì
三个半小时。经过长期积累，就多少可以看出成绩来。并且在基本技
qiǎo làn shú zhī hòu wǎng wǎng néng gòu yí gè zhōng tóu jiù kàn dǒng yī piān rén jiā kàn shí tiān bàn yuè yě jiě bú tòu
巧烂熟之后，往往能够一个钟头就看懂一篇人家看十天半月也解不透
de wénzhāng suǒ yǐ qián yí duàn shí jiān de jiā bèi nǔ lì zài hòu yí duàn shí jiān néngshōu dào yù xiǎng bú dào de
的文章。所以前一段时间的加倍努力，在后一段时间能收到预想不到的
xiào guǒ
效果。

shì de cōngmíng zài yú xué xí tiān cái zài yú jī lěi
是的，聪明在于学习，天才在于积累。

节选自华罗庚《聪明在于学习，天才在于积累》

练习四

我喜欢出发。

凡是到达了的地方，都属于昨天。哪怕那山再青，那水再秀，那风再温柔。太深的流连便成了一种羁绊，绊住的不仅有双脚，还有未来。

怎么能不喜欢出发呢？没见过大山的巍峨，真是遗憾；见了大山的巍峨没见过大海的浩瀚，仍然遗憾；见了大海的浩瀚没见过大漠的广袤，依旧遗憾；见了大漠的广袤没见过森林的神秘，还是遗憾。世界上有不绝的风景，我有不老的心情。

我自然知道，大山有坎坷，大海有浪涛，大漠有风沙，森林有猛兽。即便这样，我依然喜欢。

打破生活的平静便是另一番景致，一种属于年轻的景致。真庆幸，我还没有老。即便真老了又怎么样，不是有句话叫老当益壮吗？

于是，我还想从大山那里学习深刻，我还想从大海那里学习勇敢，我还想从大漠那里学习沉着，我还想从森林那里学习机敏。我想学着品味一种缤纷的人生。

人能走多远？这话不是要问两脚而是要问志向。人能攀多高？这事不是要问双手而是要问意志。于是，我想用青春的热血给自己树起一个高远的目标。不仅是为了争取一种光荣，更是为了追求一种境界。目标实现了，便是光荣；目标实现不了，人生也会因这一路风雨跋涉变得丰富而充实；在我看来，这就是不虚此生。

是的，我喜欢出发，愿你也喜欢。

节选自汪国真《我喜欢出发》

朗读参考：

wǒ xǐ huān chū fā
我喜欢出发。

fán shì dào dá le de dì fāng dōu shǔ yú zuó tiān nǎ pà nà shān zài qīng nà shuǐ zài xiù nà fēng
凡是到达了的地方，都属于昨天。哪怕那山再青，那水再秀，那风
zài wēn róu tài shēn de liú lián biàn chéng le yì zhǒng jī bàn bàn zhù de bù jǐn yǒu shuāng jiǎo hái yǒu wèi lái
再温柔。太深的流连便成了一种羁绊，绊住的不仅有双脚，还有未来。

zěn me néng bù xǐ huān chū fā ne méi jiàn guò dà shān de wēi é zhēn shì yí hàn jiàn le dà shān de
怎么能不喜欢出发呢？没见过大山的巍峨，真是遗憾；见了大山的
wēi é méi jiàn guò dà hǎi de hào hàn réng rán yí hàn jiàn le dà hǎi de hào hàn méi jiàn guò dà mò de guǎng
巍峨没见过大海的浩瀚，仍然遗憾；见了大海的浩瀚没见过大漠的广
mào yī jiù yí hàn jiàn le dà mò de guǎng mào méi jiàn guò sēn lín de shén mì hái shì yí hàn shì jiè shàng
袤，依旧遗憾；见了大漠的广袤没见过森林的神秘，还是遗憾。世界上
yǒu bù jué de fēng jǐng wǒ yǒu bù lǎo de xīn qíng
有不绝的风景，我有不老的心情。

wǒ zì rán zhī dào dà shān yǒu kǎn kě dà hǎi yǒu làng tāo dà mò yǒu fēng shā sēn lín yǒu měng
我自然知道，大山有坎坷，大海有浪涛，大漠有风沙，森林有猛
shòu jí biàn zhè yàng wǒ yī rán xǐ huān
兽。即便这样，我依然喜欢。

dǎ pò shēng huó de píng jìng biàn shì lìng yī fān jǐng zhì yì zhǒng shǔ yú nián qīng de jǐng zhì zhēn qìng xìng
打破生活的平静便是另一番景致，一种属于年轻的景致。真庆幸，
wǒ hái méi yǒu lǎo jí biàn zhēn lǎo le yòu zěn me yàng bú shì yǒu jù huà jiào lǎo dāng yì zhuàng ma
我还没有老。即便真老了又怎么样，不是有句话叫老当益壮吗？

yú shì wǒ hái xiǎng cóng dà shān nà lǐ xué xí shēn kè wǒ hái xiǎng cóng dà hǎi nà lǐ xué xí yǒng gǎn
于是，我还想从大山那里学习深刻，我还想从大海那里学习勇敢，
wǒ hái xiǎng cóng dà mò nà lǐ xué xí chén zhuó wǒ hái xiǎng cóng sēn lín nà lǐ xué xí jī mǐn wǒ xiǎng xué zhe
我还想从大漠那里学习沉着，我还想从森林那里学习机敏。我想学着
pǐn wèi yì zhǒng bīn fēn de rén shēng
品味一种缤纷的人生。

rén néng zǒu duō yuǎn zhè huà bú shì yào wèn liǎng jiǎo ér shì yào wèn zhì xiàng rén néng pān duō gāo zhè
人能走多远？这话不是要问两脚而是要问志向。人能攀多高？这
shì bú shì yào wèn shuāng shǒu ér shì yào wèn yì zhì yú shì wǒ xiǎng yòng qīng chūn de rè xuè gěi zì jǐ shù qǐ
事不是要问双手而是要问意志。于是，我想用青春的热血给自己树起
yí gè gāo yuǎn de mù biāo bù jǐn shì wèi le zhēng qǔ yì zhǒng guāng róng gèng shì wèi le zhuī qiú yì zhǒng jìng
一个高远的目标。不仅是为了争取一种光荣，更是为了追求一种境
jiè mù biāo shí xiàn le biàn shì guāng róng mù biāo shí xiàn bù liǎo rén shēng yě huì yīn zhè yí lù fēng yǔ bá
界。目标实现了，便是光荣；目标实现不了，人生也会因这一路风雨跋
shè biàn de fēng fù ér chōng shí zài wǒ kàn lái zhè jiù shì bù xū cǐ shēng
涉变得丰富而充实；在我看来，这就是不虚此生。

shì de wǒ xǐ huān chū fā yuàn nǐ yě xǐ huān
是的，我喜欢出发，愿你也喜欢。

节选自汪国真《我喜欢出发》

练习五

当高速列车从眼前呼啸而过时，那种转瞬即逝的感觉让人们不得不发问：高速列车跑得那么快，司机能看清路吗？

高速列车的速度非常快，最低时速标准是二百千米。且不说能见度低的雾霾天，就是晴空万里的大白天，即使是视力好的司机，也不能保证正确识别地面的信号。当肉眼看到前面有障碍时，已经来不及反应。

专家告诉我，目前，我国时速三百千米以上的高铁线路不设置信号机，高速列车不用看信号行车，而是通过列控系统自动识别前进方向。其工作流程为，由铁路专用的全球数字移动通信系统来实现数据传输，控制中心实时接收无线电波信号，由计算机自动排列出每趟列车的最佳运行速度和最小行车间隔距离，实现实时追踪控制，确保高速列车间隔合理地安全运行。当然，时速二百至二百五十千米的高铁线路，仍然设置信号灯控制装置，由传统的轨道电路进行信号传输。

中国自古就有“千里眼”的传说，今日高铁让古人的传说成为现实。

所谓“千里眼”，即高铁沿线的摄像头，几毫米见方的石子儿也逃不过它的法眼。通过摄像头实时采集沿线高速列车运行的信息，一旦出现故障或者异物侵限，高铁调度指挥中心监控终端的界面上就会出现一个红色的框将目标锁定，同时，监控系统马上报警显示。调度指挥中心会迅速把指令传递给高速列车司机。

节选自王雄《当今“千里眼”》

朗读参考：

dāng gāo sù liè chē cóng yǎn qián hū xiào ér guò shí nà zhǒng zhuǎn shùn jí shì de gǎn jué ràng rén men bù dé
当高速列车从眼前呼啸而过时，那种转瞬即逝的感觉让人们不得
bù fā wèn gāo sù liè chē pǎo de nà me kuài sī jī néng kàn qīng lù ma
不发问：高速列车跑得那么快，司机能看清路吗？

gāo sù liè chē de sù dù fēi cháng kuài zuì dī shí sù biāo zhǔn shì èr bǎi qiān mǐ qiě bù shuō néng jiàn dù
高速列车的速度非常快，最低时速标准是二百千米。且不说能见度
dī de wù mái tiān jiù shì qíng kōng wàn lǐ de dà bái tiān jí shǐ shì shì lì hǎo de sī jī yě bù néng
低的雾霾天，就是晴空万里的大白天，即使是视力好的司机，也不能
bǎo zhèng zhèng què shí bié dì miàn de xìn hào dāng ròu yǎn kàn dào qián miàn yǒu zhàng ài shí yǐ jīng lái bù jí
保证正确识别地面的信号。当肉眼看到前面有障碍时，已经来不及
fǎn yìng
反应。

zhuān jiā gào sù wǒ mù qián wǒ guó shí sù sān bǎi qiān mǐ yǐ shàng de gāo tiě xiàn lù bú shè zhì xìn hào
专家告诉我，目前，我国时速三百千米以上的高铁线路不设置信号
jī gāo sù liè chē bú yòng kàn xìn hào xíng chē ér shì tōng guò liè kòng xì tǒng zì dòng shí bié qián jìn fāng xiàng
机，高速列车不用看信号行车，而是通过列控系统自动识别前进方向。
qí gōng zuò liú chéng wéi yóu tiě lù zhuān yòng de quán qiú shù zì yí dòng tōng xìn xì tǒng lái shí xiàn shù jù chuán
其工作流程为，由铁路专用的全球数字移动通信系统来实现数据传
shū kòng zhì zhōng xīn shí shí jiē shōu wú xiàn diàn bō xìn hào yóu jì suàn jī zì dòng pái liè chū měi tàng liè chē de
输，控制中心实时接收无线电波信号，由计算机自动排列出每趟列车的

zuì jiā yùn xíng sù dù hé zuì xiǎo xíng chē jiàn gé jù lí　shí xiàn shí shí zhuī zōng kòng zhì　què bǎo gāo sù liè chē
最佳运行速度和最小行车间隔距离，实现实时追踪控制，确保高速列车
jiàn gé hé lǐ de ān quán yùn xíng　dāng rán　shí sù èr bǎi zhì èr bǎi wǔ shí qiān mǐ de gāo tiě xiàn lù　réng
间隔合理地安全运行。当然，时速二百至二百五十千米的高铁线路，仍
rán shè zhì xìn hào dēng kòng zhì zhuāng zhì　yóu chuán tǒng de guǐ dào diàn lù jìn xíng xìn hào chuán shū
然设置信号灯控制装置，由传统的轨道电路进行信号传输。

zhōng guó zì gǔ jiù yǒu　qiān lǐ yǎn　de chuán shuō　jīn rì gāo tiě ràng gǔ rén de chuán shuō chéng wéi
中国自古就有“千里眼”的传说，今日高铁让古人的传说成为
xiàn shí
现实。

suǒ wèi　qiān lǐ yǎn　jí gāo tiě yán xiàn de shè xiàng tóu　jǐ háo mǐ jiàn fāng de shí zǐr　yě táo
所谓“千里眼”，即高铁沿线的摄像头，几毫米见方的石子儿也逃
bù guò tā de fǎ yǎn　tōng guò shè xiàng tóu shí shí cǎi jí yán xiàn gāo sù liè chē yùn xíng de xìn xī　yí dàn chū
不过它的法眼。通过摄像头实时采集沿线高速列车运行的信息，一旦出
xiàn gù zhàng huò zhě yì wù qīn xiàn　gāo tiě diào dù zhǐ huī zhōng xīn jiān kòng zhōng duān de jiè miàn shàng jiù huì chū
现故障或者异物侵限，高铁调度指挥中心监控终端的界面上就会出
xiàn yí gè hóng sè de kuàng jiāng mù biāo suǒ dìng　tóng shí　jiān kòng xì tǒng mǎ shàng bào jǐng xiǎn shì　diào dù zhǐ
现一个红色的框将目标锁定，同时，监控系统马上报警显示。调度指
huī zhōng xīn huì xùn sù bǎ zhǐ lìng chuán dì gěi gāo sù liè chē sī jī
挥中心会迅速把指令传递给高速列车司机。

节选自王雄《当今“千里眼”》

练习六

我常想读书人是世间幸福人，因为他除了拥有现实的世界之外，还拥有另一个更为浩瀚也更为丰富的世界。现实的世界是人人都有的，而后一个世界却为读书人所独有。由此我想，那些失去或不能阅读的人是多么的不幸，他们的丧失是不可补偿的。世间有诸多的不平等，财富的不平等，权力的不平等，而阅读能力的拥有或丧失却体现为精神的不平等。

一个人的一生，只能经历自己拥有的那一份欣悦，那一份苦难，也许再加上他亲自闻知的那一些关于自身以外的经历和经验。然而，人们通过阅读，却能进入不同时空的诸多他人的世界。这样，具有阅读能力的人，无形间获得了超越有限生命的无限可能性。阅读不仅使他多识了草木虫鱼之名，而且可以上溯远古下及未来，饱览存在的与非存在的奇风异俗。

更为重要的是，读书加惠于人们的不仅是知识的增广，而且还在于精神的感化与陶冶。人们从读书学做人，从那些往哲先贤以及当代才俊的著述中学得他们的人格。人们从《论语》中学得智慧的思考，从《史记》中学得严肃的历史精神，从《正气歌》中学得人格的刚烈，从马克思学得人世的激情，从鲁迅学得批判精神，从托尔斯泰学得道德的执着。歌德的诗句刻写着睿智的人生，拜伦的诗句呼唤着奋斗的热情。一个读书人，一个有机会拥有超乎个人生命体验的幸运人。

节选自谢冕《读书人是幸福人》

朗读参考：

wǒ cháng xiǎng dú shū rén shì shì jiān xìng fú rén yīn wèi tā chú le yōng yǒu xiàn shí de shì jiè zhī wài
我常想读书人是世间幸福人，因为他除了拥有现实的世界之外，
hái yōng yǒu lìng yí gè gèng wéi hào hàn yě gèng wéi fēng fù de shì jiè xiàn shí de shì jiè shì rén rén dōu yǒu de
还拥有另一个更为浩瀚也更为丰富的世界。现实的世界是人人都有的，
ér hòu yí gè shì jiè què wéi dú shū rén suǒ dú yǒu yóu cǐ wǒ xiǎng nà xiē shī qù huò bù néng yuè dú de rén
而后一个世界却为读书人所独有。由此我想，那些失去或不能阅读的人
shì duō me de bú xìng tā men de sàng shī shì bù kě bǔ cháng de shì jiān yǒu zhū duō de bù píngděng cái fù
是多么的不幸，他们的丧失是不可补偿的。世间有诸多的不平等，财富
de bù píngděng quán lì de bù píngděng ér yuè dú néng lì de yōng yǒu huò sàng shī què tǐ xiàn wéi jīng shén de bù
的不平等，权力的不平等，而阅读能力的拥有或丧失却体现为精神的不
píngděng
平等。

yí gè rén de yī shēng zhǐ néng jīng lì zì jǐ yōng yǒu de nà yí fèn xīn yuè nà yí fèn kǔ nàn yě
一个人的一生，只能经历自己拥有的那一份欣悦，那一份苦难，也
xǔ zài jiā shàng tā qīn zì wén zhī de nà yī xiē guān yú zì shēn yǐ wài de jīng lì hé jīng yàn rán ér rén men
许再加上他亲自闻知的那一些关于自身以外的经历和经验。然而，人们
tōng guò yuè dú què néng jìn rù bù tóng shí kōng de zhū duō tā rén de shì jiè zhè yàng jù yǒu yuè dú néng lì
通过阅读，却能进入不同时空的诸多他人的世界。这样，具有阅读能力
de rén wú xíng jiān huò dé le chāo yuè yǒu xiàn shēng mìng de wú xiàn kě néng xìng yuè dú bù jǐn shǐ tā duō shí
的人，无形间获得了超越有限生命的无限可能性。阅读不仅使他多识
le cǎo mù chóng yú zhī míng ér qiě kě yǐ shàng sù yuǎn gǔ xià jí wèi lái bǎo lǎn cún zài de yǔ fēi cún zài de
了草木虫鱼之名，而且可以上溯远古下及未来，饱览存在的与非存在的
qí fēng yì sú
奇风异俗。

gèng wéi zhòng yào de shì dú shū jiā huì yú rén men de bù jǐn shì zhī shí de zēng guǎng ér qiě hái zài yú
更为重要的是，读书加惠于人们的不仅是知识的增广，而且还在于
jīng shén de gǎn huà yǔ táo yě rén men cóng dú shū xué zuò rén cóng nà xiē wǎng zhé xiān xián yǐ jí dāng dài cái jùn
精神的感化与陶冶。人们从读书学做人，从那些往哲先贤以及当代才俊
de zhù shù zhōng xué dé tā men de rén gé rén men cóng lún yǔ zhōng xué dé zhì huì de sī kǎo cóng
的著述中学得他们的人格。人们从《论语》中学得智慧的思考，从
shǐ jì zhōng xué dé yán sù de lì shǐ jīng shén cóng zhèng qì gē zhōng xué dé rén gé de gāng liè cóng
《史记》中学得严肃的历史精神，从《正气歌》中学得人格的刚烈，从
mǎ kè sī xué dé rén shì de jī qíng cóng lǔ xùn xué dé pī pàn jīng shén cóng tuō ěr sī tài xué dé dào dé de
马克思学得人世的激情，从鲁迅学得批判精神，从托尔斯泰学得道德的
zhí zhuó gē dé de shī jù kè xiě zhe ruì zhì de rén shēng bài lún de shī jù hū huàn zhe fèn dòu de rè qíng
执着。歌德的诗句刻写着睿智的人生，拜伦的诗句呼唤着奋斗的热情。
yí gè dú shū rén yí gè yǒu jī huì yōng yǒu chāo hū gè rén shēng mìng tǐ yàn de xìng yùn rén
一个读书人，一个有机会拥有超乎个人生命体验的幸运人。

节选自谢冕《读书人是幸福人》

练习七

我和几个孩子站在一片园子里，感受秋天的风。园子里长着几棵高大的梧桐树，我们的脚底下，铺了一层厚厚的梧桐叶。叶枯黄，脚踩在上面，嘎吱嘎吱脆响。风还在

一个劲儿地刮，吹打着树上可怜的几片叶子，那上面，就快成光秃秃的了。

我给孩子们上写作课，让孩子们描摹这秋天的风。以为他们一定会说寒冷、残酷和荒凉之类的，结果却出乎我的意料。

一个孩子说，秋天的风，像把大剪刀，它剪呀剪的，就把树上的叶子全剪光了。

我赞许了这个比喻。有二月春风似剪刀之说，秋天的风，何尝不是一把剪刀呢？只不过，它剪出来的不是花红叶绿，而是败柳残荷。

剪完了，它让阳光来住，这个孩子突然接着说一句。他仰向我的小脸，被风吹着，像只通红的小苹果。我怔住，抬头看树，那上面，果真的，爬满阳光啊，每根枝条上都是。失与得，从来都是如此均衡，树在失去叶子的同时，却承接了满树的阳光。

一个孩子说，秋天的风，像个魔术师，它会变出好多好吃的，菱角呀，花生呀，苹果呀，葡萄呀。还有桂花，可以做桂花糕。我昨天吃了桂花糕，妈妈说，是风变出来的。

我笑了。小可爱，经你这么一说，秋天的风，还真是香的。我和孩子们一起嗅，似乎就闻见了风的味道，像块蒸得热气腾腾的桂花糕。

节选自丁立梅《孩子和秋风》

朗读参考：

wǒ hé jǐ gè hái zi zhàn zài yí piànyuán zi lǐ gǎn shòu qiū tiān de fēng yuán zi lǐ zhǎngzhe jǐ kē gāo
我和几个孩子站在一片园子里，感受秋天的风。园子里长着几棵高
dà de wú tóng shù wǒ men de jiǎo dǐ xià pū le yì céng hòu hòu de wú tóng yè yè kū huáng jiǎo cǎi
大的梧桐树，我们的脚底下，铺了一层厚厚的梧桐叶。叶枯黄，脚踩
zài shàng miàn gā zhī gā zhī cuì xiǎng fēng hái zài yí gè jìnr de guā chuī dǎ zhe shù shàng kě lián de jǐ
在上面，嘎吱嘎吱脆响。风还在一个劲儿地刮，吹打着树上可怜的几
piàn yè zi nà shàngmiàn jiù kuài chéng guāng tū tū de le
片叶子，那上面，就快成光秃秃的了。

wǒ gěi hái zi menshàng xiě zuò kè ràng hái zi menmiáo mó zhè qiū tiān de fēng yǐ wéi tā men yí dìng huì
我给孩子们上写作课，让孩子们描摹这秋天的风。以为他们一定会
shuō hán lěng cán kù hé huāngliáng zhī lèi de jié guǒ què chū hū wǒ de yì liào
说寒冷、残酷和荒凉之类的，结果却出乎我的意料。

yí gè hái zi shuō qiū tiān de fēng xiàng bǎ dà jiǎn dāo tā jiǎn ya jiǎn de jiù bǎ shù shàng de yè
一个孩子说，秋天的风，像把大剪刀，它剪呀剪的，就把树上的叶
zi quánjiǎnguāng le
子全剪光了。

wǒ zàn xǔ le zhè gè bǐ yù yǒu èr yuè chūnfēng sì jiǎn dāo zhī shuō qiū tiān de fēng hé cháng bú shì
我赞许了这个比喻。有二月春风似剪刀之说，秋天的风，何尝不是
yì bǎ jiǎn dāo ne zhǐ bú guò tā jiǎn chū lái de bú shì huāhóng yè lǜ ér shì bài liǔ cán hé
一把剪刀呢？只不过，它剪出来的不是花红叶绿，而是败柳残荷。

jiǎn wán le tā ràngyángguāng lái zhù zhè gè hái zi tū rán jiē zhe shuō yí jù tā yǎng xiàng wǒ de xiǎo
剪完了，它让阳光来住，这个孩子突然接着说一句。他仰向我的小
liǎn bèi fēng chuī zhe xiàng zhī tōnghóng de xiǎo pín guǒ wǒ zhèngzhù tái tóu kàn shù nà shàng miàn guǒ
脸，被风吹着，像只通红的小苹果。我怔住，抬头看树，那上面，果
zhēn de pá mǎn yáng guāng a měi gēn zhī tiáoshàngdōu shì shī yǔ dé cóng lái dōu shì rú cǐ jūn héng
真的，爬满阳光啊，每根枝条上都是。失与得，从来都是如此均衡，
shù zài shī qù yè zi de tóng shí quèchéng jiē le mǎn shù de yáng guāng
树在失去叶子的同时，却承接了满树的阳光。

yí gè hái zǐ shuō qiū tiān de fēng xiàng gè mó shù shī tā huì biàn chū hǎo duō hǎo chī de líng jiǎo
一个孩子说，秋天的风，像个魔术师，它会变出好多好吃的，菱角
ya huāshēng ya píng guǒ ya pú tao ya hái yǒu guì huā kě yǐ zuò guì huā gāo wǒ zuó tiān chī le
呀，花生呀，苹果呀，葡萄呀。还有桂花，可以做桂花糕。我昨天吃了
guì huā gāo mā mā shuō shì fēngbiàn chū lái de
桂花糕，妈妈说，是风变出来的。

wǒ xiào le xiǎo kě ài jīng nǐ zhè me yī shuō qiū tiān de fēng hái zhēn shì xiāng de wǒ hé hái
我笑了。小可爱，经你这么一说，秋天的风，还真是香的。我和孩
zi men yì qǐ xiù sì hū jiù wén jiàn le fēng de wèi dào xiàng kuài zhēng de rè qì téngténg de guì huā gāo
子们一起嗅，似乎就闻见了风的味道，像块蒸得热气腾腾的桂花糕。

节选自丁立梅《孩子和秋风》

练习八

夕阳落山不久，西方的天空，还燃烧着一片橘红色的晚霞。大海，也被这霞光染成了红色，而且比天空的景色更要壮观。因为它是活动的，每当一排排波浪涌起的时候，那映照在浪峰上的霞光，又红又亮，简直就像一片片霍霍燃烧着的火焰，闪烁着，消失了。而后面的一排，又闪烁着，滚动着，涌了过来。

天空的霞光渐渐地淡下去了，深红的颜色变成了绯红，绯红又变为浅红。最后，当这一切红光都消失了的时候，那突然显得高而远了的天空，则呈现出一片肃穆的神色。最早出现的启明星，在这蓝色的天幕上闪烁起来了。它是那么大，那么亮，整个广漠的天幕上只有它在那里放射着令人注目的光辉，活像一盏悬挂在高空的明灯。

夜色加浓，苍空中的“明灯”越来越多了。而城市各处的真的灯火也次第亮了起来，尤其是围绕在海港周围山坡上的那一片灯光，从半空倒映在乌蓝的海面上，随着波浪，晃动着，闪烁着，像一串流动着的珍珠，和那一片片密布在苍穹里的星斗互相辉映，煞是好看。

在这幽美的夜色中，我踏着软绵绵的沙滩，沿着海边，慢慢地向前走去。海水，轻轻地抚摸着细软的沙滩，发出温柔的唰唰声。晚来的海风，清新而又凉爽。我的心里，有着说不出的兴奋和愉快。

夜风轻飘飘地吹拂着，空气中飘荡着一种大海和田禾相混合的香味儿，柔软的沙滩上还残留着白天太阳炙晒的余温。那些在各个工作岗位上劳动了一天的人们，三三两两地来到这软绵绵的沙滩上，他们浴着凉爽的海风，望着那缀满了星星的夜空，尽情地说笑，尽情地休憩。

节选自峻青《海滨仲夏夜》

朗读参考：

xī yáng luò shān bù jiǔ xī fāng de tiānkōng hái rán shāo zhe yí piàn jú hóng sè de wǎn xiá dà hǎi
夕阳落山不久，西方的天空，还燃烧着一片橘红色的晚霞。大海，
yě bèi zhè xiá guāng rǎn chéng le hóng sè ér qiě bǐ tiānkōng de jǐng sè gèng yào zhuàng guān yīn wèi tā shì huó dòng
也被这霞光染成了红色，而且比天空的景色更要壮观。因为它是活动

de měi dāng yì pái pái bō làng yǒng qǐ de shí hòu nà yìng zhào zài làng fēngshàng de xiá guāng yòu hóng yòu
的，每当一排排波浪涌起的时候，那映照在浪峰上的霞光，又红又
liàng jiǎn zhí jiù xiàng yí piàn piàn huò huò rán shāo zhe de huǒ yàn shǎnshuò zhe xiāo shī le ér hòu miàn de yì
亮，简直就像一片片霍霍燃烧着的火焰，闪烁着，消失了。而后面的一
pái yòu shǎnshuò zhe gǔn dòng zhe yǒng le guò lái
排，又闪烁着，滚动着，涌了过来。

tiān kōng de xiá guāng jiàn jiàn de dàn xià qù le shēnhóng de yán sè biàn chéng le fēi hóng fēi hóng yòu biàn
天空的霞光渐渐地淡下去了，深红的颜色变成了绯红，绯红又变
wéi qiǎnhóng zuì hòu dāng zhè yí qiè hóngguāng dōu xiāo shī le de shí hòu nà tū rán xiǎn de gāo ér yuǎn le de
为浅红。最后，当这一切红光都消失了的时候，那突然显得高而远了的
tiān kōng zé chéngxiàn chū yí piàn sù mù de shén sè zuì zǎo chū xiàn de qǐ míngxīng zài zhè lán sè de tiān
天空，则呈现出一片肃穆的神色。最早出现的启明星，在这蓝色的天
mù shàng shǎn shuò qǐ lái le tā shì nà me dà nà me liàng zhěng gè guǎng mò de tiān mù shàng zhǐ yǒu tā zài
幕上闪烁起来了。它是那么大，那么亮，整个广漠的天幕上只有它在
nà lǐ fàng shè zhe lìng rén zhù mù de guānghuī huóxiàng yì zhǎn xuán guà zài gāo kōng de míng dēng
那里放射着令人注目的光辉，活像一盏悬挂在高空的明灯。

yè sè jiā nóng cāng kōng zhōng de míng dēng yuè lái yuè duō le ér chéng shì gè chù de zhēn de dēng
夜色加浓，苍空中的“明灯”越来越多了。而城市各处的真的灯
huǒ yě cì dì liàng le qǐ lái yóu qí shì wéi rào zài hǎi gǎngzhōu wéi shān pō shàng de nà yí piàndēng guāng cóng
火也次第亮了起来，尤其是围绕在海港周围山坡上的那一片灯光，从
bàn kōng dào yìng zài wū lán de hǎi miàn shàng suí zhe bō làng huàng dòng zhe shǎnshuò zhe xiàng yí chuàn liú dòng
半空倒映在乌蓝的海面上，随着波浪，晃动着，闪烁着，像一串流动
zhe de zhēn zhū hé nà yí piàn piàn mì bù zài cāng qióng lǐ de xīng dǒu hù xiāng huī yìng shà shì hǎo kàn
着的珍珠，和那一片片密布在苍穹里的星斗互相辉映，煞是好看。

zài zhè yōu měi de yè sè zhōng wǒ tà zhe ruǎn mián mián de shā tān yán zhe hǎi biān màn màn de xiàng
在这幽美的夜色中，我踏着软绵绵的沙滩，沿着海边，慢慢地向
qián zǒu qù hǎi shuǐ qīng qīng de fǔ mō zhe xì ruǎn de shā tān fā chū wēn róu de shuāshuā shēng wǎn lái
前走去。海水，轻轻地抚摸着细软的沙滩，发出温柔的唰唰声。晚来
de hǎi fēng qīng xīn ér yòu liángshuǎng wǒ de xīn lǐ yǒu zhe shuō bù chū de xīng fèn hé yú kuài
的海风，清新而又凉爽。我的心里，有着说不出的兴奋和愉快。

yè fēng qīng piāo piāo de chuī fú zhe kōng qì zhōng piāo dàng zhe yì zhǒng dà hǎi hé tián hé xiānghùn hé de xiāng
夜风轻飘飘地吹拂着，空气中飘荡着一种大海和田禾相混合的香
wèir róu ruǎn de shā tān shàng hái cán liú zhe bái tiān tài yáng zhì shài de yú wēn nà xiē zài gè gè gōng zuò
味儿，柔软的沙滩上还残留着白天太阳炙晒的余温。那些在各个工作
gǎng wèi shàng láo dòng le yì tiān de rén men sān sān liǎng liǎng de lái dào zhè ruǎn mián mián de shā tān shàng tā men
岗位上劳动了一天的人们，三三两两地来到这软绵绵的沙滩上，他们
yù zhe liáng shuǎng de hǎi fēng wàng zhe nà zhuì mǎn le xīng xīng de yè kōng jìn qíng de shuō xiào jìn qíng de
浴着凉爽的海风，望着那缀满了星星的夜空，尽情地说笑，尽情地
xiū qì
休憩。

节选自峻青《海滨仲夏夜》

练习九

生命在海洋里诞生绝不是偶然的，海洋的物理和化学性质，使它成为孕育原始生命的摇篮。

我们知道，水是生物的重要组成部分，许多动物组织的含水量在百分之八十以上，而一些海洋生物的含水量高达百分之九十五。水是新陈代谢的重要媒介，没有它，体内的一系列生理和生物化学反应就无法进行，生命也就停止。因此，在短时期内动物缺水要比缺少食物更加危险。水对今天的生命是如此重要，它对脆弱的原始生命，更是举足轻重了。生命在海洋里诞生，就不会有缺水之忧。

水是一种良好的溶剂。海洋中含有许多生命所必需的无机盐，如氯化钠、氯化钾、碳酸盐、磷酸盐，还有溶解氧，原始生命可以毫不费力地从中吸取它所需要的元素。

水具有很高的热容量，加之海洋浩大，任凭夏季烈日曝晒，冬季寒风扫荡，它的温度变化却比较小。因此，巨大的海洋就像是天然的“温箱”，是孕育原始生命的温床。

阳光虽然为生命所必需，但是阳光中的紫外线却有扼杀原始生命的危险。水能有效地吸收紫外线，因而又为原始生命提供了天然的“屏障”。

这一切都是原始生命得以产生和发展的必要条件。

节选自童裳亮《海洋与生命》

朗读参考：

shēng mìng zài hǎi yáng lǐ dànshēng jué bú shì ǒu rán de hǎi yáng de wù lǐ hé huà xué xìng zhì shǐ tā
生命在海洋里诞生绝不是偶然的，海洋的物理和化学性质，使它
chéngwéi yùn yù yuán shǐ shēng mìng de yáo lán
成为孕育原始生命的摇篮。

wǒ men zhī dào shuǐ shì shēng wù de zhòngyào zǔ chéng bù fen xǔ duō dòng wù zǔ zhī de hán shuǐliàng zài bǎi
我们知道，水是生物的重要组成部分，许多动物组织的含水量在百
fēn zhī bā shí yǐ shàng ér yì xiē hǎi yáng shēng wù de hán shuǐliàng gāo dá bǎi fēn zhī jiǔ shí wǔ shuǐ shì xīn
分之八十以上，而一些海洋生物的含水量高达百分之九十五。水是新
chén dài xiè de zhòngyào méi jiè méi yǒu tā tǐ nèi de yí xì liè shēng lǐ hé shēng wù huà xué fǎn yìng jiù wú fǎ
陈代谢的重要媒介，没有它，体内的一系列生理和生物化学反应就无法
jìn xíng shēng mìng yě jiù tíng zhǐ yīn cǐ zài duǎn shí qī nèi dòng wù quē shuǐ yào bǐ quē shǎo shí wù gèng jiā
进行，生命也就停止。因此，在短时期内动物缺水要比缺少食物更加
wēi xiǎn shuǐ duì jīn tiān de shēng mìng shì rú cǐ zhòngyào tā duì cuì ruò de yuán shǐ shēng mìng gèng shì jǔ zú
危险。水对今天的生命是如此重要，它对脆弱的原始生命，更是举足
qīng zhòng le shēng mìng zài hǎi yáng lǐ dànshēng jiù bú huì yǒu quē shuǐ zhī yōu
轻重了。生命在海洋里诞生，就不会有缺水之忧。

shuǐ shì yì zhǒng liáng hǎo de róng jì hǎi yáng zhōng hán yǒu xǔ duō shēng mìng suǒ bì xū de wú jī yán rú
水是一种良好的溶剂。海洋中含有许多生命所必需的无机盐，如
lǜ huà nà lǜ huà jiǎ tàn suān yán lín suān yán hái yǒu róng jiě yǎng yuán shǐ shēng mìng kě yǐ háo bú
氯化钠、氯化钾、碳酸盐、磷酸盐，还有溶解氧，原始生命可以毫不

fèi lì de cóng zhōng xī qǔ tā suǒ xū yào de yuán sù
费力地从中吸取它所需要的元素。

shuǐ jù yǒu hěn gāo de rè róngliàng jiā zhī hǎi yáng hào dà rèn píng xià jì liè rì bào shài dōng jì hán
水具有很高的热容量，加之海洋浩大，任凭夏季烈日曝晒，冬季寒
fēng sǎo dàng tā de wēn dù biàn huà què bǐ jiào xiǎo yīn cǐ jù dà de hǎi yáng jiù xiàng shì tiān rán de wēn
风扫荡，它的温度变化却比较小。因此，巨大的海洋就像是天然的“温
xiāng shì yùn yù yuán shǐ shēng mìng de wēnchuáng
箱”，是孕育原始生命的温床。

yáng guāng suī rán wéi shēng mìng suǒ bì xū dàn shì yáng guāng zhōng de zǐ wài xiàn què yǒu è shā yuán shǐ shēng
阳光虽然为生命所必需，但是阳光中的紫外线却有扼杀原始生
mìng de wēi xiǎn shuǐ néng yǒu xiào de xī shōu zǐ wài xiàn yīn ér yòu wèi yuán shǐ shēng mìng tí gōng le tiān rán de
命的危险。水能有效地吸收紫外线，因而又为原始生命提供了天然的
píng zhàng
“屏障”。

zhè yí qiè dōu shì yuán shǐ shēng mìng dé yǐ chǎn shēng hé fā zhǎn de bì yào tiáo jiàn
这一切都是原始生命得以产生和发展的必要条件。

节选自童裳亮《海洋与生命》

练习十

奶奶给我讲过这样一件事：有一次她去商店，走在她前面的一位阿姨推开沉重的大门，一直等到她跟上来才松开手。当奶奶向她道谢的时候，那位阿姨轻轻地说：“我的妈妈和您的年龄差不多，我希望她遇到这种时候，也有人为她开门。”听了这件事，我的心温暖了许久。

一天，我陪患病的母亲去医院输液，年轻的护士为母亲扎了两针也没有扎进血管里，眼见针眼处鼓起青包。我正要抱怨几句，一抬头看见了母亲平静的眼神——她正在注视着护士额头上密密的汗珠，我不禁收住了涌到嘴边的话。只见母亲轻轻地对护士说：“不要紧，再来一次！”第三针果然成功了。那位护士终于长出了一口气，她连声说：“阿姨，真对不起。我是来实习的，这是我第一次给病人扎针，太紧张了。要不是您的鼓励，我真不敢给您扎了。”母亲用另一只手拉着我，平静地对护士说：“这是我的女儿，和你差不多大小，正在医科大学读书，她也将面对自己的第一个患者。我真希望她第一次扎针的时候，也能得到患者的宽容和鼓励。”听了母亲的话，我的心里充满了温暖与幸福。

是啊，如果我们在生活中能将心比心，就会对老人生出一份尊重，对孩子增加一份关爱，就会使人与人之间多一些宽容和理解。

节选自姜桂华《将心比心》

朗读参考：

nǎi nai gěi wǒ jiǎng guò zhè yàng yí jiàn shì yǒu yí cì tā qù shāng diàn zǒu zài tā qián miàn de yí wèi ā
奶奶给我讲过这样一件事：有一次她去商店，走在她前面的一位阿
yí tuī kāi chén zhòng de dà mén yì zhí děng dào tā gēnshàng lái cái sōng kāi shǒu dāng nǎi nai xiàng tā dào xiè de
姨推开沉重的大门，一直等到她跟上来才松开手。当奶奶向她道谢的

shí hòu nà wèi ā yí qīngqīng de shuō wǒ de mā ma hé nín de nián líng chà bù duō wǒ xī wàng tā yù dào
时候，那位阿姨轻轻地说："我的妈妈和您的年龄差不多，我希望她遇到
zhèzhǒng shí hòu yě yǒu rén wèi tā kāi mén tīng le zhè jiàn shì wǒ de xīn wēnnuǎn le xǔ jiǔ
这种时候，也有人为她开门。"听了这件事，我的心温暖了许久。

yì tiān wǒ péi huàn bìng de mǔ qīn qù yī yuàn shū yè niánqīng de hù shì wèi mǔ qīn zhā le liǎng zhēn yě
一天，我陪患病的母亲去医院输液，年轻的护士为母亲扎了两针也
méi yǒu zhā jìn xuè guǎn lǐ yǎn jiàn zhēn yǎn chù gǔ qǐ qīng bāo wǒ zhèngyào bàoyuàn jǐ jù yì tái tóu kàn jiàn
没有扎进血管里，眼见针眼处鼓起青包。我正要抱怨几句，一抬头看见
le mǔ qīn píng jìng de yǎn shén tā zhèng zài zhù shì zhe hù shì é tóushàng mì mì de hàn zhū wǒ bù jīn shōu
了母亲平静的眼神——她正在注视着护士额头上密密的汗珠，我不禁收
zhù le yǒng dào zuǐ biān de huà zhǐ jiàn mǔ qīn qīngqīng de duì hù shì shuō bú yào jǐn zài lái yí cì
住了涌到嘴边的话。只见母亲轻轻地对护士说："不要紧，再来一次！"
dì sān zhēn guǒ rán chéng gōng le nà wèi hù shì zhōng yú cháng chū le yì kǒu qì tā lián shēng shuō ā
第三针果然成功了。那位护士终于长出了一口气，她连声说："阿
yí zhēn duì bù qǐ wǒ shì lái shí xí de zhè shì wǒ dì yī cì gěi bìng rén zhā zhēn tài jǐn zhāng le
姨，真对不起。我是来实习的，这是我第一次给病人扎针，太紧张了。
yào bú shì nín de gǔ lì wǒ zhēn bù gǎn gěi nín zhā le mǔ qīn yòng lìng yì zhī shǒu lā zhe wǒ píng jìng
要不是您的鼓励，我真不敢给您扎了。"母亲用另一只手拉着我，平静
de duì hù shì shuō zhè shì wǒ de nǚ ér hé nǐ chà bù duō dà xiǎo zhèng zài yī kē dà xué dú shū
地对护士说："这是我的女儿，和你差不多大小，正在医科大学读书，
tā yě jiāng miàn duì zì jǐ de dì yī gè huàn zhě wǒ zhēn xī wàng tā dì yī cì zhā zhēn de shí hòu yě néng dé
她也将面对自己的第一个患者。我真希望她第一次扎针的时候，也能得
dào huàn zhě de kuān róng hé gǔ lì tīng le mǔ qīn de huà wǒ de xīn lǐ chōng mǎn le wēnnuǎn yǔ xìng fú
到患者的宽容和鼓励。"听了母亲的话，我的心里充满了温暖与幸福。

shì a rú guǒ wǒ men zài shēng huó zhōng néngjiāng xīn bǐ xīn jiù huì duì lǎo rén shēng chū yí fèn zūn
是啊，如果我们在生活中能将心比心，就会对老人生出一份尊
zhòng duì hái zi zēng jiā yí fèn guān ài jiù huì shǐ rén yǔ rén zhī jiān duō yì xiē kuānróng hé lǐ jiě
重，对孩子增加一份关爱，就会使人与人之间多一些宽容和理解。

节选自姜桂华《将心比心》

练习十一

人们常常把人与自然对立起来，宣称要征服自然。殊不知在大自然面前，人类永远只是一个天真幼稚的孩童，只是大自然机体上普通的一部分，正像一株小草只是她的普通一部分一样。如果说自然的智慧是大海，那么人类的智慧就只是大海中的一个小水滴，虽然这个水滴也能映照大海，但毕竟不是大海，可是，人们竟然不自量力地宣称要用这滴水来代替大海。

看着人类这种狂妄的表现，大自然一定会窃笑——就像母亲面对无知的孩子那样的笑。人类的作品飞上了太空，打开了一个个微观世界，于是人类沾沾自喜，以为揭开了大自然的秘密。可是，在自然看来，人类上下翻飞的这片巨大空间，不过是咫尺之间而已，就如同鲲鹏看待斥鷃一般，只是蓬蒿之间罢了。即使从人类自身智慧发展史的角度看，人类也没有理由过分自傲：人类的知识与其祖先相比诚然有了极大的进步，似乎有嘲笑古人的资本；可是，殊不知对于后人而言我们也是古人，一万年以后的人们也同样

会嘲笑今天的我们，也许在他们看来，我们的科学观念还幼稚得很，我们的航天器在他们眼中不过是个非常简单的儿童玩具。

节选自严春友《敬畏自然》

朗读参考：

rén men cháng cháng bǎ rén yǔ zì rán duì lì qǐ lái xuān chēng yào zhēng fú zì rán shū bù zhī zài dà zì
人们常常把人与自然对立起来，宣称要征服自然。殊不知在大自
rán miàn qián rén lèi yǒng yuǎn zhǐ shì yí gè tiān zhēn yòu zhì de hái tóng zhǐ shì dà zì rán jī tǐ shàng pǔ tōng de
然面前，人类永远只是一个天真幼稚的孩童，只是大自然机体上普通的
yí bù fen zhèng xiàng yì zhū xiǎo cǎo zhǐ shì tā de pǔ tōng yí bù fen yí yàng rú guǒ shuō zì rán de zhì huì
一部分，正像一株小草只是她的普通一部分一样。如果说自然的智慧
shì dà hǎi nà me rén lèi de zhì huì jiù zhǐ shì dà hǎi zhōng de yí gè xiǎo shuǐ dī suī rán zhè gè shuǐ dī yě
是大海，那么人类的智慧就只是大海中的一个小水滴，虽然这个水滴也
néng yìng zhào dà hǎi dàn bì jìng bú shì dà hǎi kě shì rén men jìng rán bú zì liàng lì de xuān chēng yào yòng
能映照大海，但毕竟不是大海，可是，人们竟然不自量力地宣称要用
zhè dī shuǐ lái dài tì dà hǎi
这滴水来代替大海。

kàn zhe rén lèi zhè zhǒng kuáng wàng de biǎo xiàn dà zì rán yí dìng huì qiè xiào jiù xiàng mǔ qīn miàn duì wú
看着人类这种狂妄的表现，大自然一定会窃笑——就像母亲面对无
zhī de hái zi nà yàng de xiào rén lèi de zuò pǐn fēi shàng le tài kōng dǎ kāi le yí gè gè wēi guān shì jiè
知的孩子那样的笑。人类的作品飞上了太空，打开了一个个微观世界，
yú shì rén lèi zhān zhān zì xǐ yǐ wéi jiē kāi le dà zì rán de mì mì kě shì zài zì rán kàn lái rén
于是人类沾沾自喜，以为揭开了大自然的秘密。可是，在自然看来，人
lèi shàng xià fān fēi de zhè piàn jù dà kōng jiān bù guò shì zhǐ chǐ zhī jiān ér yǐ jiù rú tóng kūn péng kàn dài chì
类上下翻飞的这片巨大空间，不过是咫尺之间而已，就如同鲲鹏看待斥
yàn yì bān zhǐ shì péng hāo zhī jiān bà le jí shǐ cóng rén lèi zì shēn zhì huì fā zhǎn shǐ de jiǎo dù kàn rén
鷃一般，只是蓬蒿之间罢了。即使从人类自身智慧发展史的角度看，人
lèi yě méi yǒu lǐ yóu guò fèn zì ào rén lèi de zhī shí yǔ qí zǔ xiān xiāng bǐ chéng rán yǒu le jí dà de jìn
类也没有理由过分自傲：人类的知识与其祖先相比诚然有了极大的进
bù sì hū yǒu cháo xiào gǔ rén de zī běn kě shì shū bù zhī duì yú hòu rén ér yán wǒ men yě shì gǔ
步，似乎有嘲笑古人的资本；可是，殊不知对于后人而言我们也是古
rén yí wàn nián yǐ hòu de rén men yě tóng yàng huì cháo xiào jīn tiān de wǒ men yě xǔ zài tā men kàn lái
人，一万年以后的人们也同样会嘲笑今天的我们，也许在他们看来，
wǒ men de kē xué guān niàn hái yòu zhì de hěn wǒ men de háng tiān qì zài tā men yǎn zhōng bú guò shì gè fēi cháng
我们的科学观念还幼稚得很，我们的航天器在他们眼中不过是个非常
jiǎn dān de ér tóng wán jù
简单的儿童玩具。

节选自严春友《敬畏自然》

练习十二

十年，在历史上不过是一瞬间。只要稍加注意，人们就会发现：在这一瞬间里，各种事物都悄悄经历了自己的千变万化。

这次重新访日，我处处感到亲切和熟悉，也在许多方面发觉了日本的变化。就拿奈

良的一个角落来说吧，我重游了为之感受很深的唐招提寺，在寺内各处匆匆走了一遍，庭院依旧，但意想不到还看到了一些新的东西。其中之一，就是近几年从中国移植来的“友谊之莲”。

在存放鉴真遗像的那个院子里，几株中国莲昂然挺立，翠绿的宽大荷叶正迎风而舞，显得十分愉快。开花的季节已过，荷花朵朵已变为莲蓬累累。莲子的颜色正在由青转紫，看来已经成熟了。

我禁不住想：“因”已转化为“果”。

中国的莲花开在日本，日本的樱花开在中国，这不是偶然。我希望这样一种盛况延续不衰。

在这些日子里，我看到了不少多年不见的老朋友，又结识了一些新朋友。大家喜欢涉及的话题之一，就是古长安和古奈良。那还用得着问吗，朋友们缅怀过去，正是瞩望未来。瞩目于未来的人们必将获得未来。

我不例外，也希望一个美好的未来。

为了中日人民之间的友谊，我将不会浪费今后生命的每一瞬间。

节选自严文井《莲花和樱花》

朗读参考：

shí nián zài lì shǐ shàng bú guò shì yí shùn jiān zhǐ yào shāo jiā zhù yì rén men jiù huì fā xiàn zài
十年，在历史上不过是一瞬间。只要稍加注意，人们就会发现：在
zhè yí shùn jiān lǐ gè zhǒng shì wù dōu qiāo qiāo jīng lì le zì jǐ de qiān biàn wàn huà
这一瞬间里，各种事物都悄悄经历了自己的千变万化。
zhè cì chóng xīn fǎng rì wǒ chù chù gǎn dào qīn qiè hé shú xī yě zài xǔ duō fāngmiàn fā jué le rì běn
这次重新访日，我处处感到亲切和熟悉，也在许多方面发觉了日本
de biàn huà jiù ná nài liáng de yí gè jiǎo luò lái shuō ba wǒ chóng yóu le wèi zhī gǎn shòu hěn shēn de táng zhāo tí
的变化。就拿奈良的一个角落来说吧，我重游了为之感受很深的唐招提
sì zài sì nèi gè chù cōngcōng zǒu le yí biàn tíng yuàn yī jiù dàn yì xiǎng bú dào hái kàn dào le yì xiē xīn
寺，在寺内各处匆匆走了一遍，庭院依旧，但意想不到还看到了一些新
de dōng xī qí zhōng zhī yī jiù shì jìn jǐ nián cóng zhōng guó yí zhí lái de yǒu yì zhī lián
的东西。其中之一，就是近几年从中国移植来的“友谊之莲”。
zài cún fàng jiàn zhēn yí xiàng de nà gè yuàn zi lǐ jǐ zhū zhōng guó lián áng rán tǐng lì cuì lǜ de kuān dà
在存放鉴真遗像的那个院子里，几株中国莲昂然挺立，翠绿的宽大
hé yè zhèng yíng fēng ér wǔ xiǎn de shí fēn yú kuài kāi huā de jì jié yǐ guò hé huā duǒ duǒ yǐ biàn wéi
荷叶正迎风而舞，显得十分愉快。开花的季节已过，荷花朵朵已变为
lián péng lěi lěi lián zǐ de yán sè zhèng zài yóu qīng zhuǎn zǐ kàn lái yǐ jīng chéng shú le
莲蓬累累。莲子的颜色正在由青转紫，看来已经成熟了。
wǒ jīn bú zhù xiǎng yīn yǐ zhuǎn huà wéi guǒ
我禁不住想：“因”已转化为“果”。
zhōng guó de lián huā kāi zài rì běn rì běn de yīng huā kāi zài zhōng guó zhè bú shì ǒu rán wǒ xī wàng
中国的莲花开在日本，日本的樱花开在中国，这不是偶然。我希望
zhè yàng yì zhǒng shèng kuàng yán xù bù shuāi
这样一种盛况延续不衰。
zài zhè xiē rì zi lǐ wǒ kàn dào le bù shǎo duō nián bú jiàn de lǎo péng you yòu jié shí le yì xiē xīn
在这些日子里，我看到了不少多年不见的老朋友，又结识了一些新
péng you dà jiā xǐ huān shè jí de huà tí zhī yī jiù shì gǔ cháng ān hé gǔ nài liáng nà hái yòng de zháo wèn
朋友。大家喜欢涉及的话题之一，就是古长安和古奈良。那还用得着问

ma péng yǒu men miǎn huái guò qù zhèng shì zhǔ wàng wèi lái zhǔ mù yú wèi lái de rén men bì jiāng huò dé wèi lái
吗，朋友们缅怀过去，正是瞩望未来。瞩目于未来的人们必将获得未来。

wǒ bú lì wài yě xī wàng yí gè měi hǎo de wèi lái
我不例外，也希望一个美好的未来。

wèi le zhōng rì rén mín zhī jiān de yǒu yì wǒ jiāng bú huì làng fèi jīn hòu shēng mìng de měi yí shùn jiān
为了中日人民之间的友谊，我将不会浪费今后生命的每一瞬间。

节选自严文井《莲花和樱花》

练习十三

我打猎归来，沿着花园的林荫路走着。狗跑在我前边。

突然，狗放慢脚步，蹑足潜行，好像嗅到了前边有什么野物。

我顺着林荫路望去，看见了一只嘴边还带黄色、头上生着柔毛的小麻雀。风猛烈地吹打着林荫路上的白桦树，麻雀从巢里跌落下来，呆呆地伏在地上，孤立无援地张开两只羽毛还未丰满的小翅膀。

我的狗慢慢向它靠近。忽然，从附近一棵树上飞下一只黑胸脯的老麻雀，像一颗石子似的落到狗的跟前。老麻雀全身倒竖着羽毛，惊恐万状，发出绝望、凄惨的叫声，接着向露出牙齿、大张着的狗嘴扑去。

老麻雀是猛扑下来救护幼雀的。它用身体掩护着自己的幼儿……但它整个小小的身体因恐怖而战栗着，它小小的声音也变得粗暴嘶哑，它在牺牲自己！

在它看来，狗该是多么庞大的怪物啊！然而，它还是不能站在自己高高的、安全的树枝上……一种比它的理智更强烈的力量，使它从那儿扑下身来。

我的狗站住了，向后退了退……看来，它也感到了这种力量。

我赶紧唤住惊慌失措的狗，然后我怀着崇敬的心情，走开了。

是啊，请不要见笑。我崇敬那只小小的、英勇的鸟儿，我崇敬它那种爱的冲动和力量。

爱，我想，比死和死的恐惧更强大。只有依靠它，依靠这种爱，生命才能维持下去，发展下去。

节选自［俄］屠格涅夫《麻雀》，巴金译

朗读参考：

wǒ dǎ liè guī lái yán zhe huā yuán de lín yīn lù zǒu zhe gǒu pǎo zài wǒ qián biān
我打猎归来，沿着花园的林阴路走着。狗跑在我前边。

tū rán gǒu fàng màn jiǎo bù niè zú qián xíng hǎo xiàng xiù dào le qián biān yǒu shén me yě wù
突然，狗放慢脚步，蹑足潜行，好像嗅到了前边有什么野物。

wǒ shùn zhe lín yīn lù wàng qù kàn jiàn le yì zhī zuǐ biān hái dài huáng sè tóu shàng shēng zhe róu máo de
我顺着林阴路望去，看见了一只嘴边还带黄色、头上生着柔毛的

xiǎo má què fēng měng liè de chuī dǎ zhe lín yīn lù shàng de bái huà shù má què cóng cháo lǐ diē luò xià lái
小麻雀。风猛烈地吹打着林阴路上的白桦树，麻雀从巢里跌落下来，

dāi dāi de fú zài dì shàng gū lì wú yuán de zhāng kāi liǎng zhī yǔ máo hái wèi fēng mǎn de xiǎo chì bǎng
呆呆地伏在地上，孤立无援地张开两只羽毛还未丰满的小翅膀。

wǒ de gǒu màn màn xiàng tā kào jìn hū rán cóng fù jìn yì kē shù shàng fēi xià yì zhī hēi xiōng pú de
我的狗慢慢向它靠近。忽然，从附近一棵树上飞下一只黑胸脯的
lǎo má què xiàng yì kē shí zǐ shì de luò dào gǒu de gēn qián lǎo má què quán shēn dào shù zhe yǔ máo jīng
老麻雀，像一颗石子似的落到狗的跟前。老麻雀全身倒竖着羽毛，惊
kǒng wàn zhuàng fā chū jué wàng qī cǎn de jiào shēng jiē zhe xiàng lù chū yá chǐ dà zhāng zhe de gǒu
恐万状，发出绝望、凄惨的叫声，接着向露出牙齿、大张着的狗
zuǐ pū qù
嘴扑去。

lǎo má què shì měng pū xià lái jiù hù yòu què de tā yòng shēn tǐ yǎn hù zhe zì jǐ de yòu ér dàn
老麻雀是猛扑下来救护幼雀的。它用身体掩护着自己的幼儿……但
tā zhěng gè xiǎo xiǎo de shēn tǐ yīn kǒng bù ér zhàn lì zhe tā xiǎo xiǎo de shēng yīn yě biàn de cū bào sī yǎ tā
它整个小小的身体因恐怖而战栗着，它小小的声音也变得粗暴嘶哑，它
zài xī shēng zì jǐ
在牺牲自己！

zài tā kàn lái gǒu gāi shì duō me páng dà de guài wù a rán ér tā hái shì bù néng zhàn zài zì jǐ
在它看来，狗该是多么庞大的怪物啊！然而，它还是不能站在自己
gāo gāo de ān quán de shù zhī shàng yì zhǒng bǐ tā de lǐ zhì gèng qiáng liè de lì liàng shǐ tā cóng nàr
高高的、安全的树枝上……一种比它的理智更强烈的力量，使它从那儿
pū xià shēn lái
扑下身来。

wǒ de gǒu zhàn zhù le xiàng hòu tuì le tuì kàn lái tā yě gǎn dào le zhè zhǒng lì liàng
我的狗站住了，向后退了退……看来，它也感到了这种力量。

wǒ gǎn jǐn huàn zhù jīng huāng shī cuò de gǒu rán hòu wǒ huái zhe chóng jìng de xīn qíng zǒu kāi le
我赶紧唤住惊慌失措的狗，然后我怀着崇敬的心情，走开了。

shì a qǐng bú yào jiàn xiào wǒ chóng jìng nà zhī xiǎo xiǎo de yīng yǒng de niǎo ér wǒ chóng jìng tā
是啊，请不要见笑。我崇敬那只小小的、英勇的鸟儿，我崇敬它
nà zhǒng ài de chōng dòng hé lì liàng
那种爱的冲动和力量。

ài wǒ xiǎng bǐ sǐ hé sǐ de kǒng jù gèng qiáng dà zhǐ yǒu yī kào tā yī kào zhè zhǒng ài
爱，我想，比死和死的恐惧更强大。只有依靠它，依靠这种爱，
shēng mìng cái néng wéi chí xià qù fā zhǎn xià qù
生命才能维持下去，发展下去。

节选自［俄］屠格涅夫《麻雀》，巴金译

练习十四

森林涵养水源，保持水土，防止水旱灾害的作用非常大。据专家测算，一片十万亩面积的森林，相当于一个两百万立方米的水库，这正如农谚所说的："山上多栽树，等于修水库。雨多它能吞，雨少它能吐。"

说起森林的功劳，那还多得很。它除了为人类提供木材及许多种生产、生活的原料之外，在维护生态环境方面也是功劳卓著，它用另一种"能吞能吐"的特殊功能孕育了人类。因为地球在形成之初，大气中的二氧化碳含量很高、氧气很少，气温也高，生物是难以生存的。大约在四亿年之前，陆地才产生了森林。森林慢慢将大气中的二氧化

碳吸收，同时吐出新鲜氧气，调节气温：这才具备了人类生存的条件，地球上才最终有了人类。

森林，是地球生态系统的主体，是大自然的总调度室，是地球的绿色之肺。森林维护地球生态环境的这种“能吞能吐”的特殊功能是其他任何物体都不能取代的。然而，由于地球上的燃烧物增多，二氧化碳的排放量急剧增加，使得地球生态环境急剧恶化，主要表现为全球气候变暖，水分蒸发加快，改变了气流的循环，使气候变化加剧，从而引发热浪、飓风、暴雨、洪涝及干旱。

为了使地球的这个“能吞能吐”的绿色之肺恢复健壮，以改善生态环境，抑制全球变暖，减少水旱等自然灾害，我们应该大力造林、护林，使每一座荒山都绿起来。

节选自《“能吞能吐”的森林》

朗读参考：

sēn lín hán yǎng shuǐ yuán bǎo chí shuǐ tǔ fáng zhǐ shuǐ hàn zāi hài de zuò yòng fēi cháng dà jù zhuān jiā cè
森林涵养水源，保持水土，防止水旱灾害的作用非常大。据专家测
suàn yí piàn shí wàn mǔ miàn jī de sēn lín xiāng dāng yú yí gè liǎng bǎi wàn lì fāng mǐ de shuǐ kù zhè zhèng
算，一片十万亩面积的森林，相当于一个两百万立方米的水库，这正
rú nóng yàn suǒ shuō de shān shàng duō zāi shù děng yú xiū shuǐ kù yǔ duō tā néng tūn yǔ shǎo tā néng tǔ
如农谚所说的：“山上多栽树，等于修水库。雨多它能吞，雨少它能吐。”

shuō qǐ sēn lín de gōng láo nà hái duō de hěn tā chú le wèi rén lèi tí gōng mù cái jí xǔ duō zhǒng
说起森林的功劳，那还多得很。它除了为人类提供木材及许多种
shēng chǎn shēng huó de yuán liào zhī wài zài wéi hù shēng tài huán jìng fāng miàn yě shì gōng láo zhuó zhù tā yòng lìng
生产、生活的原料之外，在维护生态环境方面也是功劳卓著，它用另
yì zhǒng néng tūn néng tǔ de tè shū gōng néng yùn yù le rén lèi yīn wèi dì qiú zài xíng chéng zhī chū dà
一种“能吞能吐”的特殊功能孕育了人类。因为地球在形成之初，大
qì zhōng de èr yǎng huà tàn hán liàng hěn gāo yǎng qì hěn shǎo qì wēn yě gāo shēng wù shì nán yǐ shēng cún de
气中的二氧化碳含量很高、氧气很少，气温也高，生物是难以生存的。
dà yuē zài sì yì nián zhī qián lù dì cái chǎn shēng le sēn lín sēn lín màn màn jiāng dà qì zhōng de èr yǎng huà
大约在四亿年之前，陆地才产生了森林。森林慢慢将大气中的二氧化
tàn xī shōu tóng shí tǔ chū xīn xiān yǎng qì tiáo jié qì wēn zhè cái jù bèi le rén lèi shēng cún de tiáo jiàn
碳吸收，同时吐出新鲜氧气，调节气温：这才具备了人类生存的条件，
dì qiú shàng cái zuì zhōng yǒu le rén lèi
地球上才最终有了人类。

sēn lín shì dì qiú shēng tài xì tǒng de zhǔ tǐ shì dà zì rán de zǒng diào dù shì shì dì qiú de lǜ
森林，是地球生态系统的主体，是大自然的总调度室，是地球的绿
sè zhī fèi sēn lín wéi hù dì qiú shēng tài huán jìng de zhè zhǒng néng tūn néng tǔ de tè shū gōng néng shì qí tā
色之肺。森林维护地球生态环境的这种“能吞能吐”的特殊功能是其他
rèn hé wù tǐ dōu bù néng qǔ dài de rán ér yóu yú dì qiú shàng de rán shāo wù zēng duō èr yǎng huà tàn de
任何物体都不能取代的。然而，由于地球上的燃烧物增多，二氧化碳的
pái fàng liàng jí jù zēng jiā shǐ dé dì qiú shēng tài huán jìng jí jù è huà zhǔ yào biǎo xiàn wéi quán qiú qì hòu
排放量急剧增加，使得地球生态环境急剧恶化，主要表现为全球气候
biàn nuǎn shuǐ fèn zhēng fā jiā kuài gǎi biàn le qì liú de xún huán shǐ qì hòu biàn huà jiā jù cóng ér yǐn fā
变暖，水分蒸发加快，改变了气流的循环，使气候变化加剧，从而引发
rè làng jù fēng bào yǔ hóng lào jí gān hàn
热浪、飓风、暴雨、洪涝及干旱。

wèi le shǐ dì qiú de zhè gè néng tūn néng tǔ de lǜ sè zhī fèi huī fù jiàn zhuàng yǐ gǎi shàn shēng
为了使地球的这个“能吞能吐”的绿色之肺恢复健壮，以改善生

tài huánjìng yì zhì quán qiú biànnuǎn jiǎn shǎo shuǐ hàn děng zì rán zāi hài wǒ men yīng gāi dà lì zào lín hù
态环境，抑制全球变暖，减少水旱等自然灾害，我们应该大力造林、护
lín shǐ měi yí zuò huāng shān dōu lǜ qǐ lái
林，使每一座荒山都绿起来。

节选自《"能吞能吐"的森林》

练习十五

中国没有人不爱荷花的。可我们楼前池塘中独独缺少荷花。每次看到或想到，总觉得是一块心病。有人从湖北来，带来了洪湖的几颗莲子，外壳呈黑色，极硬。据说，如果埋在淤泥中，能够千年不烂。我用铁锤在莲子上砸开了一条缝，让莲芽能够破壳而出，不至永远埋在泥中。把五六颗敲破的莲子投入池塘中，下面就是听天由命了。

这样一来，我每天就多了一件工作：到池塘边上去看上几次。心里总是希望，忽然有一天，"小荷才露尖尖角"，有翠绿的莲叶长出水面。可是，事与愿违，投下去的第一年，一直到秋凉落叶，水面上也没有出现什么东西。但是到了第三年，却忽然出了奇迹。有一天，我忽然发现，在我投莲子的地方长出了几个圆圆的绿叶，虽然颜色极惹人喜爱，但是却细弱单薄，可怜兮兮地平卧在水面上，像水浮莲的叶子一样。

真正的奇迹出现在第四年上。到了一般荷花长叶的时候，在去年飘浮着五六个叶片的地方，一夜之间，突然长出了一大片绿叶，叶片扩张的速度，范围的扩大，都是惊人地快。几天之内，池塘内不小一部分，已经全为绿叶所覆盖。而且原来平卧在水面上的像是水浮莲一样的叶片，不知道是从哪里聚集来了力量，有一些竟然跃出了水面，长成了亭亭的荷叶。这样一来，我心中的疑云一扫而光：池塘中生长的真正是洪湖莲花的子孙了。我心中狂喜，这几年总算是没有白等。

节选自季羡林《清塘荷韵》

朗读参考：

zhōngguó méi yǒu rén bú ài hé huā de kě wǒ men lóu qián chí táng zhōng dú dú quē shǎo hé huā měi cì kàn
中国没有人不爱荷花的。可我们楼前池塘中独独缺少荷花。每次看
dào huò xiǎng dào zǒng jué de shì yí kuài xīn bìng yǒu rén cóng hú běi lái dài lái le hóng hú de jǐ kē lián
到或想到，总觉得是一块心病。有人从湖北来，带来了洪湖的几颗莲
zǐ wài ké chéng hēi sè jí yìng jù shuō rú guǒ mái zài yū ní zhōng néng gòu qiān nián bú làn wǒ
子，外壳呈黑色，极硬。据说，如果埋在淤泥中，能够千年不烂。我
yòng tiě chuí zài lián zǐ shàng zá kāi le yì tiáo fèngr ràng lián yá néng gòu pò ké ér chū bú zhì yǒng yuǎn mái zài
用铁锤在莲子上砸开了一条缝，让莲芽能够破壳而出，不至永远埋在
ní zhōng bǎ wǔ liù kē qiāo pò de lián zǐ tóu rù chí táng zhōng xià miàn jiù shì tīng tiān yóu mìng le
泥中。把五六颗敲破的莲子投入池塘中，下面就是听天由命了。

zhè yàng yì lái wǒ měi tiān jiù duō le yí jiàn gōng zuò dào chí táng biān shàng qù kàn shàng jǐ cì xīn lǐ
这样一来，我每天就多了一件工作：到池塘边上去看上几次。心里
zǒng shì xī wàng hū rán yǒu yì tiān xiǎo hé cái lù jiān jiān jiǎo yǒu cuì lǜ de lián yè zhǎng chū shuǐ
总是希望，忽然有一天，"小荷才露尖尖角"，有翠绿的莲叶长出水
miàn kě shì shì yǔ yuàn wéi tóu xià qù de dì yī nián yì zhí dào qiū liáng luò yè shuǐ miàn shàng yě
面。可是，事与愿违，投下去的第一年，一直到秋凉落叶，水面上也

méi yǒu chū xiàn shén me dōng xī dàn shì dào le dì sān nián què hū rán chū le qí jì yǒu yì tiān wǒ hū
没有出现什么东西。但是到了第三年，却忽然出了奇迹。有一天，我忽
rán fā xiàn zài wǒ tóu lián zǐ de dì fāng zhǎng chū le jǐ gè yuán yuán de lǜ yè suī rán yán sè jí rě rén
然发现，在我投莲子的地方长出了几个圆圆的绿叶，虽然颜色极惹人
xǐ ài dàn shì què xì ruò dān bó kě lián xī xī de píng wò zài shuǐ miàn shàng xiàng shuǐ fú lián de yè zi
喜爱，但是却细弱单薄，可怜兮兮地平卧在水面上，像水浮莲的叶子
yí yàng
一样。

zhēn zhèng de qí jì chū xiàn zài dì sì nián shàng dào le yì bān hé huā zhǎng yè de shí hòu zài qù nián
真正的奇迹出现在第四年上。到了一般荷花长叶的时候，在去年
piāo fú zhe wǔ liù gè yè piàn de dì fāng yí yè zhī jiān tū rán zhǎng chū le yí dà piàn lǜ yè yè piàn
飘浮着五六个叶片的地方，一夜之间，突然长出了一大片绿叶，叶片
kuò zhāng de sù dù fàn wéi de kuò dà dōu shì jīng rén de kuài jǐ tiān zhī nèi chí táng nèi bù xiǎo yí bù
扩张的速度，范围的扩大，都是惊人地快。几天之内，池塘内不小一部
fen yǐ jīng quán wéi lǜ yè suǒ fù gài ér qiě yuán lái píng wò zài shuǐ miàn shàng de xiàng shì shuǐ fú lián yí yàng
分，已经全为绿叶所覆盖。而且原来平卧在水面上的像是水浮莲一样
de yè piàn bù zhī dào shì cóng nǎ lǐ jù jí lái le lì liàng yǒu yì xiē jìng rán yuè chū le shuǐ miàn zhǎng
的叶片，不知道是从哪里聚集来了力量，有一些竟然跃出了水面，长
chéng le tíng tíng de hé yè zhè yàng yì lái wǒ xīn zhōng de yí yún yì sǎo ér guāng chí táng zhōng shēng zhǎng de
成了亭亭的荷叶。这样一来，我心中的疑云一扫而光：池塘中生长的
zhēn zhèng shì hóng hú lián huā de zǐ sūn le wǒ xīn zhōng kuáng xǐ zhè jǐ nián zǒng suàn shì méi yǒu bái děng
真正是洪湖莲花的子孙了。我心中狂喜，这几年总算是没有白等。

节选自季羡林《清塘荷韵》

练习十六

在原始社会里，文字还没有创造出来，却先有了歌谣一类的东西。这也就是文艺。

文字创造出来以后，人就用它把所见所闻所想所感的一切记录下来。一首歌谣，不但口头唱，还要刻呀，漆呀，把它保留在什么东西上。这样，文艺和文字就并了家。

后来纸和笔普遍地使用了，而且发明了印刷术。凡是需要记录下来的东西，要多少份就可以有多少份。于是所谓文艺，从外表说，就是一篇稿子，一部书，就是许多文字的集合体。

文字是一道桥梁，通过了这一道桥梁，读者才和作者会面。不但会面，并且了解作者的心情，和作者的心情相契合。

就作者的方面说，文艺的创作绝不是随便取许多文字来集合在一起。作者着手创作，必然对于人生先有所见，先有所感。他把这些所见所感写出来，不作抽象的分析，而作具体的描写，不作刻板的记载，而作想象的安排。他准备写的不是普通的论说文、记叙文；他准备写的是文艺。他动手写，不但选择那些最适当的文字，让它们集合起来，还要审查那些写下来的文字，看有没有应当修改或是增减的。总之，作者想做到的是：写下来的文字正好传达出他的所见所感。

就读者的方面说，读者看到的是写在纸面或者印在纸面的文字，但是看到文字并不

是他们的目的。他们要通过文字去接触作者的所见所感。

节选自叶圣陶《驱遣我们的想象》

朗读参考：

zài yuán shǐ shè huì lǐ wén zì hái méi yǒu chuàng zào chū lái què xiān yǒu le gē yáo yí lèi de dōng xī
在原始社会里，文字还没有创造出来，却先有了歌谣一类的东西。
zhè yě jiù shì wén yì
这也就是文艺。

wén zì chuàng zào chū lái yǐ hòu rén jiù yòng tā bǎ suǒ jiàn suǒ wén suǒ xiǎng suǒ gǎn de yí qiè jì lù xià
文字创造出来以后，人就用它把所见所闻所想所感的一切记录下
lái yī shǒu gē yáo bú dàn kǒu tóu chàng hái yào kè ya qī ya bǎ tā bǎo liú zài shén me dōng xī
来。一首歌谣，不但口头唱，还要刻呀，漆呀，把它保留在什么东西
shàng zhè yàng wén yì hé wén zì jiù bìng le jiā
上。这样，文艺和文字就并了家。

hòu lái zhǐ hé bǐ pǔ biàn de shǐ yòng le ér qiě fā míng le yìn shuā shù fán shì xū yào jì lù xià lái
后来纸和笔普遍地使用了，而且发明了印刷术。凡是需要记录下来
de dōng xī yào duō shǎo fèn jiù kě yǐ yǒu duō shǎo fèn yú shì suǒ wèi wén yì cóng wài biǎo shuō jiù shì yì
的东西，要多少份就可以有多少份。于是所谓文艺，从外表说，就是一
piān gǎo zi yí bù shū jiù shì xǔ duō wén zì de jí hé tǐ
篇稿子，一部书，就是许多文字的集合体。

wén zì shì yí dào qiáo liáng tōng guò le zhè yí dào qiáo liáng dú zhě cái hé zuò zhě huì miàn bú dàn huì
文字是一道桥梁，通过了这一道桥梁，读者才和作者会面。不但会
miàn bìng qiě liǎo jiě zuò zhě de xīn qíng hé zuò zhě de xīn qíng xiāng qì hé
面，并且了解作者的心情，和作者的心情相契合。

jiù zuò zhě de fāng miàn shuō wén yì de chuàng zuò jué bú shì suí biàn qǔ xǔ duō wén zì lái jí hé zài yì
就作者的方面说，文艺的创作决不是随便取许多文字来集合在一
qǐ zuò zhě zhuó shǒu chuàng zuò bì rán duì yú rén shēng xiān yǒu suǒ jiàn xiān yǒu suǒ gǎn tā bǎ zhè xiē suǒ
起。作者着手创作，必然对于人生先有所见，先有所感。他把这些所
jiàn suǒ gǎn xiě chū lái bú zuò chōu xiàng de fēn xī ér zuò jù tǐ de miáo xiě bú zuò kè bǎn de jì zǎi
见所感写出来，不作抽象的分析，而作具体的描写，不作刻板的记载，
ér zuò xiǎng xiàng de ān pái tā zhǔn bèi xiě de bú shì pǔ tōng de lùn shuō wén jì xù wén tā zhǔn bèi xiě de
而作想象的安排。他准备写的不是普通的论说文、记叙文；他准备写的
shì wén yì tā dòng shǒu xiě bú dàn xuǎn zé nà xiē zuì shì dàng de wén zì ràng tā men jí hé qǐ lái hái
是文艺。他动手写，不但选择那些最适当的文字，让它们集合起来，还
yào shěn chá nà xiē xiě xià lái de wén zì kàn yǒu méi yǒu yīng dāng xiū gǎi huò shì zēng jiǎn de zǒng zhī zuò
要审查那些写下来的文字，看有没有应当修改或是增减的。总之，作
zhě xiǎng zuò dào de shì xiě xià lái de wén zì zhèng hǎo chuán dá chū tā de suǒ jiàn suǒ gǎn
者想做到的是：写下来的文字正好传达出他的所见所感。

jiù dú zhě de fāng miàn shuō dú zhě kàn dào de shì xiě zài zhǐ miàn huò zhě yìn zài zhǐ miàn de wén zì dàn
就读者的方面说，读者看到的是写在纸面或者印在纸面的文字，但
shì kàn dào wén zì bìng bú shì tā men de mù dì tā men yào tōng guò wén zì qù jiē chù zuò zhě de suǒ jiàn
是看到文字并不是他们的目的。他们要通过文字去接触作者的所见
suǒ gǎn
所感。

节选自叶圣陶《驱遣我们的想象》

练习十七

语言，也就是说话，好像是极其稀松平常的事儿。可是仔细想想，实在是一件了不起的大事。正是因为说话跟吃饭、走路一样的平常，人们才不去想它究竟是怎么回事儿。其实这三件事儿都是极不平常的，都是使人类不同于别的动物的特征。

记得在小学里读书的时候，班上有一位“能文”的大师兄，在一篇作文的开头写下这么两句：“鹦鹉能言，不离于禽；猩猩能言，不离于兽。”我们看了都非常佩服。后来知道这两句是有来历的，只是字句有些出入。又过了若干年，才知道这两句话都有问题。鹦鹉能学人说话，可只是作为现成的公式来说，不会加以变化。只有人们说话是从具体情况出发，情况一变，话也跟着变。

西方学者拿黑猩猩做实验，它们能学会极其有限的一点儿符号语言，可是学不会把它变成有声语言。人类语言之所以能够“随机应变”，在于一方面能把语音分析成若干音素，又把这些音素组合成音节，再把音节连缀起来。另一方面，又能分析外界事物及其变化，形成无数的“意念”，一一配以语音，然后综合运用，表达各种复杂的意思。一句话，人类语言的特点就在于能用变化无穷的语音，表达变化无穷的意义。这是任何其他动物办不到的。

节选自吕叔湘《人类的语言》

朗读参考：

yǔ yán yě jiù shì shuō huà hǎo xiàng shì jí qí xī sōng píng cháng de shìr kě shì zǐ xì xiǎng
语言，也就是说话，好像是极其稀松平常的事儿。可是仔细想
xiǎng shí zài shì yí jiàn liǎo bù qǐ de dà shì zhèng shì yīn wèi shuō huà gēn chī fàn zǒu lù yí yàng de píng
想，实在是一件了不起的大事。正是因为说话跟吃饭、走路一样的平
cháng rén men cái bú qù xiǎng tā jiū jìng shì zěn me huí shìr qí shí zhè sān jiàn shìr dōu shì jí bù píng
常，人们才不去想它究竟是怎么回事儿。其实这三件事儿都是极不平
cháng de dōu shì shǐ rén lèi bù tóng yú bié de dòng wù de tè zhēng
常的，都是使人类不同于别的动物的特征。

jì dé zài xiǎo xué lǐ dú shū de shí hòu bānshàngyǒu yí wèi néngwén de dà shīxiōng zài yì piān
记得在小学里读书的时候，班上有一位“能文”的大师兄，在一篇
zuò wén de kāi tóu xiě xià zhè me liǎng jù yīng wǔ néng yán bù lí yú qín xīng xīng néng yán bù lí yú
作文的开头写下这么两句：“鹦鹉能言，不离于禽；猩猩能言，不离于
shòu wǒ men kàn le dōu fēi cháng pèi fú hòu lái zhī dào zhè liǎng jù shì yǒu lái lì de zhǐ shì zì jù yǒu
兽。”我们看了都非常佩服。后来知道这两句是有来历的，只是字句有
xiē chū rù yòu guò le ruò gān nián cái zhī dào zhè liǎng jù huà dōu yǒu wèn tí yīng wǔ néng xué rén shuō huà
些出入。又过了若干年，才知道这两句话都有问题。鹦鹉能学人说话，
kě zhǐ shì zuò wéi xiànchéng de gōng shì lái shuō bú huì jiā yǐ biàn huà zhǐ yǒu rén men shuō huà shì cóng jù tǐ qíng
可只是作为现成的公式来说，不会加以变化。只有人们说话是从具体情
kuàngchū fā qíng kuàng yí biàn huà yě gēn zhe biàn
况出发，情况一变，话也跟着变。

xī fāng xué zhě ná hēi xīng xīng zuò shí yàn tā men néng xué huì jí qí yǒu xiàn de yì diǎnr fú hào yǔ
西方学者拿黑猩猩做实验，它们能学会极其有限的一点儿符号语

yán kě shì xué bú huì bǎ tā biànchéng yǒu shēng yǔ yán rén lèi yǔ yán zhī suǒ yǐ néng gòu suí jī yìng
言，可是学不会把它变成有声语言。人类语言之所以能够“随机应
biàn zài yú yì fāngmiàn néng bǎ yǔ yīn fēn xī chéng ruò gān yīn sù yòu bǎ zhè xiē yīn sù zǔ hé chéng yīn
变”，在于一方面能把语音分析成若干音素，又把这些音素组合成音
jié zài bǎ yīn jié lián zhuì qǐ lái lìng yì fāngmiàn yòu néng fēn xī wài jiè shì wù jí qí biàn huà xíng
节，再把音节连缀起来。另一方面，又能分析外界事物及其变化，形
chéng wú shù de yì niàn yī yī pèi yǐ yǔ yīn rán hòu zōng hé yùn yòng biǎo dá gè zhǒng fù zá de yì
成无数的“意念”，一一配以语音，然后综合运用，表达各种复杂的意
si yí jù huà rén lèi yǔ yán de tè diǎn jiù zài yú néng yòng biàn huà wú qióng de yǔ yīn biǎo dá biàn huà wú
思。一句话，人类语言的特点就在于能用变化无穷的语音，表达变化无
qióng de yì yì zhè shì rèn hé qí tā dòng wù bàn bú dào de
穷的意义。这是任何其他动物办不到的。

节选自吕叔湘《人类的语言》

练习十八

我国的建筑，从古代的宫殿到近代的一般住房，绝大部分是对称的，左边怎么样，右边也怎么样。苏州园林可绝不讲究对称，好像故意避免似的，东边有了一个亭子或者一道回廊，西边决不会来一个同样的亭子或者一道同样的回廊。这是为什么？我想，用图画来比方，对称的建筑是图案画，不是美术画，而园林是美术画，美术画要求自然之趣，是不讲究对称的。

苏州园林里都有假山和池沼。

假山的堆叠，可以说是一项艺术而不仅是技术。或者是重峦叠嶂，或者是几座小山配合着竹子花木，全在乎设计者和匠师们生平多阅历，胸中有丘壑，才能使游览者攀登的时候忘却苏州城市，只觉得身在山间。

至于池沼，大多引用活水。有些园林池沼宽敞，就把池沼作为全园的中心，其他景物配合着布置。水面假如成河道模样，往往安排桥梁。假如安排两座以上的桥梁，那就一座一个样，绝不雷同。

池沼或河道的边沿很少砌齐整的石岸，总是高低屈曲任其自然。还在那儿布置几块玲珑的石头，或者种些花草。这也是为了取得从各个角度看都成一幅画的效果。池沼里养着金鱼或各色鲤鱼，夏秋季节荷花或睡莲开放，游览者看“鱼戏莲叶间”，又是入画的一景。

节选自叶圣陶《苏州园林》

朗读参考：

wǒ guó de jiàn zhù cóng gǔ dài de gōngdiàn dào jìn dài de yì bān zhù fáng jué dà bù fen shì duì chèn
我国的建筑，从古代的宫殿到近代的一般住房，绝大部分是对称
de zuǒ biān zěn me yàng yòu biān yě zěn me yàng sū zhōuyuán lín kě jué bù jiǎng jiū duì chèn hǎoxiàng gù yì
的，左边怎么样，右边也怎么样。苏州园林可绝不讲究对称，好像故意
bì miǎn shì de dōngbiān yǒu le yí gè tíng zi huò zhě yí dào huí láng xī biān jué bú huì lái yí gè tóngyàng de
避免似的，东边有了一个亭子或者一道回廊，西边决不会来一个同样的

tíng zi huò zhě yí dào tóngyàng de huí láng zhè shì wèi shén me wǒ xiǎng yòng tú huà lái bǐ fāng duì chèn de
亭子或者一道同样的回廊。这是为什么？我想，用图画来比方，对称的
jiàn zhù shì tú àn huà bú shì měi shù huà ér yuán lín shì měi shù huà měi shù huà yào qiú zì rán zhī qù
建筑是图案画，不是美术画，而园林是美术画，美术画要求自然之趣，
shì bù jiǎng jiū duì chèn de
是不讲究对称的。

sū zhōuyuán lín lǐ dōu yǒu jiǎ shān hé chí zhǎo
苏州园林里都有假山和池沼。

jiǎ shān de duī dié kě yǐ shuō shì yí xiàng yì shù ér bù jǐn shì jì shù huò zhě shì chóng luán dié zhàng
假山的堆叠，可以说是一项艺术而不仅是技术。或者是重峦叠嶂，
huò zhě shì jǐ zuò xiǎo shān pèi hé zhe zhú zi huā mù quán zài hū shè jì zhě hé jiàng shī men shēngpíng duō yuè
或者是几座小山配合着竹子花木，全在乎设计者和匠师们生平多阅
lì xiōng zhōng yǒu qiū hè cái néng shǐ yóu lǎn zhě pān dēng de shí hòu wàng què sū zhōu chéng shì zhǐ jué de shēn
历，胸中有丘壑，才能使游览者攀登的时候忘却苏州城市，只觉得身
zài shān jiān
在山间。

zhì yú chí zhǎo dà duō yǐn yòng huó shuǐ yǒu xiē yuán lín chí zhǎo kuān chǎng jiù bǎ chí zhǎo zuò wéi quán
至于池沼，大多引用活水。有些园林池沼宽敞，就把池沼作为全
yuán de zhōng xīn qí tā jǐng wù pèi hé zhe bù zhì shuǐmiàn jiǎ rú chéng hé dào mó yàng wǎng wǎng ān pái qiáo
园的中心，其他景物配合着布置。水面假如成河道模样，往往安排桥
liáng jiǎ rú ān pái liǎng zuò yǐ shàng de qiáoliáng nà jiù yí zuò yí gè yàng jué bù léi tóng
梁。假如安排两座以上的桥梁，那就一座一个样，决不雷同。

chí zhǎo huò hé dào de biān yán hěn shǎo qì qí zhěng de shí àn zǒng shì gāo dī qū qǔ rèn qí zì rán hái
池沼或河道的边沿很少砌齐整的石岸，总是高低屈曲任其自然。还
zài nàr bù zhì jǐ kuài líng lóng de shí tou huò zhě zhòng xiē huā cǎo zhè yě shì wèi le qǔ dé cóng gè gè jiǎo
在那儿布置几块玲珑的石头，或者种些花草。这也是为了取得从各个角
dù kàn dōu chéng yì fú huà de xiào guǒ chí zhǎo lǐ yǎng zhe jīn yú huò gè sè lǐ yú xià qiū jì jié hé huā huò
度看都成一幅画的效果。池沼里养着金鱼或各色鲤鱼，夏秋季节荷花或
shuì lián kāi fàng yóu lǎn zhě kàn yú xì lián yè jiān yòu shì rù huà de yì jǐng
睡莲开放，游览者看“鱼戏莲叶间”，又是入画的一景。

节选自叶圣陶《苏州园林》

练习十九

最使我难忘的，是我小学时候的女教师蔡芸芝先生。

现在回想起来，她那时有十八九岁。右嘴角边有榆钱大小一块黑痣。在我的记忆里，她是一个温柔和美丽的人。

她从来不打骂我们。仅仅有一次，她的教鞭好像要落下来，我用石板一迎，教鞭轻轻地敲在石板边上，大伙笑了，她也笑了。我用儿童的狡猾的眼光察觉，她爱我们，并没有存心要打的意思。孩子们是多么善于观察这一点啊。

在课外的时候，她教我们跳舞，我现在还记得她把我扮成女孩子表演跳舞的情景。

在假日里，她把我们带到她的家和女朋友的家里。在她的女朋友的园子里，她还让我们观察蜜蜂；也是在那时候，我认识了蜂王，并且平生第一次吃了蜂蜜。

她爱诗，并且爱用歌唱的音调教我们读诗。直到现在我还记得她读诗的音调，还能背诵她教我们的诗：

圆天盖着大海，
黑水托着孤舟，
远看不见山，
那天边只有云头，
也看不见树，
那水上只有海鸥……

今天想来，她对我的接近文学和爱好文学，是有着多么有益的影响！

像这样的教师，我们怎么会不喜欢她，怎么会不愿意和她亲近呢？我们见了她不由得就围上去。即使她写字的时候，我们也默默地看着她，连她握铅笔的姿势都急于模仿。

节选自魏巍《我的老师》

朗读参考：

zuì shǐ wǒ nánwàng de shì wǒ xiǎo xué shí hòu de nǚ jiào shī cài yún zhī xiān sheng
最使我难忘的，是我小学时候的女教师蔡芸芝先生。

xiàn zài huí xiǎng qǐ lái tā nà shí yǒu shí bā jiǔ suì yòu zuǐ jiǎo biān yǒu yú qián dà xiǎo yí kuài hēi zhì zài wǒ de jì yì lǐ tā shì yí gè wēn róu hé měi lì de rén
现在回想起来，她那时有十八九岁。右嘴角边有榆钱大小一块黑痣。在我的记忆里，她是一个温柔和美丽的人。

tā cóng lái bù dǎ mà wǒ men jǐn jǐn yǒu yí cì tā de jiào biān hǎoxiàng yào luò xià lái wǒ yòng shí bǎn yì yíng jiào biān qīng qīng de qiāo zài shí bǎn biān shàng dà huǒ xiào le tā yě xiào le wǒ yòng ér tóng de jiǎo huá de yǎnguāng chá jué tā ài wǒ men bìng méi yǒu cún xīn yào dǎ de yì si hái zi men shì duō me shàn yú guān chá zhè yì diǎn ɑ
她从来不打骂我们。仅仅有一次，她的教鞭好像要落下来，我用石板一迎，教鞭轻轻地敲在石板边上，大伙笑了，她也笑了。我用儿童的狡猾的眼光察觉，她爱我们，并没有存心要打的意思。孩子们是多么善于观察这一点啊。

zài kè wài de shí hòu tā jiāo wǒ men tiào wǔ wǒ xiàn zài hái jì de tā bǎ wǒ bànchéng nǚ hái zi biǎo yǎn tiào wǔ de qíng jǐng
在课外的时候，她教我们跳舞，我现在还记得她把我扮成女孩子表演跳舞的情景。

zài jià rì lǐ tā bǎ wǒ men dài dào tā de jiā lǐ hé nǚ péng yǒu de jiā lǐ zài tā de nǚ péng yǒu de yuán zi lǐ tā hái ràng wǒ menguān chá mì fēng yě shì zài nà shí hòu wǒ rèn shí le fēngwáng bìng qiě píng shēng dì yī cì chī le fēng mì
在假日里，她把我们带到她的家里和女朋友的家里。在她的女朋友的园子里，她还让我们观察蜜蜂；也是在那时候，我认识了蜂王，并且平生第一次吃了蜂蜜。

tā ài shī bìng qiě ài yòng gē chàng de yīn diào jiāo wǒ men dú shī zhí dào xiàn zài wǒ hái jì de tā dú shī de yīn diào hái néng bèi sòng tā jiāo wǒ men de shī
她爱诗，并且爱用歌唱的音调教我们读诗。直到现在我还记得她读诗的音调，还能背诵她教我们的诗：

yuántiān gài zhe dà hǎi
圆天盖着大海，

hēi shuǐ tuō zhe gū zhōu
黑水托着孤舟，

yuǎn kàn bú jiàn shān
远看不见山，

nà tiān biān zhǐ yǒu yún tóu
那天边只有云头，

yě kàn bú jiàn shù
也看不见树，

nà shuǐ shàng zhǐ yǒu hǎi ōu
那水上只有海鸥……

jīn tiān xiǎng lái tā duì wǒ de jiē jìn wén xué hé ài hào wén xué shì yǒu zhe duō me yǒu yì de yǐng xiǎng
今天想来，她对我的接近文学和爱好文学，是有着多么有益的影响！

xiàng zhè yàng de jiào shī wǒ men zěn me huì bù xǐ huān tā zěn me huì bú yuàn yì hé tā qīn jìn ne wǒ men jiàn le tā bù yóu de jiù wéi shàng qù jí shǐ tā xiě zì de shí hòu wǒ men yě mò mò de kàn zhe tā lián tā wò qiān bǐ de zī shì dōu jí yú mó fǎng
像这样的教师，我们怎么会不喜欢她，怎么会不愿意和她亲近呢？我们见了她不由得就围上去。即使她写字的时候，我们也默默地看着她，连她握铅笔的姿势都急于模仿。

节选自魏巍《我的老师》

本章小结

普通话的语音训练，是讲好普通话的基础，要在了解如何正确发音的基础上进行有效的修正、练习和积累，以形成肌肉记忆，稳固标准发音。但对于语音的练习并非单纯的机械重复，在这个过程中，对于发音系统的了解是建立语音意识的前提，进而打破固有的发音习惯，克服自己方言的负迁移和调整发音的状态，这不仅是对语音的训练，而是建立在对于音、意、情的理解上的一种融合训练。希望各位同学能将普通话的训练建构在表达力的训练上，为自己的语言表现力增光添彩。

第三章

朗读训练

知识目标

通过学习本章“作品朗读”测试的有关知识，学习者可以了解作品朗读的测试要求、评分准则以及注意事项，理解并掌握作品朗读时应该注意的语音、语调、儿化以及轻声等相关知识，同时，结合一定数量的朗读作品进行训练，使得学习者能够有的放矢地对作品朗读中容易出错的地方进行自我纠正。

能力目标

通过本章的学习，在理解并掌握作品朗读时应该注意的问题时，重点在于引导学生在朗读过程中重视连读音变、停连、语调以及流畅度等方面的问题。注重结合文义进行朗读训练，让学习者使用普通话准确地表达出所朗读作品的思想内涵、作者的观点态度、事件的前因后果等。通过作品朗读训练，提高学习者运用普通话的综合水平。

学思践悟

党的二十大报告指出，全面建设社会主义现代化国家，必须坚持中国特色社会主义文化发展道路，增强文化自信，围绕举旗帜、聚民心、育新人、兴文化、展形象建设社会主义文化强国。普及普通话是国家统一和民族团结的需要。一个国家、一个民族拥有统一、规范的语言，是关系到国家独立和民族凝聚力的具有政治意义的大事，它的普及和规范使用对于发展现代社会和维护国家统一至关重要。

通过朗读训练，使学习者掌握朗读的方式以及应该注意的声韵调问题，帮助学习者体会民族语言文化的魅力，进一步铸牢中华民族共同体意识。朗读训练有助于传承和弘扬中华民族的优秀传统文化，通过朗读可以更好地理解和传承古代文学作品、经典著作、优秀文化传统，让文化遗产在当代焕发新的生命力。

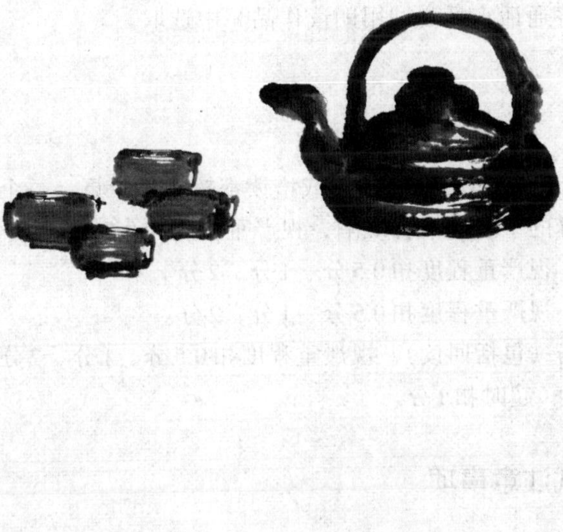

第一节 “作品朗读”测试概述

“作品朗读”项测查应试人使用普通话朗读书面作品的水平，限时4分钟，在测查应试人声母、韵母、声调读音标准程度的同时，重点测查其连读音变、停连、语调以及流畅程度等。

一、测试要求

“作品朗读”评分以朗读作品的前400个音节（不含标点符号和括注的音节）为限，但应试人应将作品第400个音节所在的句子读完整。

二、测试范围

朗读作品从《普通话水平测试用朗读作品》中选取。

三、本项评分

（1）每错1个音节，扣0.1分；漏读或增读都按错误计算，每个音节扣0.1分。

（2）声母或韵母的系统性语音缺陷，视严重程度扣0.5分、1分。

（3）语调偏误，视严重程度扣0.5分、1分、2分。

（4）停连不当，视严重程度扣0.5分、1分、2分。

（5）朗读不流畅（包括回读），视严重程度扣0.5分、1分、2分。

（6）限时4分钟，超时扣1分。

四、作品朗读应试注意事项

1.注意避免添字、漏字、错字

在进行朗读作品测试时，应该忠于作品本身的文字内容，不能添字、漏字、错字，以上情况都会导致扣分。

2.注意避免回读和不流畅

在进行朗读作品测试时，应当注意不要因为心理过度紧张或者读错某个语音而对作品中的字、词、句进行回读，回读会造成朗读不流畅，回读和不流畅都会直接导致扣分。

3.注意避免停连不当

停连是指朗读语流中声音的中断和延续。词语之间、句子之间、段落或层次之间都可能出现声音的中断或延续，中断即停顿，延续即连接。例如：“浪潮‖越来越近，犹如千万匹白色战马‖齐头并进，浩浩荡荡地飞奔而来”。如果将这句话变成“浪潮越来越‖

近，犹如千万‖匹白色战马齐头并进，浩浩荡荡‖地飞奔而来”，会把这句话割裂为不连续的字或词，破坏了话语重心，打乱了文章的整体结构，在听感上会形成支离破碎的话语内容，表达的逻辑变得不清晰，表达效果自然下降。一些句子如果在朗读时停连不当，还会产生歧义。因此，在平时练习以及参加测试时，一定要根据文意重视停连得当。

4.语速避免过慢或过快

进行作品朗读时，一定要注意使用适中的语速，语速过慢或过快都容易导致丢分。语速过慢，流畅度就会受到影响，容易发生停连不当；语速过快就会引起添字、漏字或吞字等现象。

5.注重语气、语调自然

“作品朗读”项主要考查语音的规范和标准程度，不同于诵读，其并不考察对作品的艺术处理。因此语气、语调不宜过分夸张、渲染，注意朗读时的感情表现和文意的表达要互相匹配，不宜一味地使用“朗读腔”“播音腔”，这样会适得其反，弄巧成拙，失去语言表达的自然效果。

6.注意调整音调、语调，修正方言的语音特征

方言区的人在说普通话时往往会表现出一些方言语音的特征，方言语音特征主要表现在字的音调、句调、词语表达的轻重音格式、语音节奏等方面。如“不好意思”，在贵州方言中这几个字基本上都念饱满的重音调，但是普通话中“不好意思”是有轻重格变化的，前三个字念轻音调，最后一个字念重音调。再如“三年前，在南京我住的地方有一道后门”一句中的“地方”，这两个字在贵州方言中基本上都念饱满的声调，而普通话却把“方”字处理成了轻声，没有声调。在学习过程中，应该注意方言和普通话在音调、语调方面的区别，下足功夫自我修正。

7.注意“儿”字的处理

注意区别“儿”字在作品中属于儿化韵还是“儿”字尾。例如，“孩子们喜欢吃这些零七八碎儿”和“鸟儿将巢安在繁花绿叶当中”，第一句是更为口语化的语境，“儿”与“碎”结合成为儿化韵；后一句是更为庄重的书面化语境，因此“儿”字更适合处理为一个“儿”字尾。此外，还应该注意“儿”化韵有时候会出现在一个词的中间，如“馅儿饼”。方言区的人在使用这个词时，一不注意就会将“儿”放在词尾变成“馅饼儿”。因此一定要注意“儿”字的处理。

第二节 “作品朗读”项训练

普通话考试中，“作品朗读”项是对应试人普通话语音水平的综合考察，其分值占测试总分值的30%，对测试的成绩影响很大，须提前投入精力，认真准备。

范文一

照北京的老规矩，春节差不多在腊月的初旬就开始了。"腊七腊八，冻死寒鸦"，这是一年里最冷的时候。在腊八这天，家家都熬腊八粥。粥是用各种米，各种豆，与各种干果熬成的。这不是粥，而是小型的农业展览会。

除此之外，这一天还要泡腊八蒜。把蒜瓣放进醋里，封起来，为过年吃饺子用。到年底，蒜泡得色如翡翠，醋也有了些辣味，色味双美，使人忍不住要多吃几个饺子。在北京，过年时，家家吃饺子。

孩子们准备过年，第一件大事就是买杂拌儿。这是用花生、胶枣、榛子、栗子等干果与蜜饯掺和成的。孩子们喜欢吃这些零七八碎儿。第二件大事是买爆竹，特别是男孩子们。恐怕第三件事才是买各种玩意儿——风筝、空竹、口琴等。

孩子们欢喜，大人们也忙乱。他们必须预备过年吃的、喝的、穿的、用的，好在新年时显出万象更新的气象。

腊月二十三过小年，差不多就是过春节的"彩排"。天一擦黑儿，鞭炮响起来，便有了过年的味道。这一天，是要吃糖的，街上早有好多卖麦芽糖与江米糖的，糖形或为长方块或为瓜形，又甜又黏，小孩子们最喜欢。

过了二十三，大家更忙。必须大扫除一次，还要把肉、鸡、鱼、青菜、年糕什么的都预备充足——店//铺多数正月初一到初五关门，到正月初六才开张。

节选自老舍《北京的春节》

zhào běi jīng de lǎo guī ju chūn jié chà bù duō zài là yuè de chū xún jiù kāi shǐ le là qī là
照北京的老规矩，春节差不多在腊月的初旬就开始了。"腊七腊
bā dòng sǐ hán yā zhè shì yì nián lǐ zuì lěng de shí hou zài là bā zhè tiān jiā jiā dōu áo là bā
八，冻死寒鸦"，这是一年里最冷的时候。在腊八这天，家家都熬腊八
zhōu zhōu shì yòng gè zhǒng mǐ gè zhǒng dòu yǔ gè zhǒng gān guǒ áo chéng de zhè bú shì zhōu ér shì xiǎo
粥。粥是用各种米，各种豆，与各种干果熬成的。这不是粥，而是小
xíng de nóng yè zhǎn lǎn huì
型的农业展览会。

chú cǐ zhī wài zhè yì tiān hái yào pào là bā suàn bǎ suàn bàn fàng jìn cù lǐ fēng qǐ lái wèi
除此之外，这一天还要泡腊八蒜。把蒜瓣放进醋里，封起来，为
guò nián chī jiǎo zi yòng dào nián dǐ suàn pào de sè rú fěi cuì cù yě yǒu le xiē là wèi sè wèi shuāng
过年吃饺子用。到年底，蒜泡得色如翡翠，醋也有了些辣味，色味双
měi shǐ rén rěn bú zhù yào duō chī jǐ gè jiǎo zi zài běi jīng guò nián shí jiā jiā chī jiǎo zi
美，使人忍不住要多吃几个饺子。在北京，过年时，家家吃饺子。

hái zi men zhǔn bèi guò nián dì yī jiàn dà shì jiù shì mǎi zá bànr zhè shì yòng huā shēng jiāo zǎo
孩子们准备过年，第一件大事就是买杂拌儿。这是用花生、胶枣、
zhēn zi lì zi děng gān guǒ yǔ mì jiàn chān huo chéng de hái zi men xǐ huān chī zhè xiē líng qī bā suìr
榛子、栗子等干果与蜜饯掺和成的。孩子们喜欢吃这些零七八碎儿。
dì èr jiàn dà shì shì mǎi bào zhú tè bié shì nán hái zi men kǒng pà dì sān jiàn shì cái shì mǎi gè zhǒng wán yìr
第二件大事是买爆竹，特别是男孩子们。恐怕第三件事才是买各种玩意

fēng zheng　kōng zhú　kǒu qín děng
儿——风筝、空竹、口琴等。

hái zi men huān xǐ　dà rén men yě máng luàn　tā men bì xū yù bèi guò nián chī de　hē de　chuān
孩子们欢喜，大人们也忙乱。他们必须预备过年吃的、喝的、穿

de　yòng de　hǎo zài xīn nián shí xiǎn chū wànxiàng gēng xīn de qì xiàng
的、用的，好在新年时显出万象更新的气象。

là yuè èr shí sān guò xiǎo nián　chà bù duō jiù shì guò chūn jié de　cǎi pái　tiān yì cā hēir
腊月二十三过小年，差不多就是过春节的“彩排”。天一擦黑儿，

biān pàoxiǎng qǐ lái　biàn yǒu le guò nián de wèi dào　zhè yì tiān　shì yào chī táng de　jiē shàngzǎo yǒu hǎo duō
鞭炮响起来，便有了过年的味道。这一天，是要吃糖的，街上早有好多

mài mài yá táng yǔ jiāng mǐ táng de　tángxíng huò wéi cháng fāng kuài huò wéi guā xíng　yòu tián yòu nián　xiǎo hái zi
卖麦芽糖与江米糖的，糖形或为长方块或为瓜形，又甜又黏，小孩子

men zuì xǐ huān
们最喜欢。

guò le èr shí sān　dà jiā gèng máng　bì xū dà sǎo chú yí cì　hái yào bǎ ròu　jī　yú　qīng
过了二十三，大家更忙。必须大扫除一次，还要把肉、鸡、鱼、青

cài　nián gāo shén me de dōu yù bèi chōng zú　diàn　pù duō shù zhēng yuè chū yī dào chū wǔ guānmén　dào
菜、年糕什么的都预备充足——店//铺多数正月初一到初五关门，到

zhēng yuè chū liù cái kāi zhāng
正月初六才开张。

节选自老舍《北京的春节》

【朗读赏析】

这是老舍的一篇散文，记录了北京过春节的各种准备，全文充满了北京味儿，语言朴实，流畅通达，口语化的表达如同家常聊天，使人倍感亲切自然。在朗读时，应该注意对“儿”化的处理，个别的词汇虽然没有标注出“儿”化韵，但是在朗读时，应该遵从普通话的表达习惯，加上“儿”化韵，如文中的“蒜瓣”“辣味”“长方块”，使朗读变得亲切、活泼、表现力强，亦可体会到语言的平易近人，感受到北京百姓过年的热闹忙活。

范文二

立春过后，大地渐渐从沉睡中苏醒过来。冰雪融化，草木萌发，各种花次第开放。再过两个月，燕子翩然归来。不久，布谷鸟也来了。于是转入炎热的夏季，这是植物孕育果实的时期。到了秋天，果实成熟，植物的叶子渐渐变黄，在秋风中簌簌地落下来。北雁南飞，活跃在田间草际的昆虫也都销声匿迹。到处呈现一片衰草连天的景象，准备迎接风雪载途的寒冬。在地球上温带和亚热带区域里，年年如是，周而复始。

几千年来，劳动人民注意了草木荣枯、候鸟去来等自然现象同气候的关系，据以安排农事。杏花开了，就好像大自然在传语要赶快耕地；桃花开了，又好像在暗示要赶快种谷子。布谷鸟开始唱歌，劳动人民懂得它在唱什么：“阿公阿婆，割麦插禾。”这样看来，花香鸟语，草长莺飞，都是大自然的语言。

这些自然现象，我国古代劳动人民称它为物候。物候知识在我国起源很早。古代流传下来的许多农谚就包含了丰富的物候知识。到了近代，利用物候知识来研究农业生产，已

经发展为一门科学，就是物候学。物候学记录植物的生长荣枯，动物的养育往来，如桃花开、燕子来等自然现象，从而了解随着时节//推移的气候变化和这种变化对动植物的影响。

节选自竺可桢《大自然的语言》

lì chūn guò hòu dà dì jiàn jiàn cóng chén shuì zhōng sū xǐng guò lái bīng xuě róng huà cǎo mù méng fā gè
立春过后，大地渐渐从沉睡中苏醒过来。冰雪融化，草木萌发，各
zhǒng huā cì dì kāi fàng zài guò liǎng gè yuè yàn zi piān rán guī lái bù jiǔ bù gǔ niǎo yě lái le yú
种花次第开放。再过两个月，燕子翩然归来。不久，布谷鸟也来了。于
shì zhuǎn rù yán rè de xià jì zhè shì zhí wù yùn yù guǒ shí de shí qī dào le qiū tiān guǒ shí chéng
是转入炎热的夏季，这是植物孕育果实的时期。到了秋天，果实成
shú zhí wù de yè zi jiàn jiàn biàn huáng zài qiū fēng zhōng sù sù de luò xià lái běi yàn nán fēi huó yuè
熟，植物的叶子渐渐变黄，在秋风中簌簌地落下来。北雁南飞，活跃
zài tián jiān cǎo jì de kūn chóng yě dōu xiāo shēng nì jì dào chù chéng xiàn yí piàn shuāi cǎo lián tiān de jǐng xiàng
在田间草际的昆虫也都销声匿迹。到处呈现一片衰草连天的景象，
zhǔn bèi yíng jiē fēng xuě zài tú de hán dōng zài dì qiú shàng wēn dài hé yà rè dài qū yù lǐ nián nián rú
准备迎接风雪载途的寒冬。在地球上温带和亚热带区域里，年年如
shì zhōu ér fù shǐ
是，周而复始。

jǐ qiān nián lái láo dòng rén mín zhù yì le cǎo mù róng kū hòu niǎo qù lái děng zì rán xiàn xiàng tóng qì
几千年来，劳动人民注意了草木荣枯、候鸟去来等自然现象同气
hòu de guān xi jù yǐ ān pái nóng shì xìng huā kāi le jiù hǎo xiàng dà zì rán zài chuán yǔ yào gǎn kuài gēng
候的关系，据以安排农事。杏花开了，就好像大自然在传语要赶快耕
dì táo huā kāi le yòu hǎo xiàng zài àn shì yào gǎn kuài zhòng gǔ zi bù gǔ niǎo kāi shǐ chàng gē láo dòng rén
地；桃花开了，又好像在暗示要赶快种谷子。布谷鸟开始唱歌，劳动人
mín dǒng dé tā zài chàng shén me ā gōng ā pó gē mài chā hé zhè yàng kàn lái huā xiāng niǎo yǔ
民懂得它在唱什么："阿公阿婆，割麦插禾。"这样看来，花香鸟语，
cǎo zhǎng yīng fēi dōu shì dà zì rán de yǔ yán
草长莺飞，都是大自然的语言。

zhè xiē zì rán xiàn xiàng wǒ guó gǔ dài láo dòng rén mín chēng tā wéi wù hòu wù hòu zhī shi zài wǒ guó
这些自然现象，我国古代劳动人民称它为物候。物候知识在我国
qǐ yuán hěn zǎo gǔ dài liú chuán xià lái de xǔ duō nóng yàn jiù bāo hán le fēng fù de wù hòu zhī shi dào le jìn
起源很早。古代流传下来的许多农谚就包含了丰富的物候知识。到了近
dài lì yòng wù hòu zhī shi lái yán jiū nóng yè shēng chǎn yǐ jīng fā zhǎn wéi yì mén kē xué jiù shì wù hòu
代，利用物候知识来研究农业生产，已经发展为一门科学，就是物候
xué wù hòu xué jì lù zhí wù de shēng zhǎng róng kū dòng wù de yǎng yù wǎng lái rú táo huā kāi yàn zi
学。物候学记录植物的生长荣枯，动物的养育往来，如桃花开、燕子
lái děng zì rán xiàn xiàng cóng ér liǎo jiě suí zhe shí jié tuī yí de qì hòu biàn huà hé zhè zhǒng biàn huà duì dòng
来等自然现象，从而了解随着时节//推移的气候变化和这种变化对动
zhí wù de yǐng xiǎng
植物的影响。

节选自竺可桢《大自然的语言》

【朗读赏析】

这是一篇科技小品文，竺可桢先生的文章记述了大自然的现象与自然气候的关系。尽管这篇作品属于科普作品，但是行文语言生动优美，引人入胜。朗读时，应该深入认识文章的主题，把握节奏感较强的四字词语，如"北雁南飞""销声匿迹""衰草连天""风雪

载途”“周而复始”“草长莺飞”等，体会这篇文章科普性和文学性的统一。

范文三

钱塘江大潮，自古以来被称为天下奇观。

农历八月十八是一年一度的观潮日。这一天早上，我们来到了海宁市的盐官镇，据说这里是观潮最好的地方。我们随着观潮的人群，登上了海塘大堤。宽阔的钱塘江横卧在眼前。江面很平静，越往东越宽，在雨后的阳光下，笼罩着一层蒙蒙的薄雾。镇海古塔、中山亭和观潮台屹立在江边。远处，几座小山在云雾中若隐若现。江潮还没有来，海塘大堤上早已人山人海。大家昂首东望，等着盼着。

午后一点左右，从远处传来隆隆的响声，好像闷雷滚动。顿时人声鼎沸，有人告诉我们，潮来了！我们踮着脚往东望去，江面还是风平浪静，看不出有什么变化。过了一会儿，响声越来越大，只见东边水天相接的地方出现了一条白线，人群又沸腾起来。

那条白线很快地向我们移来，逐渐拉长，变粗，横贯江面。再近些，只见白浪翻滚，形成一堵两丈多高的水墙。浪潮越来越近，犹如千万匹白色战马齐头并进，浩浩荡荡地飞奔而来；那声音如同山崩地裂，好像大地都被震得颤动起来。

霎时，潮头奔腾西去，可是余波还在漫天卷地般涌来，江面上依旧风号浪吼。过了好久，钱塘江才恢复了//平静。看看堤下，江水已经涨了两丈来高了。

节选自赵宗成、朱明元《观潮》

qiántáng jiāng dà cháo zì gǔ yǐ lái bèi chēng wéi tiān xià qí guān
钱塘江大潮，自古以来被称为天下奇观。

nóng lì bā yuè shí bā shì yì nián yí dù de guān cháo rì zhè yì tiān zǎo shàng wǒ men lái dào le hǎi níng
农历八月十八是一年一度的观潮日。这一天早上，我们来到了海宁
shì de yán guān zhèn jù shuō zhè lǐ shì guān cháo zuì hǎo de dì fang wǒ men suí zhe guān cháo de rén qún dēng
市的盐官镇，据说这里是观潮最好的地方。我们随着观潮的人群，登
shàng le hǎi táng dà dī kuān kuò de qián táng jiāng héng wò zài yǎn qián jiāng miàn hěn píng jìng yuè wǎng dōng yuè
上了海塘大堤。宽阔的钱塘江横卧在眼前。江面很平静，越往东越
kuān zài yǔ hòu de yáng guāng xià lǒng zhào zhe yì céng méng méng de bó wù zhèn hǎi gǔ tǎ zhōng shān tíng hé
宽，在雨后的阳光下，笼罩着一层蒙蒙的薄雾。镇海古塔、中山亭和
guān cháo tái yì lì zài jiāng biān yuǎn chù jǐ zuò xiǎo shān zài yún wù zhōng ruò yǐn ruò xiàn jiāng cháo hái méi yǒu
观潮台屹立在江边。远处，几座小山在云雾中若隐若现。江潮还没有
lái hǎi táng dà dī shàng zǎo yǐ rén shān rén hǎi dà jiā áng shǒu dōng wàng děng zhe pàn zhe
来，海塘大堤上早已人山人海。大家昂首东望，等着盼着。

wǔ hòu yī diǎn zuǒ yòu cóng yuǎn chù chuán lái lóng lóng de xiǎng shēng hǎo xiàng mēn léi gǔn dòng dùn shí rén
午后一点左右，从远处传来隆隆的响声，好像闷雷滚动。顿时人
shēng dǐng fèi yǒu rén gào su wǒ men cháo lái le wǒ men diǎn zhe jiǎo wǎng dōng wàng qù jiāng miàn hái shì
声鼎沸，有人告诉我们，潮来了！我们踮着脚往东望去，江面还是
fēng píng làng jìng kàn bù chū yǒu shén me biàn huà guò le yí huìr xiǎng shēng yuè lái yuè dà zhǐ jiàn
风平浪静，看不出有什么变化。过了一会儿，响声越来越大，只见
dōng biān shuǐ tiān xiāng jiē de dì fang chū xiàn le yì tiáo bái xiàn rén qún yòu fèi téng qǐ lái
东边水天相接的地方出现了一条白线，人群又沸腾起来。

nà tiáo bái xiàn hěn kuài de xiàng wǒ men yí lái　zhú jiàn lā cháng　biàn cū　héng guàn jiāng miàn　zài jìn
那条白线很快地向我们移来，逐渐拉长，变粗，横贯江面。再近
xiē　zhǐ jiàn bái làng fān gǔn　xíng chéng yì dǔ liǎng zhàng duō gāo de shuǐ qiáng　làng cháo yuè lái yuè jìn　yóu rú
些，只见白浪翻滚，形成一堵两丈多高的水墙。浪潮越来越近，犹如
qiān wàn pǐ bái sè zhàn mǎ qí tóu bìng jìn　hào hào dàng dàng de fēi bēn ér lái　nà shēng yīn rú tóng shān bēng dì
千万匹白色战马齐头并进，浩浩荡荡地飞奔而来；那声音如同山崩地
liè　hǎo xiàng dà dì dōu bèi zhèn de chàn dòng qǐ lái
裂，好像大地都被震得颤动起来。

shà shí　cháo tóu bēn téng xī qù　kě shì yú bō hái zài màn tiān juǎn dì bān yǒng lái　jiāng miàn shàng yī
霎时，潮头奔腾西去，可是余波还在漫天卷地般涌来，江面上依
jiù fēng háo làng hǒu　guò le hǎo jiǔ　qián táng jiāng cái huī fù le　píng jìng　kàn kàn dī xià　jiāng shuǐ yǐ
旧风号浪吼。过了好久，钱塘江才恢复了//平静。看看堤下，江水已
jīng zhǎng le liǎng zhàng lái gāo le
经涨了两丈来高了。

节选自赵宗成、朱明元《观潮》

【朗读赏析】

这是一篇记叙文，记载了一次观潮的经历，文中在记叙人潮和浪潮时妙语连珠，在描述钱塘江的浪潮出现时，语言生动贴切，使读者仿佛身临其境，经历其中。文章的后半部分，当朗读描写浪潮涌现的片段时，应该根据句意，选准断句点，不能任意割裂语句。如“浪潮/越来越近，犹如千万匹白色战马/齐头并进，浩浩荡荡地飞奔而来”，关注主语和谓语之间的间隔性停顿，不可胡乱断句。

范文四

在我国历史地理中，有三大都城密集区，它们是：关中盆地、洛阳盆地、北京小平原。其中每一个地区都曾诞生过四个以上大型王朝的都城。而关中盆地、洛阳盆地是前朝历史的两个都城密集区，正是它们构成了早期文明核心地带中最重要的内容。

为什么这个地带会成为华夏文明最先进的地区？这主要是由两个方面的条件促成的，一个是自然环境方面的，一个是人文环境方面的。

在自然环境方面，这里是我国温带季风气候带的南部，降雨、气温、土壤等条件都可以满足旱作农业的需求。中国北方的古代农作物，主要是一年生的粟和黍。黄河中下游的自然环境为粟黍作物的种植和高产提供了得天独厚的条件。农业生产的发达，会促进整个社会经济的发展，从而推动社会的进步。

在人文环境方面，这里是南北方、东西方大交流的轴心地区。在最早的六大新石器文化分布形势图中可以看到，中原处于这些文化分布的中央地带。无论是考古发现还是历史传说，都有南北文化长距离交流、东西方文化相互碰撞的证据。中原地区在空间上恰恰位居中心，成为信息最发达、眼界最宽广、活动最//繁忙、竞争最激烈的地方。正是这些活动，推动了各项人文事务的发展，文明的方方面面就是在处理各类事务的过程中被开创出来的。

节选自唐晓峰《华夏文明的发展与融合》

zài wǒ guó lì shǐ dì lǐ zhōng　yǒu sān dà dū chéng mì jí qū　tā men shì　guān zhōng pén dì　luò
在我国历史地理中，有三大都城密集区，它们是：关中盆地、洛
yáng pén dì　běi jīng xiǎo píng yuán　qí zhōng měi yí gè dì qū dōu céng dàn shēng guò sì gè yǐ shàng dà xíng wáng
阳盆地、北京小平原。其中每一个地区都曾诞生过四个以上大型王
cháo de dū chéng　ér guān zhōng pén dì　luò yáng pén dì shì qián cháo lì shǐ de liǎng gè dū chéng mì jí qū　zhèng
朝的都城。而关中盆地、洛阳盆地是前朝历史的两个都城密集区，正
shì tā men gòu chéng le zǎo qī wén míng hé xīn dì dài zhōng zuì zhòng yào de nèi róng
是它们构成了早期文明核心地带中最重要的内容。

wèi shén me zhè ge dì dài huì chéng wéi huá xià wén míng zuì xiān jìn de dì qū　zhè zhǔ yào shì yóu liǎng gè fāng
为什么这个地带会成为华夏文明最先进的地区？这主要是由两个方
miàn de tiáo jiàn cù chéng de　yí gè shì zì rán huán jìng fāng miàn de　yí gè shì rén wén huán jìng fāng miàn de
面的条件促成的，一个是自然环境方面的，一个是人文环境方面的。

zài zì rán huán jìng fāng miàn　zhè lǐ shì wǒ guó wēn dài jì fēng qì hòu dài de nán bù　jiàng yǔ　qì
在自然环境方面，这里是我国温带季风气候带的南部，降雨、气
wēn　tǔ rǎng děng tiáo jiàn dōu kě yǐ mǎn zú zǎo zuò nóng yè de xū qiú　zhōng guó běi fāng de gǔ dài nóng zuò
温、土壤等条件都可以满足早作农业的需求。中国北方的古代农作
wù　zhǔ yào shì yì nián shēng de sù hé shǔ　huáng hé zhōng xià yóu de zì rán huán jìng wèi sù shǔ zuò wù de zhǒng
物，主要是一年生的粟和黍。黄河中下游的自然环境为粟黍作物的种
zhí hé gāo chǎn tí gōng le dé tiān dú hòu de tiáo jiàn　nóng yè shēng chǎn de fā dá　huì cù jìn zhěng gè shè huì
植和高产提供了得天独厚的条件。农业生产的发达，会促进整个社会
jīng jì de fā zhǎn　cóng ér tuī dòng shè huì de jìn bù
经济的发展，从而推动社会的进步。

zài rén wén huán jìng fāng miàn　zhè lǐ shì nán běi fāng　dōng xī fāng dà jiāo liú de zhóu xīn dì qū　zài
在人文环境方面，这里是南北方、东西方大交流的轴心地区。在
zuì zǎo de liù dà xīn shí qì wén huà fēn bù xíng shì tú zhōng kě yǐ kàn dào　zhōng yuán chǔ yú zhè xiē wén huà fēn
最早的六大新石器文化分布形势图中可以看到，中原处于这些文化分
bù de zhōng yāng dì dài　wú lùn shì kǎo gǔ fā xiàn hái shi lì shǐ chuán shuō　dōu yǒu nán běi wén huà cháng jù lí
布的中央地带。无论是考古发现还是历史传说，都有南北文化长距离
jiāo liú　dōng xī wén huà xiāng hù pèng zhuàng de zhèng jù　zhōng yuán dì qū zài kōng jiān shàng qià qià wèi jū zhōng
交流、东西文化相互碰撞的证据。中原地区在空间上恰恰位居中
xīn　chéng wéi xìn xī zuì fā dá　yǎn jiè zuì kuān guǎng　huó dòng zuì fán máng　jìng zhēng zuì jī liè de dì
心，成为信息最发达、眼界最宽广、活动最//繁忙、竞争最激烈的地
fang　zhèng shì zhè xiē huó dòng　tuī dòng le gè xiàng rén wén shì wù de fā zhǎn　wén míng de fāng fāng miàn miàn jiù
方。正是这些活动，推动了各项人文事务的发展，文明的方方面面就
shì zài chǔ lǐ gè lèi shì wù de guò chéng zhōng bèi kāi chuàng chū lái de
是在处理各类事务的过程中被开创出来的。

节选自唐晓峰《华夏文明的发展与融合》

【朗读赏析】

这是一篇由中国当代著名的历史地理学家撰写的一篇议论文。本文阐述了为什么关中盆地和洛阳盆地是前朝历史中的都城密集区，它们构成了早期文明核心地带中最重要的内容。文章从自然环境和人文环境两个方面给出答案，行文逻辑清晰，结构严谨。文章是对客观的事实进行分析，在进行朗读时，应该注意这类文章的客观性，语气、语调应该保持平静朴实。同时，应该注意文章的逻辑停顿，如“而关中盆地、洛阳盆地/是前朝历史的两个都城密集区，正是它们/构成了早期文明核心地带中/最重要的内容”。

范文五

于很多中国人而言，火车就是故乡。在中国人的心中，故乡的地位尤为重要，老家的意义非同寻常，所以，即便是坐过无数次火车，但印象最深刻的，或许还是返乡那一趟车。那一列列返乡的火车所停靠的站台边，熙攘的人流中，匆忙的脚步里，张望的目光下，涌动着的都是思乡的情绪。每一次看见返乡那趟火车，总觉得是那样可爱与亲切，仿佛看见了千里之外的故乡。上火车后，车启动的一刹那，在车轮与铁轨碰撞的“况且”声中，思乡的情绪便陡然在车厢里弥漫开来。你知道，它将驶向的，是你最熟悉也最温暖的故乡。再过几个或者十几个小时，你就会回到故乡的怀抱。这般感受，相信在很多人的身上都曾发生过。尤其在春节、中秋等传统节日到来之际，亲人团聚的时刻，更为强烈。

火车是故乡，火车也是远方。速度的提升，铁路的延伸，让人们通过火车实现了向远方自由流动的梦想。今天的中国老百姓，坐着火车，可以去往九百六十多万平方公里土地上的天南地北，来到祖国东部的平原，到达祖国南方的海边，走进祖国西部的沙漠，踏上祖国北方的草原，去观三山五岳，去看大江大河……

火车与空//间有着密切的联系，与时间的关系也让人觉得颇有意思。那长长的车厢，仿佛一头连着中国的过去，一头连着中国的未来。

节选自舒翼《记忆像铁轨一样长》

yú hěn duō zhōng guó rén ér yán huǒ chē jiù shì gù xiāng zài zhōng guó rén de xīn zhōng gù xiāng de dì wèi
于很多中国人而言，火车就是故乡。在中国人的心中，故乡的地位

yóu wéi zhòng yào lǎo jiā de yì yì fēi tóng xún cháng suǒ yǐ jí biàn shì zuò guò wú shù cì huǒ chē dàn
尤为重要，老家的意义非同寻常，所以，即便是坐过无数次火车，但

yìn xiàng zuì shēn kè de huò xǔ hái shì fǎn xiāng nà yí tàng chē nà yí liè liè fǎn xiāng de huǒ chē suǒ tíng kào de
印象最深刻的，或许还是返乡那一趟车。那一列列返乡的火车所停靠的

zhàn tái biān xī rǎng de rén liú zhōng cōng máng de jiǎo bù lǐ zhāng wàng de mù guāng xià yǒng dòng zhe de dōu
站台边，熙攘的人流中，匆忙的脚步里，张望的目光下，涌动着的都

shì sī xiāng de qíng xù měi yí cì kàn jiàn fǎn xiāng nà tàng huǒ chē zǒng jué de shì nà yàng kě ài yǔ qīn qiè
是思乡的情绪。每一次看见返乡那趟火车，总觉得是那样可爱与亲切，

fǎng fú kàn jiàn le qiān lǐ zhī wài de gù xiāng shàng huǒ chē hòu chē qǐ dòng de yí chà nà zài chē lún yǔ
仿佛看见了千里之外的故乡。上火车后，车启动的一刹那，在车轮与

tiě guǐ pèng zhuàng de kuàng qiě shēng zhōng sī xiāng de qíng xù biàn dǒu rán zài chē xiāng lǐ mí màn kāi lái nǐ
铁轨碰撞的“况且”声中，思乡的情绪便陡然在车厢里弥漫开来。你

zhī dào tā jiāng shǐ xiàng de shì nǐ zuì shú xī yě zuì wēn nuǎn de gù xiāng zài guò jǐ gè huò zhě shí jǐ gè
知道，它将驶向的，是你最熟悉也最温暖的故乡。再过几个或者十几个

xiǎo shí nǐ jiù huì huí dào gù xiāng de huái bào zhè bān gǎn shòu xiāng xìn zài hěn duō rén de shēn shàng dōu céng
小时，你就会回到故乡的怀抱。这般感受，相信在很多人的身上都曾

fā shēng guò yóu qí zài chūn jié zhōng qiū děng chuán tǒng jié rì dào lái zhī jì qīn rén tuán jù de shí kè
发生过。尤其在春节、中秋等传统节日到来之际，亲人团聚的时刻，

gèng wéi qiáng liè
更为强烈。

huǒ chē shì gù xiāng huǒ chē yě shì yuǎn fāng sù dù de tí shēng tiě lù de yán shēn ràng rén men tōng
火车是故乡，火车也是远方。速度的提升，铁路的延伸，让人们通

guò huǒ chē shí xiàn le xiàng yuǎn fāng zì yóu liú dòng de mèng xiǎng jīn tiān de zhōng guó lǎo bǎi xìng zuò zhe huǒ
过火车实现了向远方自由流动的梦想。今天的中国老百姓，坐着火
chē kě yǐ qù wǎng jiǔ bǎi liù shí duō wàn píng fāng gōng lǐ tǔ dì shàng de tiān nán dì běi lái dào zǔ guó dōng
车，可以去往九百六十多万平方公里土地上的天南地北，来到祖国东
bù de píngyuán dào dá zǔ guó nán fāng de hǎi biān zǒu jìn zǔ guó xī bù de shā mò tà shàng zǔ guó běi fāng
部的平原，到达祖国南方的海边，走进祖国西部的沙漠，踏上祖国北方
de cǎo yuán qù guān sān shān wǔ yuè qù kàn dà jiāng dà hé
的草原，去观三山五岳，去看大江大河……

huǒ chē yǔ kōng jiān yǒu zhe mì qiè de lián xì yǔ shí jiān de guān xì yě ràng rén jué de pō yǒu yì
火车与空//间有着密切的联系，与时间的关系也让人觉得颇有意
si nà cháng cháng de chē xiāng fǎng fú yì tóu lián zhe zhōng guó de guò qù yì tóu lián zhe zhōng guó de wèi
思。那长长的车厢，仿佛一头连着中国的过去，一头连着中国的未
lái
来。

节选自舒翼《记忆像铁轨一样长》

【朗读赏析】

这是一篇刊登在《人民日报》上的散文，本文节选其中的一部分，主要写的是火车的今昔对于中国人的不同意义。过去火车对于中国人来说是故乡，因为那时的火车速度慢，火车传递给中国人的情感等同于故乡，是归程；如今的火车对于中国人来说是远方，因为火车速度的提升和铁路的延展，让中国人实现了向远方自由流动的梦想。文章情感真挚，通过火车速度的变化联系到中国人由于火车速度的变化而得到的不同体验，让读者感受到火车承载的不仅仅是距离的远近和时间的长短，而是凌驾在距离和时间之上的人的情绪和梦想。

朗读作品时，应该抓住文中使用的几个递进、排比句，如“熙攘的人流中，匆忙的脚步里，张望的目光下，涌动着的都是思乡的情绪”，又如“坐着火车，可以去往……，来到……，到达……，走进……，踏上……，去观……，去看……”等，对这样的句子，朗读时要注意节奏递进、停顿断句的地方，做到有把握地展示作品的主要内容和编排意图，体会火车今昔之变和承载意义之别。

范文六

在浩瀚无垠的沙漠里，有一片美丽的绿洲，绿洲里藏着一颗闪光的珍珠。这颗珍珠就是敦煌莫高窟。它坐落在我国甘肃省敦煌市三危山和鸣沙山的怀抱中。

鸣沙山东麓是平均高度为十七米的崖壁。在一千六百多米长的崖壁上，凿有大小洞窟七百余个，形成了规模宏伟的石窟群。其中四百九十二个洞窟中，共有彩色塑像两千一百余尊，各种壁画共四万五千多平方米。莫高窟是我国古代无数艺术匠师留给人类的珍贵文化遗产。

莫高窟的彩塑，每一尊都是一件精美的艺术品。最大的有九层楼那么高，最小的还不如一个手掌大。这些彩塑个性鲜明，神态各异。有慈眉善目的菩萨，有威风凛凛的天王，还有强壮勇猛的力士……

莫高窟壁画的内容丰富多彩，有的是描绘古代劳动人民打猎、捕鱼、耕田、收割的情景，有的是描绘人们奏乐、舞蹈、演杂技的场面，还有的是描绘大自然的美丽风光。其中最引人注目的是飞天。壁画上的飞天，有的臂挎花篮，采摘鲜花；有的反弹琵琶，轻拨银弦；有的倒悬身子，自天而降；有的彩带飘拂，漫天遨游；有的舒展着双臂，翩翩起舞。看着这些精美动人的壁画，就像走进了//灿烂辉煌的艺术殿堂。

莫高窟里还有一个面积不大的洞窟——藏经洞。洞里曾藏有我国古代的各种经卷、文书、帛画、刺绣、铜像等共六万多件。由于清朝政府腐败无能，大量珍贵的文物被外国强盗掠走。仅存的部分经卷，现在陈列于北京故宫等处。

莫高窟是举世闻名的艺术宝库。这里的每一尊彩塑、每一幅壁画、每一件文物，都是中国古代人民智慧的结晶。

节选自《莫高窟》

zài hào hàn wú yín de shā mò lǐ yǒu yí piàn měi lì de lǜ zhōu lǜ zhōu lǐ cáng zhe yì kē shǎn guāng
在浩瀚无垠的沙漠里，有一片美丽的绿洲，绿洲里藏着一颗闪光
de zhēn zhū zhè kē zhēn zhū jiù shì dūnhuáng mò gāo kū tā zuò luò zài wǒ guó gān sù shěng dūnhuáng shì sān wēi
的珍珠。这颗珍珠就是敦煌莫高窟。它坐落在我国甘肃省敦煌市三危
shān hé míng shā shān de huái bào zhōng
山和鸣沙山的怀抱中。

míng shā shān dōng lù shì píng jūn gāo dù wéi shí qī mǐ de yá bì zài yì qiān liù bǎi duō mǐ cháng de yá
鸣沙山东麓是平均高度为十七米的崖壁。在一千六百多米长的崖
bì shàng záo yǒu dà xiǎo dòng kū qī bǎi yú gè xíng chéng le guī mó hóng wěi de shí kū qún qí zhōng sì bǎi
壁上，凿有大小洞窟七百余个，形成了规模宏伟的石窟群。其中四百
jiǔ shí èr gè dòng kū zhōng gòng yǒu cǎi sè sù xiàng liǎng qiān yì bǎi yú zūn gè zhǒng bì huà gòng sì wàn wǔ qiān
九十二个洞窟中，共有彩色塑像两千一百余尊，各种壁画共四万五千
duō píng fāng mǐ mò gāo kū shì wǒ guó gǔ dài wú shù yì shù jiàng shī liú gěi rén lèi de zhēn guì wén huà yí chǎn
多平方米。莫高窟是我国古代无数艺术匠师留给人类的珍贵文化遗产。

mò gāo kū de cǎi sù měi yì zūn dōu shì yí jiàn jīng měi de yì shù pǐn zuì dà de yǒu jiǔ céng lóu nà
莫高窟的彩塑，每一尊都是一件精美的艺术品。最大的有九层楼那
me gāo zuì xiǎo de hái bù rú yí gè shǒu zhǎng dà zhè xiē cǎi sù gè xìng xiān míng shén tài gè yì yǒu
么高，最小的还不如一个手掌大。这些彩塑个性鲜明，神态各异。有
cí méi shàn mù de pú sà yǒu wēi fēng lǐn lǐn de tiānwáng hái yǒu qiáng zhuàng yǒng měng de lì shì
慈眉善目的菩萨，有威风凛凛的天王，还有强壮勇猛的力士……

mò gāo kū bì huà de nèi róng fēng fù duō cǎi yǒu de shì miáo huì gǔ dài láo dòng rén mín dǎ liè bǔ
莫高窟壁画的内容丰富多彩，有的是描绘古代劳动人民打猎、捕
yú gēng tián shōu gē de qíng jǐng yǒu de shì miáo huì rén men zòu yuè wǔ dǎo yǎn zá jì de chǎng
鱼、耕田、收割的情景，有的是描绘人们奏乐、舞蹈、演杂技的场
miàn hái yǒu de shì miáo huì dà zì rán de měi lì fēng guāng qí zhōng zuì yǐn rén zhù mù de shì fēi tiān bì
面，还有的是描绘大自然的美丽风光。其中最引人注目的是飞天。壁
huà shàng de fēi tiān yǒu de bì kuà huā lán cǎi zhāi xiān huā yǒu de fǎn tán pí pá qīng bō yín xián yǒu
画上的飞天，有的臂挎花篮，采摘鲜花；有的反弹琵琶，轻拨银弦；有
de dào xuán shēn zi zì tiān ér jiàng yǒu de cǎi dài piāo fú màn tiān áo yóu yǒu de shū zhǎn zhe shuāng bì piān
的倒悬身子，自天而降；有的彩带飘拂，漫天遨游；有的舒展着双臂，翩
piān qǐ wǔ kàn zhe zhè xiē jīng měi dòng rén de bì huà jiù xiàng zǒu jìn le càn làn huī huáng de yì shù diàn táng
翩起舞。看着这些精美动人的壁画，就像走进了//灿烂辉煌的艺术殿堂。

mò gāo kū lǐ hái yǒu yí gè miàn jī bú dà de dòng kū cáng jīng dòng dòng lǐ céng cáng yǒu wǒ guó gǔ
莫高窟里还有一个面积不大的洞窟——藏经洞。洞里曾藏有我国古

dài de gè zhǒng jīng juàn wén shū bó huà cì xiù tóng xiàng děng gòng liù wàn duō jiàn yóu yú qīng cháo
代的各种经卷、文书、帛画、刺绣、铜像等共六万多件。由于清朝
zhèng fǔ fǔ bài wú néng dà liàng zhēn guì de wén wù bèi wài guó qiáng dào lüè zǒu jǐn cún de bù fen jīng juàn
政府腐败无能，大量珍贵的文物被外国强盗掠走。仅存的部分经卷，
xiàn zài chén liè yú běi jīng gù gōng děng chù
现在陈列于北京故宫等处。

mò gāo kū shì jǔ shì wén míng de yì shù bǎo kù zhè lǐ de měi yì zūn cǎi sù měi yì fú bì huà
莫高窟是举世闻名的艺术宝库。这里的每一尊彩塑、每一幅壁画、
měi yí jiàn wén wù dōu shì zhōng guó gǔ dài rén mín zhì huì de jié jīng
每一件文物，都是中国古代人民智慧的结晶。

节选自《莫高窟》

【朗读赏析】

这是一篇写景的记叙文，介绍了我国西北边陲敦煌莫高窟所处的地理位置和内部环境，重点介绍了莫高窟里的彩塑、壁画和藏经洞，让读者对莫高窟有一个完整而又清晰的印象。关于彩塑和壁画的部分，重点介绍了它们的外形和内在特征。

应该注意排比句的朗读方式，本文一共出现了三组不同的排比句。彩塑部分用了一组排比句“有慈眉善目的菩萨，有威风凛凛的天王，还有强壮勇猛的力士”来展示彩塑的个性鲜明和神态各异，朗读时，注意其中几个成语的轻重节奏，读出排比内容的多样性。介绍壁画内容的丰富多彩时同样采用三组句子进行排比，应该注意的是这几个排比句子的节奏与断句，因为这几个排比句里面包含了较多的修饰内容，“有的是描绘古代劳动人民打猎、捕鱼、耕田、收割的情景，有的是描绘人们/奏乐、舞蹈、演杂技的场面，还有的/是描绘大自然的美丽风光”。这里的排比句与下文的一组排比句的读法和停顿位置不同，“壁画上的飞天，有的/臂挎花篮，采摘鲜花；有的/反弹琵琶，轻拨银弦；有的/倒悬身子，自天而降；有的/彩带飘拂，漫天遨游；有的/舒展着双臂，翩翩起舞”。

范文七

在闽西南和粤东北的崇山峻岭中，点缀着数以千计的圆形围屋或土楼，这就是被誉为“世界民居奇葩”的客家民居。

客家人是古代从中原繁盛的地区迁到南方的。他们的居住地大多在偏僻、边远的山区，为了防备盗匪的骚扰和当地人的排挤，便建造了营垒式住宅，在土中掺石灰，用糯米饭、鸡蛋清作黏合剂，以竹片、木条作筋骨，夯筑起墙厚一米，高十五米以上的土楼。它们大多为三至六层楼，一百至二百多间房屋如橘瓣状排列，布局均匀，宏伟壮观。大部分土楼有两三百年甚至五六百年的历史，经受无数次地震撼动、风雨侵蚀以及炮火攻击而安然无恙，显示了传统建筑文化的魅力。

客家先民崇尚圆形，认为圆是吉祥、幸福和安宁的象征。土楼围成圆形的房屋均按八卦布局排列，卦与卦之间设有防火墙，整齐划一。

客家人在治家、待人、立身等方面，无不体现出明显的文化特征。比如，许多房屋大门上刻着这样的正楷对联：“承前祖德勤和俭，启后子孙读与耕”，表现了先辈希望子孙和

睦相处、勤俭持家的愿望。楼内房间大小一模一样，他们不分贫富、贵贱，每户人家平等地分到底层至高层各//一间房。各层房屋的用途惊人地统一，底层是厨房兼饭堂，二层当贮仓，三层以上作卧室，两三百人聚居一楼，秩序井然，毫不混乱。土楼内所保留的民俗文化，让人感受到中华传统文化的深厚久远。

节选自张宇生《世界民居奇葩》

zài mǐn xī nán hé yuè dōng běi de chóng shān jùn lǐng zhōng diǎn zhuì zhe shù yǐ qiān jì de yuánxíng wéi wū huò
在闽西南和粤东北的崇山峻岭中，点缀着数以千计的圆形围屋或
tǔ lóu zhè jiù shì bèi yù wéi shì jiè mín jū qí pā de kè jiā mín jū
土楼，这就是被誉为“世界民居奇葩”的客家民居。

kè jiā rén shì gǔ dài cóng zhōng yuán fán shèng de dì qū qiān dào nán fāng de tā men de jū zhù dì dà duō
客家人是古代从中原繁盛的地区迁到南方的。他们的居住地大多
zài piān pì biān yuǎn de shān qū wèi le fáng bèi dào fěi de sāo rǎo hé dāng dì rén de pái jǐ biàn jiàn zào
在偏僻、边远的山区，为了防备盗匪的骚扰和当地人的排挤，便建造
le yíng lěi shì zhù zhái zài tǔ zhōng chān shí huī yòng nuò mǐ fàn jī dàn qīng zuò nián hé jì yǐ zhú
了营垒式住宅，在土中掺石灰，用糯米饭、鸡蛋清作黏合剂，以竹
piàn mù tiáo zuò jīn gǔ hāng zhù qǐ qiánghòu yì mǐ gāo shí wǔ mǐ yǐ shàng de tǔ lóu tā men dà duō wéi
片、木条作筋骨，夯筑起墙厚一米，高十五米以上的土楼。它们大多为
sān zhì liù céng lóu yì bǎi zhì èr bǎi duō jiān fáng wū rú jú bàn zhuàng pái liè bù jú jūn yún hóng wěi
三至六层楼，一百至二百多间房屋如橘瓣状排列，布局均匀，宏伟
zhuàng guān dà bù fen tǔ lóu yǒu liǎng sān bǎi nián shèn zhì wǔ liù bǎi nián de lì shǐ jīng shòu wú shù cì dì zhèn
壮观。大部分土楼有两三百年甚至五六百年的历史，经受无数次地震
hàn dòng fēng yǔ qīn shí yǐ jí pào huǒ gōng jī ér ān rán wú yàng xiǎn shì le chuán tǒng jiàn zhù wén huà de mèi lì
撼动、风雨侵蚀以及炮火攻击而安然无恙，显示了传统建筑文化的魅力。

kè jiā xiān mín chóng shàng yuánxíng rèn wéi yuán shì jí xiáng xìng fú hé ān níng de xiàng zhēng tǔ lóu wéi
客家先民崇尚圆形，认为圆是吉祥、幸福和安宁的象征。土楼围
chéng yuán xíng de fáng wū jūn àn bā guà bù jú pái liè guà yǔ guà zhī jiān shè yǒu fáng huǒ qiáng zhěng qí huà yī
成圆形的房屋均按八卦布局排列，卦与卦之间设有防火墙，整齐划一。

kè jiā rén zài zhì jiā chǔ shì dài rén lì shēn děng fāng miàn wú bù tǐ xiàn chū míngxiǎn de wén
客家人在治家、处事、待人、立身等方面，无不体现出明显的文
huà tè zhēng bǐ rú xǔ duō fáng wū dà mén shàng kè zhe zhè yàng de zhèngkǎi duì lián chéng qián zǔ dé qín hé
化特征。比如，许多房屋大门上刻着这样的正楷对联：“承前祖德勤和
jiǎn qǐ hòu zǐ sūn dú yǔ gēng biǎo xiàn le xiān bèi xī wàng zǐ sūn hé mù xiāngchǔ qín jiǎn chí jiā de
俭，启后子孙读与耕”，表现了先辈希望子孙和睦相处、勤俭持家的
yuàn wàng lóu nèi fáng jiān dà xiǎo yì mú yí yàng tā men bù fēn pín fù guì jiàn měi hù rén jiā píng děng
愿望。楼内房间大小一模一样，他们不分贫富、贵贱，每户人家平等
de fēn dào dǐ céng zhì gāo céng gè yì jiān fáng gè céng fáng wū de yòng tú jīng rén de tǒng yī dǐ céng shì chú
地分到底层至高层各//一间房。各层房屋的用途惊人地统一，底层是厨
fáng jiān fàn táng èr céng dāng zhù cāng sān céng yǐ shàng zuò wò shì liǎng sān bǎi rén jù jū yì lóu zhì xù
房兼饭堂，二层当贮仓，三层以上作卧室，两三百人聚居一楼，秩序
jǐng rán háo bù hùn luàn tǔ lóu nèi suǒ bǎo liú de mín sú wén huà ràng rén gǎn shòu dào zhōng huá chuán tǒng
井然，毫不混乱。土楼内所保留的民俗文化，让人感受到中华传统
wén huà de shēn hòu jiǔ yuǎn
文化的深厚久远。

节选自张宇生《世界民居奇葩》

【朗读赏析】

这是一篇说明文，向读者介绍了“围屋”（或者土楼）这种特别的居民建筑，以及围

屋的建造者“客家人”建造围屋的客观原因以及主观认识。文章内容简练有序，说明性强，逻辑清晰。在说明客家民居“围屋（土楼）”坐落的地点之后，紧接着介绍了建造成圆形围屋的客观原因，以及建造的方法，并说明了围屋的基本结构和功用。之后，介绍客家人的思想观念，以及圆形围屋建造的内在文化意义。

朗读这篇文章时，应该注意的是长句的断句。第一段和第二段开头的长句，在朗读时注重结合语句句意进行恰当的断句。如“在/闽西南和粤东北的/崇山峻岭中，点缀着/数以千计的圆形围屋或土楼，这就是/被誉为‘世界民居奇葩’的/客家民居”。第二段的第二个长句子，应根据主谓搭配、动宾搭配和并列关系等方法进行断句，往往在长主语和长谓语之间，长谓语和长宾语之间进行停顿。如“他们居住地/大多在偏僻、边远的山区，为了防备盗匪的骚扰/和当地人的排挤，便建造了/营垒式住宅”。

范文八

二〇〇〇年，中国第一个以科学家名字命名的股票“隆平高科”上市。八年后，名誉董事长袁隆平所持有的股份以市值计算已经过亿。从此，袁隆平又多了个“首富科学家”的名号。而他身边的学生和工作人员，却很难把这位老人和“富翁”联系起来。

“他哪里有富人的样子。”袁隆平的学生们笑着议论。在学生们的印象里，袁老师永远黑黑瘦瘦，穿一件软塌塌的衬衣。在一次会议上，袁隆平坦言：“不错，我身价二〇〇八年就一千零八亿了，可我真的有那么多钱吗？没有。我现在就是靠每个月六千多元的工资生活，已经很满足了。我今天穿的衣服就五十块钱，但我喜欢的还是昨天穿的那件十五块钱的衬衫，穿着很精神。”袁隆平认为，“个人的时间和精力是有限的，如果老想着享受，哪有心思搞科研？搞科学研究就是要淡泊名利，踏实做人”。

在工作人员眼中，袁隆平其实就是一位身板硬朗的“人民农学家”，“老人下田从不要人搀扶，拿起套鞋，脚一蹬就走”。袁隆平说：“我有八十岁的年龄，五十多岁的身体，三十多岁的心态，二十多岁的肌肉弹性。”袁隆平的业余生活非常丰富，钓鱼、打排球、听音乐……他说，就是喜欢这些//不花钱的平民项目。

二〇一〇年九月，袁隆平度过了他的八十岁生日。当时，他许了个愿：到九十岁时，要实现亩产一千公斤！如果全球百分之五十的稻田种植杂交水稻，每年可增产一点五亿吨粮食，可多养活四亿到五亿人口。

节选自刘畅《一粒种子造福世界》

èr líng líng líng nián zhōngguó dì yī gè yǐ kē xué jiā míng zì mìngmíng de gǔ piào lóng píng gāo kē
二〇〇〇年，中国第一个以科学家名字命名的股票“隆平高科”

shàng shì bā nián hòu míng yù dǒng shì zhǎng yuán lóng píng suǒ chí yǒu de gǔ fèn yǐ shì zhí jì suàn yǐ jīng guò
上市。八年后，名誉董事长袁隆平所持有的股份以市值计算已经过

yì cóng cǐ yuán lóng píng yòu duō le gè shǒu fù kē xué jiā de míng hào ér tā shēn biān de xué shēng
亿。从此，袁隆平又多了个“首富科学家”的名号。而他身边的学生

hé gōng zuò rén yuán què hěn nán bǎ zhè wèi lǎo rén hé fù wēng lián xì qǐ lái
和工作人员，却很难把这位老人和“富翁”联系起来。

tā nǎ lǐ yǒu fù rén de yàng zi yuán lóng píng de xué shēng men xiào zhe yì lùn zài xué shēng men
“他哪里有富人的样子。”袁隆平的学生们笑着议论。在学生们
de yìn xiàng lǐ yuán lǎo shī yǒng yuǎn hēi hēi shòu shòu chuān yí jiàn ruǎn tā tā de chèn yī zài yí cì huì yì
的印象里，袁老师永远黑黑瘦瘦，穿一件软塌塌的衬衣。在一次会议
shàng yuán lóng píng tǎn yán bú cuò wǒ shēn jià èr líng líng bā nián jiù yì qiān líng bā yì le kě wǒ zhēn
上，袁隆平坦言：“不错，我身价二〇〇八年就一千零八亿了，可我真
de yǒu nà me duō qián ma méi yǒu wǒ xiàn zài jiù shì kào měi gè yuè liù qiān duō yuán de gōng zī shēng huó
的有那么多钱吗？没有。我现在就是靠每个月六千多元的工资生活，
yǐ jīng hěn mǎn zú le wǒ jīn tiān chuān de yī fu jiù wǔ shí kuài qián dàn wǒ xǐ huan de hái shì zuó tiān chuān
已经很满足了。我今天穿的衣服就五十块钱，但我喜欢的还是昨天穿
de nà jiàn shí wǔ kuài qián de chènshān chuān zhe hěn jīng shen yuán lóng píng rèn wéi yí gè rén de shí jiān
的那件十五块钱的衬衫，穿着很精神。”袁隆平认为，“一个人的时间
hé jīng lì shì yǒu xiàn de rú guǒ lǎo xiǎng zhe xiǎng shòu nǎ yǒu xīn si gǎo kē yán gǎo kē xué yán jiū jiù
和精力是有限的，如果老想着享受，哪有心思搞科研？搞科学研究就
shì yào dàn bó míng lì tā shi zuò rén
是要淡泊名利，踏实做人”。

zài gōng zuò rén yuán yǎn zhōng yuán lóng píng qí shí jiù shì yí wèi shēn bǎn yìng lǎng de rén mín nóng xué
在工作人员眼中，袁隆平其实就是一位身板硬朗的“人民农学
jiā lǎo rén xià tián cóng bù yào rén chān fú ná qǐ tào xié jiǎo yì dēng jiù zǒu yuán lóng píng
家”，“老人下田从不要人搀扶，拿起套鞋，脚一蹬就走”。袁隆平
shuō wǒ yǒu bā shí suì de nián líng wǔ shí duō suì de shēn tǐ sān shí duō suì de xīn tài èr shí duō suì
说：“我有八十岁的年龄，五十多岁的身体，三十多岁的心态，二十多岁
de jī ròu tán xìng yuán lóng píng de yè yú shēng huó fēi cháng fēng fù diào yú dǎ pái qiú tīng yīn
的肌肉弹性。”袁隆平的业余生活非常丰富，钓鱼、打排球、听音
yuè tā shuō jiù shì xǐ huān zhè xiē bù huā qián de píng mín xiàng mù
乐……他说，就是喜欢这些//不花钱的平民项目。

èr líng yī líng nián jiǔ yuè yuán lóng píng dù guò le tā de bā shí suì shēng rì dāng shí tā xǔ le gè
二〇一〇年九月，袁隆平度过了他的八十岁生日。当时，他许了个
yuàn dào jiǔ shí suì shí yào shí xiàn mǔ chǎn yì qiān gōng jīn rú guǒ quán qiú bǎi fēn zhī wǔ shí de dào tián
愿：到九十岁时，要实现亩产一千公斤！如果全球百分之五十的稻田
zhòng zhí zá jiāo shuǐ dào měi nián kě zēng chǎn yī diǎn wǔ yì dūn liáng shi kě duō yǎng huó sì yì dào wǔ yì
种植杂交水稻，每年可增产一点五亿吨粮食，可多养活四亿到五亿
rén kǒu
人口。

节选自刘畅《一粒种子造福世界》

【朗读赏析】

这是一篇记叙文，记录了“杂交水稻之父”袁隆平的财富成就与简朴的生活作风。文章通过袁隆平周围人的介绍，慢慢展开，到袁隆平的一次坦言，让读者了解到袁隆平的财富成就与生活作风之间的强烈反差，感受到袁隆平淡泊名利、踏实做人的人生境界。全文语言平易近人，应该注意个别词汇的朗读，尤其是文中轻声音节出现的情况如“精神”“心思”“踏实”“硬朗”等。朗读袁隆平的话语时，应该试着读出一位踏实科研、淡泊名利的科学家对人生价值的见解，体会“人民农学家”的人格魅力。

范文九

北京的颐和园是个美丽的大公园。

进了颐和园的大门，绕过大殿，就来到有名的长廊。绿漆的柱子，红漆的栏杆，一眼望不到头。这条长廊有七百多米长，分成二百七十三间。每一间的横槛上都有五彩的画，画着人物、花草、风景，几千幅画没有哪两幅是相同的。长廊两旁栽满了花木，这一种花还没谢，那一种花又开了。微风从左边的昆明湖上吹来，使人神清气爽。

走完长廊，就来到了万寿山脚下。抬头一看，一座八角宝塔形的三层建筑耸立在半山腰上，黄色的琉璃瓦闪闪发光。那就是佛香阁。下面的一排排金碧辉煌的宫殿，就是排云殿。

登上万寿山，站在佛香阁的前面向下望，颐和园的景色大半收在眼底。葱郁的树丛，掩映着黄的绿的琉璃瓦屋顶和朱红的宫墙。正前面，昆明湖静得像一面镜子，绿得像一块碧玉。游船、画舫在湖面慢慢地滑过，几乎不留一点儿痕迹。向东远眺，隐隐约约可以望见几座古老的城楼和城里的白塔。

从万寿山下来，就是昆明湖。昆明湖围着长长的堤岸，堤上有好几座式样不同的石桥，两岸栽着数不清的垂柳。湖中心有个小岛，远远望去，岛上一片葱绿，树丛中露出宫殿的一角。//游人走过长长的石桥，就可以去小岛上玩。这座石桥有十七个桥洞，叫十七孔桥。桥栏杆上有上百根石柱，柱子上都雕刻着小狮子。这么多的狮子，姿态不一，没有哪两只是相同的。

颐和园到处有美丽的景色，说也说不尽，希望你有机会去细细游赏。

节选自袁鹰《颐和园》

běi jīng de yí hé yuán shì gè měi lì de dà gōng yuán
北京的颐和园是个美丽的大公园。

jìn le yí hé yuán de dà mén rào guò dà diàn jiù lái dào yǒu míng de cháng láng lǜ qī de zhù
进了颐和园的大门，绕过大殿，就来到有名的长廊。绿漆的柱

zi hóng qī de lán gān yì yǎn wàng bú dào tóu zhè tiáo cháng láng yǒu qī bǎi duō mǐ cháng fēn chéng èr bǎi
子，红漆的栏杆，一眼望不到头。这条长廊有七百多米长，分成二百

qī shí sān jiān měi yì jiān de héng jiàn shàng dōu yǒu wǔ cǎi de huà huà zhe rén wù huā cǎo fēng jǐng
七十三间。每一间的横槛上都有五彩的画，画着人物、花草、风景，

jǐ qiān fú huà méi yǒu nǎ liǎng fú shì xiāng tóng de cháng láng liǎng páng zāi mǎn le huā mù zhè yì zhǒng huā hái méi
几千幅画没有哪两幅是相同的。长廊两旁栽满了花木，这一种花还没

xiè nà yì zhǒng huā yòu kāi le wēi fēng cóng zuǒ biān de kūn míng hú shàng chuī lái shǐ rén shén qīng qì shuǎng
谢，那一种花又开了。微风从左边的昆明湖上吹来，使人神清气爽。

zǒu wán cháng láng jiù lái dào le wàn shòu shān jiǎo xià tái tóu yí kàn yí zuò bā jiǎo bǎo tǎ xíng de
走完长廊，就来到了万寿山脚下。抬头一看，一座八角宝塔形的

sān céng jiàn zhù sǒng lì zài bàn shān yāo shàng huáng sè de liú lí wǎ shǎn shǎn fā guāng nà jiù shì fó xiāng gé
三层建筑耸立在半山腰上，黄色的琉璃瓦闪闪发光。那就是佛香阁。

xià miàn de yì pái pái jīn bì huī huáng de gōng diàn jiù shì pái yún diàn
下面的一排排金碧辉煌的宫殿，就是排云殿。

dēng shàng wàn shòushān zhàn zài fó xiāng gé de qián miàn xiàng xià wàng yí hé yuán de jǐng sè dà bàn shōu zài
登上万寿山，站在佛香阁的前面向下望，颐和园的景色大半收在
yǎn dǐ cōng yù de shù cóng yǎn yìng zhe huáng de lǜ de liú lí wǎ wū dǐng hé zhū hóng de gōng qiáng zhèng qián
眼底。葱郁的树丛，掩映着黄的绿的琉璃瓦屋顶和朱红的宫墙。正前
miàn kūn míng hú jìng de xiàng yí miàn jìng zi lǜ de xiàng yí kuài bì yù yóu chuán huà fǎng zài hú miàn màn
面，昆明湖静得像一面镜子，绿得像一块碧玉。游船、画舫在湖面慢
màn de huá guò jī hū bù liú yì diǎnr hén jì xiàng dōng yuǎn tiào yǐn yǐn yuē yuē kě yǐ wàng jiàn jǐ zuò
慢地滑过，几乎不留一点儿痕迹。向东远眺，隐隐约约可以望见几座
gǔ lǎo de chéng lóu hé chéng lǐ de bái tǎ
古老的城楼和城里的白塔。

cóng wàn shòushān xià lái jiù shì kūn míng hú kūn míng hú wéi zhe cháng cháng de dī àn dī shàng yǒu hǎo
从万寿山下来，就是昆明湖。昆明湖围着长长的堤岸，堤上有好
jǐ zuò shì yàng bù tóng de shí qiáo liǎng àn zāi zhe shǔ bù qīng de chuí liǔ hú zhōng xīn yǒu gè xiǎo dǎo yuǎnyuǎn
几座式样不同的石桥，两岸栽着数不清的垂柳。湖中心有个小岛，远远
wàng qù dǎo shàng yí piàn cōng lǜ shù cóng zhōng lòu chū gōng diàn de yì jiǎo yóu rén zǒu guò cháng cháng de
望去，岛上一片葱绿，树丛中露出宫殿的一角。//游人走过长长的
shí qiáo jiù kě yǐ qù xiǎo dǎo shàng wán zhè zuò shí qiáo yǒu shí qī gè qiáo dòng jiào shí qī kǒngqiáo qiáo
石桥，就可以去小岛上玩。这座石桥有十七个桥洞，叫十七孔桥。桥
lán gān shàng yǒu shàng bǎi gēn shí zhù zhù zi shàng dōu diāo kè zhe xiǎo shī zi zhè me duō de shī zi zī tài
栏杆上有上百根石柱，柱子上都雕刻着小狮子。这么多的狮子，姿态
bù yī méi yǒu nǎ liǎng zhī shì xiāng tóng de
不一，没有哪两只是相同的。

yí hé yuán dào chù yǒu měi lì de jǐng sè shuō yě shuō bú jìn xī wàng nǐ yǒu jī huì qù xì xì yóu shǎng
颐和园到处有美丽的景色，说也说不尽，希望你有机会去细细游赏。

节选自袁鹰《颐和园》

【朗读赏析】

这是一篇记叙文，记录了颐和园的景色。随着作者的镜头，首先看到的是长廊，介绍了长廊的特点和景致。长廊之后到达万寿山脚下，就能够看到半山腰上的佛香阁和排云殿。达到佛香阁之后向山下望，可以看到琉璃瓦屋顶和朱红的宫墙以及昆明湖上的游船、画舫，还有隐约可见的老城楼和白塔。走近昆明湖之后，可以看到小岛、宫殿一角、石桥以及石狮子等景色。

作者的笔触仿佛一部摄影机，镜头由近及远，然后又由上至下，由远到近，向读者展示了一部颐和园的景色“纪录片”。文中语言镜头感十足，画面感生动，如“葱郁的树丛，掩映着黄的、绿的琉璃瓦屋顶和朱红的宫墙”。朗读时应该注意的是断句和节奏，要在合适的地方断句，使得静态的文字在听感上能转换成有镜头感的景色，如“抬头一看，一座/八角宝塔形的三层建筑/耸立在/半山腰上，黄色的琉璃瓦/闪闪发光”。

范文十

徐霞客是明朝末年的一位奇人。他用双脚，一步一步地走遍了半个中国大陆，游览过许多名山大川，经历过许多奇人异事。他把游历的观察和研究记录下来，写成了《徐霞客游记》这本千古奇书。

当时的读书人，都忙着追求科举功名，抱着“十年寒窗无人问，一举成名天下知”的观念，埋头于经书之中。徐霞客却卓尔不群，醉心于古今史籍及地志、山海图经的收集和研读。他发现此类书籍很少，记述简略且多有相互矛盾之处，于是他立下雄心壮志，要走遍天下，亲自考察。

此后三十多年，他与长风为伍，云雾为伴，行程九万里，历尽千辛万苦，获得了大量第一手考察资料。徐霞客日间攀险峰，涉危涧，晚上就是再疲劳，也一定录下当日见闻。即使荒野露宿，栖身洞穴，也要“燃松拾穗，走笔为记”。

徐霞客的时代，没有火车，没有汽车，没有飞机，他所去的许多地方连道路都没有，加上明朝末年治安不好，盗匪横行，长途旅行是非常艰苦又非常危险的事。

有一次，他和三个同伴到西南地区，沿路考察石灰岩地形和长江源流。走了二十天，一个同伴难耐旅途劳顿，不辞而别。到了衡阳附近又遭遇土匪抢劫，财物尽失，还险//些被杀害。好不容易到了南宁，另一个同伴不幸病死，徐霞客忍痛继续西行。到了大理，最后一个同伴也因为吃不了苦，偷偷地走了，还带走了他仅存的行囊。但是，他还是坚持目标，继续他的研究工作，最后找到了答案，推翻历史上的错误，证明长江的源流不是岷江而是金沙江。

节选自《阅读大地的徐霞客》

xú xiá kè shì míng cháo mò nián de yí wèi qí rén tā yòng shuāng jiǎo yí bù yí bù de zǒu biàn le bàn
徐霞客是明朝末年的一位奇人。他用双脚，一步一步地走遍了半
gè zhōng guó dà lù yóu lǎn guò xǔ duō míng shān dà chuān jīng lì guò xǔ duō qí rén yì shì tā bǎ yóu lì
个中国大陆，游览过许多名山大川，经历过许多奇人异事。他把游历
de guān chá hé yán jiū jì lù xià lái xiě chéng le xú xiá kè yóu jì zhè běn qiān gǔ qí shū
的观察和研究记录下来，写成了《徐霞客游记》这本千古奇书。

dāng shí de dú shū rén dōu máng zhe zhuī qiú kē jǔ gōng míng bào zhe shí nián hán chuāng wú rén wèn
当时的读书人，都忙着追求科举功名，抱着“十年寒窗无人问，
yì jǔ chéng míng tiān xià zhī de guān niàn mái tóu yú jīng shū zhī zhōng xú xiá kè què zhuó ěr bù qún zuì
一举成名天下知”的观念，埋头于经书之中。徐霞客却卓尔不群，醉
xīn yú gǔ jīn shǐ jí jí dì zhì shān hǎi tú jīng de shōu jí hé yán dú tā fā xiàn cǐ lèi shū jí hěn shǎo
心于古今史籍及地志、山海图经的收集和研读。他发现此类书籍很少，
jì shù jiǎn lüè qiě duō yǒu xiāng hù máo dùn zhī chù yú shì tā lì xià xióng xīn zhuàng zhì yào zǒu biàn tiān xià
记述简略且多有相互矛盾之处，于是他立下雄心壮志，要走遍天下，
qīn zì kǎo chá
亲自考察。

cǐ hòu sān shí duō nián tā yǔ cháng fēng wéi wǔ yún wù wéi bàn xíng chéng jiǔ wàn lǐ lì jìn qiān
此后三十多年，他与长风为伍，云雾为伴，行程九万里，历尽千
xīn wàn kǔ huò dé le dà liàng dì yī shǒu kǎo chá zī liào xú xiá kè rì jiān pān xiǎn fēng shè wēi jiàn
辛万苦，获得了大量第一手考察资料。徐霞客日间攀险峰，涉危涧，
wǎn shàng jiù shì zài pí láo yě yí dìng lù xià dāng rì jiàn wén jí shǐ huāng yě lù sù qī shēn dòng xué
晚上就是再疲劳，也一定录下当日见闻。即使荒野露宿，栖身洞穴，
yě yào rán sōng shí suì zǒu bǐ wéi jì
也要“燃松拾穗，走笔为记”。

xú xiá kè de shí dài méi yǒu huǒ chē méi yǒu qì chē méi yǒu fēi jī tā suǒ qù de xǔ duō dì
徐霞客的时代，没有火车，没有汽车，没有飞机，他所去的许多地
fāng lián dào lù dōu méi yǒu jiā shàng míng cháo mò nián zhì ān bù hǎo dào fěi héng xíng cháng tú lǚ xíng shì fēi
方连道路都没有，加上明朝末年治安不好，盗匪横行，长途旅行是非

cháng jiān kǔ yòu fēi cháng wēi xiǎn de shì
常艰苦又非常危险的事。

yǒu yí cì tā hé sān gè tóng bàn dào xī nán dì qū yán lù kǎo chá shí huī yán dì xíng hé cháng jiāng
有一次，他和三个同伴到西南地区，沿路考察石灰岩地形和长江
yuán liú zǒu le èr shí tiān yí gè tóng bàn nán nài lǚ tú láo dùn bù cí ér bié dào le héng yáng fù jìn
源流。走了二十天，一个同伴难耐旅途劳顿，不辞而别。到了衡阳附近
yòu zāo yù tǔ fěi qiǎng jié cái wù jìn shī hái xiǎn xiē bèi shā hài hǎo bù róng yì dào le nán níng lìng
又遭遇土匪抢劫，财物尽失，还险//些被杀害。好不容易到了南宁，另
yí gè tóng bàn bù xìng bìng sǐ xú xiá kè rěn tòng jì xù xī xíng dào le dà lǐ zuì hòu yí gè tóng bàn yě
一个同伴不幸病死，徐霞客忍痛继续西行。到了大理，最后一个同伴也
yīn wèi chī bù liǎo kǔ tōu tōu de zǒu le hái dài zǒu le tā jǐn cún de xíng náng dàn shì tā hái shì jiān
因为吃不了苦，偷偷地走了，还带走了他仅存的行囊。但是，他还是坚
chí mù biāo jì xù tā de yán jiū gōng zuò zuì hòu zhǎo dào le dá àn tuī fān lì shǐ shàng de cuò wù
持目标，继续他的研究工作，最后找到了答案，推翻历史上的错误，
zhèng míng cháng jiāng de yuán liú bù shì mín jiāng ér shì jīn shā jiāng
证明长江的源流不是岷江而是金沙江。

节选自《阅读大地的徐霞客》

【朗读赏析】

这是一篇记叙文，记录了我国明代地理学家、旅行家、文学家徐霞客为了考察我国山川地貌，不惧万难艰险，跋山涉水地游历名山大川，并把自己的所见所闻、所思所想记录下来，文笔真切自然，赞美了徐霞客求真求实、锲而不舍、淡泊名利的科学精神。

在朗读时应该注意描写徐霞客为探求真相而努力的词句，朗读的语气应该变得同样坚定，以体会徐霞客的人生追求。文章断句应干脆利落，用以赞扬徐霞客为探寻科学真相所做的努力，如“他用双脚，一步一步地/走遍了半个中国大陆，游览过/许多名山大川，经历过/许多奇人异事。他把游历的观察和研究/记录下来，写成了/《徐霞客游记》/这本千古奇书”，再如“徐霞客日间/攀险峰，涉危涧，晚上/就是再疲劳，也一定录下/当日见闻。即使/荒野露宿，栖身洞穴，也要/‘燃松拾穗，走笔为记’”等。另外，还要注意“当日”的读音，念dàng rì。

第三节　综合实战演练

练习一

去过故宫大修现场的人，就会发现这里和外面工地的劳作景象有个明显的区别：这里没有起重机，建筑材料都是以手推车的形式送往工地，遇到人力无法运送的木料时，工人们会使用百年不变的工具——滑轮组。故宫修缮，尊重着“四原”原则，即原材料、原工艺、原结构、原型制。在不影响体现传统工艺技术手法特点的地方，工匠可以用电动工具，比如开荒料、截头。大多数时候工匠都用传统工具：木匠画线用的是墨斗、画签、毛

笔、方尺、杖竿、五尺；加工制作木构件使用的工具有锛、凿、斧、锯、刨等等。

最能体现大修难度的便是瓦作中“苫背”的环节。“苫背”是指在房顶做灰背的过程，它相当于为木建筑添上防水层。有句口诀是三浆三压，也就是上三遍石灰浆，然后再压上三遍。但这是个虚数。今天是晴天，干得快，三浆三压硬度就能符合要求，要是赶上阴天，说不定就要六浆六压。任何一个环节的疏漏都可能导致漏雨，而这对建筑的损坏是致命的。

“工”字早在殷墟甲骨卜辞中就已经出现过。《周官》与《春秋左传》记载周王朝与诸侯都设有掌管营造的机构。无数的名工巧匠为我们留下了那么多宏伟的建筑，但却//很少被列入史籍，扬名于后世。

匠人之所以称之为“匠”，其实不仅仅是因为他们拥有了某种娴熟的技能，毕竟技能还可以通过时间的累积“熟能生巧”，但蕴藏在“手艺”之上的那种对建筑本身的敬畏和热爱却需要从历史的长河中去寻觅。

将壮丽的紫禁城完好地交给未来，最能仰仗的便是这些默默奉献的匠人。故宫的修护注定是一场没有终点的接力，而他们就是最好的接力者。

节选自单霁翔《大匠无名》

qù guò gù gōng dà xiū xiànchǎng de rén jiù huì fā xiàn zhè lǐ hé wài miàn gōng dì de láo zuò jǐng xiàngyǒu
去过故宫大修现场的人，就会发现这里和外面工地的劳作景象有
gè míng xiǎn de qū bié zhè lǐ méi yǒu qǐ zhòng jī jiàn zhù cái liào dōu shì yǐ shǒu tuī chē de xíng shì sòng wǎng
个明显的区别：这里没有起重机，建筑材料都是以手推车的形式送往
gōng dì yù dào rén lì wú fǎ yùn sòng de mù liào shí gōng rén men huì shǐ yòng bǎi nián bù biàn de gōng jù
工地，遇到人力无法运送的木料时，工人们会使用百年不变的工具——
huá lún zǔ gù gōng xiū shàn zūnzhòng zhe sì yuán yuán zé jí yuán cái liào yuán gōng yì yuán jié
滑轮组。故宫修缮，尊重着“四原”原则，即原材料、原工艺、原结
gòu yuánxíng zhì zài bù yǐng xiǎng tǐ xiàn chuán tǒng gōng yì jì shù shǒu fǎ tè diǎn de dì fang gōng jiàng kě
构、原型制。在不影响体现传统工艺技术手法特点的地方，工匠可
yǐ yòng diàn dòng gōng jù bǐ rú kāi huāngliào jié tóu dà duō shù shí hou gōng jiàng dōu yòng chuán tǒng gōng jù
以用电动工具，比如开荒料、截头。大多数时候工匠都用传统工具：
mù jiàng huà xiàn yòng de shì mò dǒu huà qiān máo bǐ fāng chǐ zhàng gān wǔ chǐ jiā gōng zhì zuò mù gòu
木匠画线用的是墨斗、画签、毛笔、方尺、杖竿、五尺；加工制作木构
jiàn shǐ yòng de gōng jù yǒu bēn záo fǔ jù bào děng děng
件使用的工具有锛、凿、斧、锯、刨等等。

zuì néng tǐ xiàn dà xiū nán dù de biàn shì wǎ zuò zhōng shàn bèi de huán jié shàn bèi shì zhǐ zài
最能体现大修难度的便是瓦作中“苫背”的环节。“苫背”是指在
fáng dǐng zuò huī bèi de guò chéng tā xiāng dāng yú wèi mù jiàn zhù tiān shàng fáng shuǐ céng yǒu jù kǒu jué shì sān
房顶做灰背的过程，它相当于为木建筑添上防水层。有句口诀是三
jiāng sān yā yě jiù shì shàng sān biàn shí huī jiāng rán hòu zài yā shàng sān biàn dàn zhè shì gè xū shù jīn
浆三压，也就是上三遍石灰浆，然后再压上三遍。但这是个虚数。今
tiān shì qíng tiān gān de kuài sān jiāng sān yā yìng dù jiù néng fú hé yāo qiú yào shì gǎn shàng yīn tiān shuō
天是晴天，干得快，三浆三压硬度就能符合要求，要是赶上阴天，说
bú dìng jiù yào liù jiāng liù yā rèn hé yí gè huán jié de shū lòu dōu kě néng dǎo zhì lòu yǔ ér zhè duì jiàn zhù
不定就要六浆六压。任何一个环节的疏漏都可能导致漏雨，而这对建筑
de sǔn huài shì zhì mìng de
的损坏是致命的。

gōng zì zǎo zài yīn xū jiǎ gǔ bǔ cí zhōng jiù yǐ jīng chū xiàn guò zhōuguān yǔ chūn qiū zuǒ
“工”字早在殷墟甲骨卜辞中就已经出现过。《周官》与《春秋左
zhuàn jì zǎi zhōu wáng cháo yǔ zhū hóu dōu shè yǒu zhǎng guǎn yíng zào de jī gòu wú shù de míng gōng qiǎo jiàng
传》记载周王朝与诸侯都设有掌管营造的机构。无数的名工巧匠
wèi wǒ men liú xià le nà me duō hóng wěi de jiàn zhù dàn què hěn shǎo bèi liè rù shǐ jí yáng míng yú hòu shì
为我们留下了那么多宏伟的建筑，但却//很少被列入史籍，扬名于后世。

jiàng rén zhī suǒ yǐ chēng zhī wéi jiàng qí shí bù jǐn jǐn shì yīn wèi tā men yōng yǒu le mǒu zhǒng xián
匠人之所以称之为“匠”，其实不仅仅是因为他们拥有了某种娴
shú de jì néng bì jìng jì néng hái kě yǐ tōng guò shí jiān de lěi jī shú néng shēng qiǎo dàn yùn cáng zài
熟的技能，毕竟技能还可以通过时间的累积“熟能生巧”，但蕴藏在
shǒu yì zhī shàng de nà zhǒng duì jiàn zhù běn shēn de jìng wèi hé rè ài què xū yào cóng lì shǐ de cháng hé zhōng qù
“手艺”之上的那种对建筑本身的敬畏和热爱却需要从历史的长河中去
xún mì
寻觅。

jiāng zhuàng lì de zǐ jìn chéng wán hǎo de jiāo gěi wèi lái zuì néng yǎng zhàng de biàn shì zhè xiē mò mò fèng
将壮丽的紫禁城完好地交给未来，最能仰仗的便是这些默默奉
xiàn de jiàng rén gù gōng de xiū hù zhù dìng shì yì chǎng méi yǒu zhōng diǎn de jiē lì ér tā men jiù shì zuì hǎo
献的匠人。故宫的修护注定是一场没有终点的接力，而他们就是最好
de jiē lì zhě
的接力者。

节选自单霁翔《大匠无名》

练习二

从肇庆市驱车半小时左右，便到了东郊风景名胜鼎湖山。下了几天的小雨刚停，满山笼罩着轻纱似的薄雾。

过了寒翠桥，就听到淙淙的泉声。进山一看，草丛石缝，到处都涌流着清亮的泉水。草丰林茂，一路上泉水时隐时现，泉声不绝于耳。有时几股泉水交错流泻，遮断路面，我们得寻找着垫脚的石块跳跃着前进。愈往上走树愈密，绿荫愈浓。湿漉漉的绿叶，犹如大海的波浪，一层一层涌向山顶。泉水隐到了深处，而泉声却更加清纯悦耳。忽然，云中传来钟声，顿时山鸣谷应，悠悠扬扬。安详厚重的钟声和欢快活泼的泉声，在雨后宁静的暮色中，汇成一片美妙的音响。

我们循着钟声，来到了半山腰的庆云寺。这是一座建于明代、规模宏大的岭南著名古刹。庭院里繁花似锦，古树参天。有一株与古刹同龄的茶花，还有两株从斯里兰卡引种的、有二百多年树龄的菩提树。我们决定就在这座寺院里借宿。

入夜，山中万籁俱寂，只有泉声一直传送到枕边。一路上听到的各种泉声，这时候躺在床上，可以用心细细地聆听、辨识、品味。那像小提琴一样轻柔的，是草丛中流淌的小溪的声音：那像琵琶一样清脆的，//是在石缝间跌落的涧水的声音；那像大提琴一样厚重回响的，是无数道细流汇聚于空谷的声音：那像铜管齐鸣一样雄浑磅礴的，是飞瀑急流跌入深潭的声音。还有一些泉声忽高忽低，忽急忽缓，忽清忽浊，忽扬忽抑，是泉水正在绕过树根，拍打卵石，穿越草丛，流连花间……

朦胧中，那滋润着鼎湖山万木，孕育出蓬勃生机的清泉，仿佛汩汩地流进了我的心田。

节选自谢大光《鼎湖山听泉》

cóng zhào qìng shì qū chē bàn xiǎo shí zuǒ yòu biàn dào le dōng jiāo fēng jǐng míng shèng dǐng hú shān xià le jǐ
从肇庆市驱车半小时左右，便到了东郊风景名胜鼎湖山。下了几
tiān de xiǎo yǔ gāng tíng mǎn shān lǒng zhào zhe qīng shā shì de bó wù
天的小雨刚停，满山笼罩着轻纱似的薄雾。

guò le hán cuì qiáo jiù tīng dào cóng cóng de quán shēng jìn shān yí kàn cǎo cóng shí fèng dào chù dōu yǒng
过了寒翠桥，就听到淙淙的泉声。进山一看，草丛石缝，到处都涌
liú zhe qīng liàng de quán shuǐ cǎo fēng lín mào yí lù shàng quán shuǐ shí yǐn shí xiàn quán shēng bù jué yú ěr
流着清亮的泉水。草丰林茂，一路上泉水时隐时现，泉声不绝于耳。
yǒu shí jǐ gǔ quán shuǐ jiāo cuò liú xiè zhē duàn lù miàn wǒ men děi xún zhǎo zhe diàn jiǎo de shí kuài tiào yuè zhe
有时几股泉水交错流泻，遮断路面，我们得寻找着垫脚的石块跳跃着
qián jìn yù wǎng shàng zǒu shù yù mì lǜ yīn yù nóng shī lù lù de lǜ yè yóu rú dà hǎi de bō
前进。愈往上走树愈密，绿阴愈浓。湿漉漉的绿叶，犹如大海的波
làng yì céng yì céng yǒng xiàng shān dǐng quán shuǐ yǐn dào le nóng yīn de shēn chù ér quán shēng què gèng jiā qīng
浪，一层一层涌向山顶。泉水隐到了浓阴的深处，而泉声却更加清
chún yuè ěr hū rán yún zhōng chuán lái zhōng shēng dùn shí shān míng gǔ yìng yōu yōu yáng yáng ān xiáng hòu
纯悦耳。忽然，云中传来钟声，顿时山鸣谷应，悠悠扬扬。安详厚
chóng de zhōng shēng hé huān kuài huó pō de quán shēng zài yǔ hòu níng jìng de mù sè zhōng huì chéng yí piàn měi miào
重的钟声和欢快活泼的泉声，在雨后宁静的暮色中，汇成一片美妙
de yīn xiǎng
的音响。

wǒ men xún zhe zhōng shēng lái dào le bàn shān yāo de qìng yún sì zhè shì yí zuò jiàn yú míng dài guī
我们循着钟声，来到了半山腰的庆云寺。这是一座建于明代、规
mó hóng dà de lǐng nán zhù míng gǔ chà tíng yuàn lǐ fán huā sì jǐn gǔ shù cān tiān yǒu yì zhū yǔ gǔ chà tóng
模宏大的岭南著名古刹。庭院里繁花似锦，古树参天。有一株与古刹同
líng de chá huā hái yǒu liǎng zhū cóng sī lǐ lán kǎ yǐn zhòng de yǒu èr bǎi duō nián shù líng de pú tí shù
龄的茶花，还有两株从斯里兰卡引种的、有二百多年树龄的菩提树。
wǒ men jué dìng jiù zài zhè zuò sì yuàn lǐ jiè sù
我们决定就在这座寺院里借宿。

rù yè shān zhōng wàn lài jù jì zhǐ yǒu quán shēng yì zhí chuán sòng dào zhěn biān yí lù shàng tīng dào de
入夜，山中万籁俱寂，只有泉声一直传送到枕边。一路上听到的
gè zhǒng quán shēng zhè shí hou tǎng zài chuáng shàng kě yǐ yòng xīn xì xì de líng tīng biàn shí pǐn wèi
各种泉声，这时候躺在床上，可以用心细细地聆听、辨识、品味。
nà xiàng xiǎo tí qín yí yàng qīng róu de shì cǎo cóng zhōng liú tǎng de xiǎo xī de shēng yīn nà xiàng pí pá yí yàng
那像小提琴一样轻柔的，是草丛中流淌的小溪的声音：那像琵琶一样
qīng cuì de shì zài shí fèng jiān diē luò de jiàn shuǐ de shēng yīn nà xiàng dà tí qín yí yàng hòu zhòng huí xiǎng
清脆的，//是在石缝间跌落的涧水的声音；那像大提琴一样厚重回响
de shì wú shù dào xì liú huì jù yú kōng gǔ de shēng yīn nà xiàng tóng guǎn qí míng yí yàng xióng hún páng bó
的，是无数道细流汇聚于空谷的声音：那像铜管齐鸣一样雄浑磅礴
de shì fēi pù jí liú diē rù shēn tán de shēng yīn hái yǒu yì xiē quán shēng hū gāo hū dī hū jí hū
的，是飞瀑急流跌入深潭的声音。还有一些泉声忽高忽低，忽急忽
huǎn hū qīng hū zhuó hū yáng hū yì shì quán shuǐ zhèng zài rào guò shù gēn pāi dǎ luǎn shí chuān yuè cǎo
缓，忽清忽浊，忽扬忽抑，是泉水正在绕过树根，拍打卵石，穿越草
cóng liú lián huā jiān
丛，流连花间……

méng lóng zhōng nà zī rùn zhe dǐng hú shān wàn mù yùn yù chū péng bó shēng jī de qīng quán fǎng fú gǔ
朦胧中，那滋润着鼎湖山万木，孕育出蓬勃生机的清泉，仿佛汩
gǔ de liú jìn le wǒ de xīn tián
汩地流进了我的心田。

节选自谢大光《鼎湖山听泉》

练习三

我爱月夜，但我也爱星天。从前在家乡七八月的夜晚在庭院里纳凉的时候，我最爱看天上密密麻麻的繁星。望着星天，我就会忘记一切，仿佛回到了母亲的怀里似的。

三年前在南京我住的地方有一道后门，每晚我打开后门，便看见一个静寂的夜。下面是一片菜园，上面是星群密布的蓝天。星光在我们的肉眼里虽然微小，然而它使我们觉得光明无处不在。那时候我正在读一些天文学的书，也认得一些星星，好像它们就是我的朋友，它们常常在和我谈话一样。

如今在海上，每晚和繁星相对，我把它们认得很熟了。我躺在舱面上，仰望天空。深蓝色的天空里悬着无数半明半昧的星。船在动，星也在动，它们是这样低，真是摇摇欲坠呢！渐渐地我的眼睛模糊了，我好像看见无数萤火虫在我的周围飞舞。海上的夜是柔和的，是静寂的，是梦幻的。我望着许多认识的星，我仿佛看见它们在对我眨眼，我仿佛听见它们在小声说话。这时我忘记了一切。在星的怀抱中我微笑着，我沉睡着。我觉得自己是一个小孩子，现在睡在母亲的怀里了。

有一夜，那个在哥伦波上船的英国人指给我看天上的巨人。他用手指着：//那四颗明亮的星是头，下面的几颗是身子，这几颗是手，那几颗是腿和脚，还有三颗星算是腰带。经他这一番指点，我果然看清楚了那个天上的巨人。看，那个巨人还在跑呢！

节选自巴金《繁星》

wǒ ài yuè yè dàn wǒ yě ài xīng tiān cóng qián zài jiā xiāng qī bā yuè de yè wǎn zài tíng yuàn lǐ nà liáng
我爱月夜，但我也爱星天。从前在家乡七八月的夜晚在庭院里纳凉
de shí hou wǒ zuì ài kàn tiān shàng mì mì má má de fán xīng wàng zhe xīng tiān wǒ jiù huì wàng jì yí
的时候，我最爱看天上密密麻麻的繁星。望着星大，我就会忘记一
qiè fǎng fú huí dào le mǔ qīn de huái lǐ shì de
切，仿佛回到了母亲的怀里似的。

sān nián qián zài nán jīng wǒ zhù de dì fang yǒu yí dào hòu mén měi wǎn wǒ dǎ kāi hòu mén biàn kàn jiàn yí
三年前在南京我住的地方有一道后门，每晚我打开后门，便看见一
gè jìng jì de yè xià miàn shì yí piàn cài yuán shàng miàn shì xīng qún mì bù de lán tiān xīng guāng zài wǒ men
个静寂的夜。下面是一片菜园，上面是星群密布的蓝天。星光在我们
de ròu yǎn lǐ suī rán wēi xiǎo rán ér tā shǐ wǒ men jué de guāng míng wú chù bú zài nà shí hou wǒ zhèng zài
的肉眼里虽然微小，然而它使我们觉得光明无处不在。那时候我正在
dú yì xiē tiān wén xué de shū yě rèn de yì xiē xīng xīng hǎo xiàng tā men jiù shì wǒ de péng you tā men
读一些天文学的书，也认得一些星星，好像它们就是我的朋友，它们
cháng cháng zài hé wǒ tán huà yí yàng
常常在和我谈话一样。

rú jīn zài hǎi shàng měi wǎn hé fán xīng xiāng duì wǒ bǎ tā men rèn de hěn shú le wǒ tǎng zài cāng
如今在海上，每晚和繁星相对，我把它们认得很熟了。我躺在舱
miàn shàng yǎng wàng tiān kōng shēn lán sè de tiān kōng lǐ xuán zhe wú shù bàn míng bàn mèi de xīng chuán zài dòng
面上，仰望天空。深蓝色的天空里悬着无数半明半昧的星。船在动，
xīng yě zài dòng tā men shì zhè yàng dī zhēn shì yáo yáo yù zhuì ne jiàn jiàn de wǒ de yǎn jing mó hu le
星也在动，它们是这样低，真是摇摇欲坠呢！渐渐地我的眼睛模糊了，
wǒ hǎo xiàng kàn jiàn wú shù yíng huǒ chóng zài wǒ de zhōu wéi fēi wǔ hǎi shàng de yè shì róu hé de shì jìng jì
我好像看见无数萤火虫在我的周围飞舞。海上的夜是柔和的，是静寂
de shì mèng huàn de wǒ wàng zhe xǔ duō rèn shi de xīng wǒ fǎng fú kàn jiàn tā men zài duì wǒ zhǎ yǎn
的，是梦幻的。我望着许多认识的星，我仿佛看见它们在对我眨眼，
wǒ fǎng fú tīng jiàn tā men zài xiǎo shēng shuō huà zhè shí wǒ wàng jì le yí qiè zài xīng de huái bào zhōng wǒ wēi
我仿佛听见它们在小声说话。这时我忘记了一切。在星的怀抱中我微
xiào zhe wǒ chén shuì zhe wǒ jué de zì jǐ shì yí gè xiǎo hái zi xiàn zài shuì zài mǔ qīn de huái lǐ le
笑着，我沉睡着。我觉得自己是一个小孩子，现在睡在母亲的怀里了。

yǒu yí yè nà gè zài gē lún bō shàng chuán de yīng guó rén zhǐ gěi wǒ kàn tiān shàng de jù rén tā yòng
有一夜，那个在哥伦波上船的英国人指给我看天上的巨人。他用
shǒu zhǐ zhe nà sì kē míng liàng de xīng shì tóu xià miàn de jǐ kē shì shēn zi zhè jǐ kē shì shǒu nà
手指着：//那四颗明亮的星是头，下面的几颗是身子，这几颗是手，那
jǐ kē shì tuǐ hé jiǎo hái yǒu sān kē xīng suàn shì yāo dài jīng tā zhè yì fān zhǐ diǎn wǒ guǒ rán kàn qīng chǔ
几颗是腿和脚，还有三颗星算是腰带。经他这一番指点，我果然看清楚
le nà ge tiān shàng de jù rén kàn nà ge jù rén hái zài pǎo ne
了那个天上的巨人。看，那个巨人还在跑呢！

节选自巴金《繁星》

练习四

晋祠之美，在山，在树，在水。

这里的山，巍巍的，有如一道屏障；长长的，又如伸开的两臂，将晋祠拥在怀中。春日黄花满山，径幽香远，秋米草木萧疏，天高水清。无论什么时候拾级登山都会心旷神怡。

这里的树，以古老苍劲见长。有两棵老树：一棵是周柏，另一棵是唐槐。那周柏，树干劲直，树皮皱裂，顶上挑着几根青青的疏枝，偃卧于石阶旁。那唐槐，老干粗大，虬枝盘屈，一簇簇柔条，绿叶如盖。还有水边殿外的松柏槐柳，无不显出苍劲的风骨。以造型奇特见长的，有的偃如老妪负水，有的挺如壮士托天，不一而足。圣母殿前的左扭柏，拔地而起，直冲云霄，它的树皮上的纹理一齐向左边拧去，一圈一圈，纹丝不乱，像地下旋起了一股烟，又似天上垂下了一根绳。晋祠在古木的荫护下，显得分外幽静、典雅。

这里的水，多、清、静、柔。在园里信步，但见这里一泓深潭，那里一条小渠。桥下有河，亭中有井，路边有溪。石间细流脉脉，如线如缕；林中碧波闪闪，如锦如缎。这些水都来自"难老泉"。泉上有亭，亭上悬挂着清代著名学者傅山写的"难老泉"三个字。这么多的水长流不息，日日夜夜发出叮叮咚咚的响声。水的清澈真令人叫绝，无论//多深的水，只要光线好，游鱼碎石，历历可见。水的流势都不大，清清的微波，将长长的草蔓

拉成一缕缕的丝，铺在河底，挂在岸边，合着那些金鱼、青苔以及石栏的倒影，织成一条条大飘带，穿亭绕榭，冉冉不绝。当年李白来到这里，曾赞叹说："晋祠流水如碧玉。"当你沿着流水去观赏那亭台楼阁时，也许会这样问：这几百间建筑怕都是在水上漂着的吧！

节选自梁衡《晋祠》

jìn cí zhī měi zài shān zài shù zài shuǐ
晋祠之美，在山，在树，在水。

zhè lǐ de shān wēi wēi de yǒu rú yí dào píng zhàng cháng cháng de yòu rú shēn kāi de liǎng bì
这里的山，巍巍的，有如一道屏障；长长的，又如伸开的两臂，
jiāng jìn cí yōng zài huái zhōng chūn rì huáng huā mǎn shān jìng yōu xiāng yuǎn qiū lái cǎo mù xiāo shū tiān gāo
将晋祠拥在怀中。春日黄花满山，径幽香远，秋来草木萧疏，天高
shuǐ qīng wú lùn shén me shí hou shè jí dēng shān dōu huì xīn kuàng shén yí
水清。无论什么时候拾级登山都会心旷神怡。

zhè lǐ de shù yǐ gǔ lǎo cāng jìng jiàn cháng yǒu liǎng kē lǎo shù yì kē shì zhōu bǎi lìng yì kē
这里的树，以古老苍劲见长。有两棵老树：一棵是周柏，另一棵
shì táng huái nà zhōu bǎi shù gān jìng zhí shù pí zhòu liè dǐng shàng tiǎo zhe jǐ gēn qīng qīng de shū zhī
是唐槐。那周柏，树干劲直，树皮皱裂，顶上挑着几根青青的疏枝，
yǎn wò yú shí jiē páng nà táng huái lǎo gàn cū dà qiú zhī pán qū yí cù cù róu tiáo lǜ yè rú
偃卧于石阶旁。那唐槐，老干粗大，虬枝盘屈，一簇簇柔条，绿叶如
gài hái yǒu shuǐ biān diàn wài de sōng bǎi huái liǔ wú bù xiǎn chū cāng jìng de fēng gǔ yǐ zào xíng qí tè jiàn
盖。还有水边殿外的松柏槐柳，无不显出苍劲的风骨。以造型奇特见
cháng de yǒu de yǎn rú lǎo yù fù shuǐ yǒu de tǐng rú zhuàng shì tuō tiān bù yī ér zú shèng mǔ diàn qián
长的，有的偃如老妪负水，有的挺如壮士托天，不一而足。圣母殿前
de zuǒ niǔ bǎi bá dì ér qǐ zhí chōng yún xiāo tā de shù pí shàng de wén lǐ yì qí xiàng zuǒ biān nǐng
的左扭柏，拔地而起，直冲云霄，它的树皮上的纹理一齐向左边拧
qù yì quān yì quān wén sī bú luàn xiàng dì xià xuán qǐ le yì gǔ yān yòu sì tiān shàng chuí xià le yì
去，一圈一圈，纹丝不乱，像地下旋起了一股烟，又似天上垂下了一
gēn shéng jìn cí zài gǔ mù de yìn hù xià xiǎn dé fèn wài yōu jìng diǎn yǎ
根绳。晋祠在古木的荫护下，显得分外幽静、典雅。

zhè lǐ de shuǐ duō qīng jìng róu zài yuán lǐ xìn bù dàn jiàn zhè lǐ yì hóng shēn tán nà
这里的水，多、清、静、柔。在园里信步，但见这里一泓深潭，那
lǐ yì tiáo xiǎo qú qiáo xià yǒu hé tíng zhōng yǒu jǐng lù biān yǒu xī shí jiān xì liú mò mò rú xiàn
里一条小渠。桥下有河，亭中有井，路边有溪。石间细流脉脉，如线
rú lǚ lín zhōng bì bō shǎn shǎn rú jǐn rú duàn zhè xiē shuǐ dōu lái zì nán lǎo quán quán shàng yǒu
如缕；林中碧波闪闪，如锦如缎。这些水都来自"难老泉"。泉上有
tíng tíng shàng xuán guà zhe qīng dài zhù míng xué zhě fù shān xiě de nán lǎo quán sān gè zì zhè me duō de
亭，亭上悬挂着清代著名学者傅山写的"难老泉"三个字。这么多的
shuǐ cháng liú bù xī rì rì yè yè fā chū dīng dīng dōng dōng de xiǎng shēng shuǐ de qīng chè zhēn lìng rén jiào
水长流不息，日日夜夜发出叮叮咚咚的响声。水的清澈真令人叫
jué wú lùn duō shēn de shuǐ zhǐ yào guāng xiàn hǎo yóu yú suì shí lì lì kě jiàn shuǐ de liú shì dōu
绝，无论//多深的水，只要光线好，游鱼碎石，历历可见。水的流势都
bú dà qīng qīng de wēi bō jiāng cháng cháng de cǎo màn lā chéng yì lǚ lǚ de sī pū zài hé dǐ guà zài
不大，清清的微波，将长长的草蔓拉成一缕缕的丝，铺在河底，挂在
àn biān hé zhe nà xiē jīn yú qīng tái yǐ jí shí lán de dào yǐng zhī chéng yì tiáo tiáo dà piāo dài chuān
岸边，合着那些金鱼、青苔以及石栏的倒影，织成一条条大飘带，穿
tíng rào xiè rǎn rǎn bù jué dāng nián lǐ bái lái dào zhè lǐ céng zàn tàn shuō jìn cí liú shuǐ rú bì
亭绕榭，冉冉不绝。当年李白来到这里，曾赞叹说："晋祠流水如碧

yù dāng nǐ yán zhe liú shuǐ qù guān shǎng nà tíng tái lóu gé shí yě xǔ huì zhè yàng wèn zhè jǐ bǎi jiān jiàn
玉。”当你沿着流水去观赏那亭台楼阁时，也许会这样问：这几百间建

zhù pà dōu shì zài shuǐ shàng piāo zhe de ba
筑怕都是在水上漂着的吧！

节选自梁衡《晋祠》

练习五

舞台上的幕布拉开了，音乐奏起来了。演员们踩着音乐的拍子，以庄重而有节奏的步法走到灯光前面来了。灯光射在他们五颜六色的服装和头饰上，一片金碧辉煌的彩霞。

当女主角穆桂英以轻盈而矫健的步子出场的时候，这个平静的海面陡然动荡起来了，它上面卷起了一阵暴风雨：观众像触了电似的迅即对这位女英雄报以雷鸣般的掌声。她开始唱了。她圆润的歌喉在夜空中颤动，听起来辽远而又切近，柔和而又铿锵。戏词像珠子似的从她的一笑一颦中，从她优雅的“水袖”中，从她婀娜的身段中，一粒一粒地滚下来，滴在地上，溅到空中，落进每一个人的心里，引起一片深远的回音。这回音听不见，却淹没了刚才涌起的那一阵热烈的掌声。

观众像着了魔一样，忽然变得鸦雀无声。他们看得入了神。他们的感情和舞台上女主角的感情融在了一起。女主角的歌舞渐渐进入高潮。观众的情感也渐渐进入高潮。潮在涨。没有谁能控制住它。这个一度平静下来的人海忽然又动荡起来了。戏就在这时候要到达顶点。我们的女主角在这时候就像一朵盛开的鲜花，观众想把这朵鲜花捧在手里，不让//它消逝。他们不约而同地从座位上立起来，像潮水一样，涌到我们这位艺术家面前。舞台已经失去了界限，整个的剧场成了一个庞大的舞台。

我们这位艺术家是谁呢？他就是梅兰芳同志。半个世纪的舞台生涯过去了，六十六岁的高龄，仍然能创造出这样富有朝气的美丽形象，表现出这样充沛的青春活力，这不能不说是奇迹。这奇迹的产生是必然的，因为我们拥有这样热情的观众和这样热情的艺术家。

节选自叶君健《看戏》

wǔ tái shàng de mù bù lā kāi le yīn yuè zòu qǐ lái le yǎn yuán men cǎi zhe yīn yuè de pāi zi yǐ
舞台上的幕布拉开了，音乐奏起来了。演员们踩着音乐的拍子，以

zhuāng zhòng ér yǒu jié zòu de bù fǎ zǒu dào dēng guāng qián miàn lái le dēng guāng shè zài tā men wǔ yán liù sè
庄重而有节奏的步法走到灯光前面来了。灯光射在他们五颜六色

de fú zhuāng hé tóu shì shàng yí piàn jīn bì huī huáng de cǎi xiá
的服装和头饰上，一片金碧辉煌的彩霞。

dāng nǚ zhǔ jué mù guì yīng yǐ qīng yíng ér jiǎo jiàn de bù zi chū chǎng de shí hou zhè ge píng jìng de hǎi
当女主角穆桂英以轻盈而矫健的步子出场的时候，这个平静的海

miàn dǒu rán dòng dàng qǐ lái le tā shàng miàn juǎn qǐ le yí zhèn bào fēng yǔ guān zhòng xiàng chù le diàn shì de xùn
面陡然动荡起来了，它上面卷起了一阵暴风雨：观众像触了电似的迅

jí duì zhè wèi nǚ yīng xióng bào yǐ léi míng bān de zhǎng shēng tā kāi shǐ chàng le tā yuán rùn de gē hóu zài yè
即对这位女英雄报以雷鸣般的掌声。她开始唱了。她圆润的歌喉在夜

kōng zhōng chàn dòng tīng qǐ lái liáo yuǎn ér yòu qiè jìn róu hé ér yòu kēng qiāng xì cí xiàng zhū zi shì de cóng
空中颤动，听起来辽远而又切近，柔和而又铿锵。戏词像珠子似的从

tā de yí xiào yì pín zhōng cóng tā yōu yǎ de shuǐ xiù zhōng cóng tā ē nuó de shēn duàn zhōng yí lì
她的一笑一颦中，从她优雅的“水袖”中，从她婀娜的身段中，一粒
yí lì de gǔn xià lái dī zài dì shàng jiàn dào kōng zhōng luò jìn měi yí gè rén de xīn lǐ yǐn qǐ yí piàn
一粒地滚下来，滴在地上，溅到空中，落进每一个人的心里，引起一片
shēn yuǎn de huí yīn zhè huí yīn tīng bú jiàn què yān mò le gāng cái yǒng qǐ de nà yí zhèn rè liè de zhǎng shēng
深远的回音。这回音听不见，却淹没了刚才涌起的那一阵热烈的掌声。

guān zhòng xiàng zháo le mó yí yàng hū rán biàn de yā què wú shēng tā men kàn de rù le shén tā men
观众像着了魔一样，忽然变得鸦雀无声。他们看得入了神。他们
de gǎn qíng hé wǔ tái shàng nǚ zhǔ jué de gǎn qíng róng zài le yì qǐ nǚ zhǔ jué de gē wǔ jiàn jiàn jìn rù gāo
的感情和舞台上女主角的感情融在了一起。女主角的歌舞渐渐进入高
cháo guān zhòng de qíng gǎn yě jiàn jiàn jìn rù gāo cháo cháo zài zhǎng méi yǒu shéi néng kòng zhì zhù tā zhè gè
潮。观众的情感也渐渐进入高潮。潮在涨。没有谁能控制住它。这个
yí dù píng jìng xià lái de rén hǎi hū rán yòu dòng dàng qǐ lái le xì jiù zài zhè shí hou yào dào dá dǐng diǎn
一度平静下来的人海忽然又动荡起来了。戏就在这时候要到达顶点。
wǒ men de nǚ zhǔ jué zài zhè shí hou jiù xiàng yì duǒ shèng kāi de xiān huā guān zhòng xiǎng bǎ zhè duǒ xiān huā pěng zài
我们的女主角在这时候就像一朵盛开的鲜花，观众想把这朵鲜花捧在
shǒu lǐ bù ràng tā xiāo shì tā men bù yuē ér tóng de cóng zuò wèi shàng lì qǐ lái xiàng cháo shuǐ yí yàng
手里，不让//它消逝。他们不约而同地从座位上立起来，像潮水一样，
yǒng dào wǒ men zhè wèi yì shù jiā miàn qián wǔ tái yǐ jīng shī qù le jiè xiàn zhěng gè de jù chǎng chéng le yí
涌到我们这位艺术家面前。舞台已经失去了界限，整个的剧场成了一
gè páng dà de wǔ tái
个庞大的舞台。

wǒ men zhè wèi yì shù jiā shì shuí ne tā jiù shì méi lán fāng tóng zhì bàn gè shì jì de wǔ tái shēng yá
我们这位艺术家是谁呢？他就是梅兰芳同志。半个世纪的舞台生涯
guò qù le liù shí liù suì de gāo líng réng rán néng chuàng zào chū zhè yàng fù yǒu zhāo qì de měi lì xíng xiàng
过去了，六十六岁的高龄，仍然能创造出这样富有朝气的美丽形象，
biǎo xiàn chū zhè yàng chōng pèi de qīng chūn huó lì zhè bù néng bù shuō shì qí jì zhè qí jì de chǎn shēng shì bì
表现出这样充沛的青春活力，这不能不说是奇迹。这奇迹的产生是必
rán de yīn wèi wǒ men yōng yǒu zhè yàng rè qíng de guān zhòng hé zhè yàng rè qíng de yì shù jiā
然的，因为我们拥有这样热情的观众和这样热情的艺术家。

节选自叶君健《看戏》

练习六

仲夏，朋友相邀游十渡。在城里住久了，一旦进入山水之间，竟有一种生命复苏的快感。

下车后，我们舍弃了大路，挑选了一条半隐半现在庄稼地里的小径，弯弯绕绕地来到了十渡渡口。夕阳下的拒马河慷慨地撒出一片散金碎玉，对我们表示欢迎。

岸边山崖上刀斧痕犹存的崎岖小道，高低凹凹，虽没有“难于上青天”的险恶，却也有踏空了滚到拒马河洗澡的风险。狭窄处只能手扶岩石贴壁而行。当“东坡草堂”几个红漆大字赫然出现在前方岩壁时，一座镶嵌在岩崖间的石砌茅草屋同时跃进眼底。草屋被几级石梯托得高高的，屋下俯瞰着一湾河水，屋前顺山势辟出了一片空地，算是院落吧！右侧有一小小的蘑菇形的凉亭，内设石桌石凳，亭顶褐黄色的茅草像流苏般向下垂泻，把现

实和童话串成了一体。草屋的构思者最精彩的一笔，是设在院落边沿的柴门和篱笆，走近这儿，便有了“花径不曾缘客扫，蓬门今始为君开”的意思。

当我们重登凉亭时，远处的蝙蝠山已在夜色下化为剪影，好像就要展翅扑来。拒马河趁人们看不清它的容貌时豁开了嗓门儿韵味十足地唱呢！偶有不安分的小鱼儿和青蛙蹦跳//成声，像是为了强化这夜曲的节奏。此时，只觉世间唯有水声和我，就连偶尔从远处赶来歇脚的晚风，也悄无声息。

当我渐渐被夜的凝重与深邃所融蚀，一缕新的思绪涌动时，对岸沙滩上燃起了篝火，那鲜亮的火光，使夜色有了躁动感。篝火四周，人影绰约，如歌似舞。朋友说，那是北京的大学生们，结伴来这儿度周末的。遥望那明灭无定的火光，想象着篝火映照的青春年华，也是一种意想不到的乐趣。

节选自刘延《十渡游趣》

zhòng xià péng you xiāng yāo yóu shí dù zài chéng lǐ zhù jiǔ le yí dàn jìn rù shān shuǐ zhī jiān jìng yǒu
仲夏，朋友相邀游十渡。在城里住久了，一旦进入山水之间，竟有
yì zhǒng shēng mìng fù sū de kuài gǎn
一种生命复苏的快感。

xià chē hòu wǒ men shě qì le dà lù tiāo xuǎn le yì tiáo bàn yǐn bàn xiàn zài zhuāng jia dì lǐ de xiǎo
下车后，我们舍弃了大路，挑选了一条半隐半现在庄稼地里的小
jìng wān wān rào rào de lái dào le shí dù dù kǒu xī yáng xià de jù mǎ hé kāng kǎi de sǎ chū yí piàn sǎn jīn
径，弯弯绕绕地来到了十渡渡口。夕阳下的拒马河慷慨地撒出一片散金
suì yù duì wǒ men biǎo shì huān yíng
碎玉，对我们表示欢迎。

àn biān shān yá shàng dāo fǔ hén yóu cún de qí qū xiǎo dào gāo dī tū āo suī méi yǒu nán yú shàng
岸边山崖上刀斧痕犹存的崎岖小道，高低凸凹，虽没有“难于上
qīng tiān de xiǎn è què yě yǒu tà kōng le gǔn dào jù mǎ hé xǐ zǎo de fēng xiǎn xiá zhǎi chù zhǐ néng shǒu fú
青天”的险恶，却也有踏空了滚到拒马河洗澡的风险。狭窄处只能手扶
yán shí tiē bì ér xíng dāng dōng pō cǎo táng jǐ gè hóng qī dà zì hè rán chū xiàn zài qián fāng yán bì shí
岩石贴壁而行。当“东坡草堂”几个红漆大字赫然出现在前方岩壁时，
yí zuò xiāng qiàn zài yán yá jiān de shí qì máo cǎo wū tóng shí yuè jìn yǎn dǐ cǎo wū bèi jǐ jí shí tī tuō de
一座镶嵌在岩崖间的石砌茅草屋同时跃进眼底。草屋被几级石梯托得
gāo gāo de wū xià fǔ kàn zhe yì wān hé shuǐ wū qián shùn shān shì pì chū le yí piàn kòng dì suàn shì yuàn
高高的，屋下俯瞰着一湾河水，屋前顺山势辟出了一片空地，算是院
luò ba yòu cè yǒu yì xiǎo xiǎo de mó gu xíng de liáng tíng nèi shè shí zhuō shí dèng tíng dǐng hè huáng sè de máo
落吧！右侧有一小小的蘑菇形的凉亭，内设石桌石凳，亭顶褐黄色的茅
cǎo xiàng liú sū bān xiàng xià chuí xiè bǎ xiàn shí hé tóng huà chuàn chéng le yì tǐ cǎo wū de gòu sī zhě zuì
草像流苏般向下垂泻，把现实和童话串成了一体。草屋的构思者最
jīng cǎi de yì bǐ shì shè zài yuàn luò biān yán de chái mén hé lí ba zǒu jìn zhèr biàn yǒu le huā jìng
精彩的一笔，是设在院落边沿的柴门和篱笆，走近这儿，便有了“花径
bù céng yuán kè sǎo péng mén jīn shǐ wèi jūn kāi de yì si
不曾缘客扫，蓬门今始为君开”的意思。

dāng wǒ men chóng dēng liáng tíng shí yuǎn chù de biān fú shān yǐ zài yè sè xià huà wéi jiǎn yǐng hǎo xiàng jiù
当我们重登凉亭时，远处的蝙蝠山已在夜色下化为剪影，好像就
yào zhǎn chì pū lái jù mǎ hé chèn rén men kàn bù qīng tā de róng mào shí huō kāi le sǎng ménr yùn wèi shí zú
要展翅扑来。拒马河趁人们看不清它的容貌时豁开了嗓门儿韵味十足
de chàng ne ǒu yǒu bù ān fèn de xiǎo yúr hé qīng wā bèng tiào chéng shēng xiàng shì wèi le qiáng huà zhè yè
地唱呢！偶有不安分的小鱼儿和青蛙蹦跳//成声，像是为了强化这夜

qǔ de jié zòu cǐ shí zhǐ jué shì jiān wéi yǒu shuǐ shēng hé wǒ jiù lián ǒu ěr cóng yuǎn chù gǎn lái xiē jiǎo
曲的节奏。此时，只觉世间唯有水声和我，就连偶尔从远处赶来歇脚
de wǎn fēng yě qiǎo wú shēng xī
的晚风，也悄无声息。

dāng wǒ jiàn jiàn bèi yè de níng zhòng yǔ shēn suì suǒ róng shí yì lǚ xīn de sī xù yǒng dòng shí duì àn
当我渐渐被夜的凝重与深邃所融蚀，一缕新的思绪涌动时，对岸
shā tān shàng rán qǐ le gōu huǒ nà xiānliàng de huǒguāng shǐ yè sè yǒu le zào dòng gǎn gōu huǒ sì zhōu
沙滩上燃起了篝火，那鲜亮的火光，使夜色有了躁动感。篝火四周，
rén yǐng chuò yuē rú gē sì wǔ péng you shuō nà shì běi jīng de dà xué shēng men jié bàn lái zhèr dù
人影绰约，如歌似舞。朋友说，那是北京的大学生们，结伴来这儿度
zhōu mò de yáo wàng nà míng miè wú dìng de huǒ guāng xiǎng xiàng zhe gōu huǒ yìng zhào de qīng chūn nián huá yě
周末的。遥望那明灭无定的火光，想象着篝火映照的青春年华，也
shì yì zhǒng yì xiǎng bú dào de lè qù
是一种意想不到的乐趣。

节选自刘延《十渡游趣》

练习七

泰山极顶看日出，历来被描绘成十分壮观的奇景。有人说：登泰山而看不到日出，就像一出大戏没有戏眼，味儿终究有点寡淡。

我去爬山那天，正赶上个难得的好天，万里长空，云彩丝儿都不见。素常烟雾腾腾的山头、显得眉目分明。同伴们都欣喜地说："明天早晨准可以看见日出了。"我也是抱着这种想头，爬上山去。

一路从山脚往上爬、细看山景，我觉得挂在眼前的不是五岳独尊的泰山、却像一幅规模惊人的青绿山水画，从下面倒展开来。在画卷中最先露出的是山根底那座明朝建筑岱宗坊，慢慢地便现出王母池、斗母宫、经石峪。山是一层比一层深，一叠比一叠奇，层层叠叠，不知还会有多深多奇。万山丛中，时而点染着极其工细的人物。王母池旁的吕祖殿里有不少尊明塑，塑着吕洞宾等一些人，姿态神情是那样有生气，你看了，不禁会脱口赞叹说："活啦。"

画卷继续展开，绿阴森森的柏洞露面不太久，便来到对松山。两面奇峰对峙着，满山峰都是奇形怪状的老松，年纪怕都有上千岁了，颜色竟那么浓、浓得好像要流下来似的。来到这儿，你不妨权当一次画里的写意人物，坐在路旁的对松亭里，看看山色，听听流//水和松涛。

一时间，我又觉得自己不仅是在看画卷，却又像是在零零乱乱翻着一卷历史稿本。

节选自杨朔《泰山极顶》

tài shān jí dǐng kàn rì chū lì lái bèi miáo huì chéng shí fēn zhuàng guān de qí jǐng yǒu rén shuō dēng tài shān
泰山极顶看日出，历来被描绘成十分壮观的奇景。有人说：登泰山
ér kàn bú dào rì chū jiù xiàng yì chū dà xì méi yǒu xì yǎn wèir zhōng jiū yǒu diǎn guǎ dàn
而看不到日出，就像一出大戏没有戏眼，味儿终究有点寡淡。

wǒ qù pá shān nà tiān zhèng gǎn shàng gè nán dé de hǎo tiān wàn lǐ cháng kōng yún cǎi sīr dōu bú
我去爬山那天，正赶上个难得的好天，万里长空，云彩丝儿都不

jiàn　sù chángyān wù téngténg de shān tóu　xiǎn de méi mù fēn míng　tóng bàn men dōu xīn xǐ de shuō　míngtiān
见。素常烟雾腾腾的山头，显得眉目分明。同伴们都欣喜地说：“明天
zǎo chen zhǔn kě yǐ kàn jiàn rì chū le　wǒ yě shì bào zhe zhèzhǒng xiǎngtou　pá shàng shān qù
早晨准可以看见日出了。”我也是抱着这种想头，爬上山去。

yì lù cóngshān jiǎo wǎngshàng pá　xì kàn shān jǐng　wǒ jué de guà zài yǎn qián de bú shì wǔ yuè dú zūn
一路从山脚往上爬，细看山景，我觉得挂在眼前的不是五岳独尊
de tài shān　què xiàng yì fú guī mó jīng rén de qīng lǜ shān shuǐ huà　cóng xià miàn dào zhǎn kāi lái　zài huà juàn
的泰山，却像一幅规模惊人的青绿山水画，从下面倒展开来。在画卷
zhōng zuì xiān lòu chū de shì shān gēn dǐ nà zuò míng cháo jiàn zhù dài zōngfāng　màn màn de biàn xiàn chū wáng mǔ chí　dǒu
中最先露出的是山根底那座明朝建筑岱宗坊，慢慢地便现出王母池、斗
mǔ gōng　jīng shí yù　shān shì yì céng bǐ yì céngshēn　yì dié bǐ yì dié qí　céng céng dié dié　bù zhī hái
母宫、经石峪。山是一层比一层深，一叠比一叠奇，层层叠叠，不知还
huì yǒu duō shēn duō qí　wàn shān cóng zhōng　shí ér diǎn rǎn zhe jí qí gōng xì de rén wù　wáng mǔ chí páng de
会有多深多奇。万山丛中，时而点染着极其工细的人物。王母池旁的
lǚ zǔ diàn lǐ yǒu bù shǎo zūn míng sù　sù zhe lǚ dòng bīn děng yì xiē rén　zī tài shénqíng shì nà yàng yǒu shēng
吕祖殿里有不少尊明塑，塑着吕洞宾等一些人，姿态神情是那样有生
qì　nǐ kàn le　bù jīn huì tuō kǒu zàn tàn shuō　huó la
气，你看了，不禁会脱口赞叹说：“活啦。”

huà juàn jì xù zhǎn kāi　lǜ yīn sēn sēn de bǎi dòng lòu miàn bú tài jiǔ　biàn lái dào duì sōngshān　liǎng miàn
画卷继续展开，绿阴森森的柏洞露面不太久，便来到对松山。两面
qí fēng duì zhì zhe　mǎnshānfēng dōu shì qí xíng guài zhuàng de lǎo sōng　nián jì pà dōu yǒu shàng qiān suì le　yán
奇峰对峙着，满山峰都是奇形怪状的老松，年纪怕都有上千岁了，颜
sè jìng nà me nóng　nóng de hǎo xiàng yào liú xià lái shì de　lái dào zhèr　nǐ bù fáng quán dāng yí cì huà
色竟那么浓、浓得好像要流下来似的。来到这儿，你不妨权当一次画
lǐ de xiě yì rén wù　zuò zài lù páng de duì sōng tíng lǐ　kàn kan shān sè　tīng tīng liú　shuǐ hé sōng tāo
里的写意人物，坐在路旁的对松亭里，看看山色，听听流//水和松涛。

yì shí jiān　wǒ yòu jué de zì jǐ bù jǐn shì zài kàn huà juàn　què yòu xiàng shì zài líng líng luàn luàn fān zhe
一时间，我又觉得自己不仅是在看画卷，却又像是在零零乱乱翻着
yí juàn lì shǐ gǎo běn
一卷历史稿本。

节选自杨朔《泰山极顶》

练习八

在太空的黑幕上，地球就像站在宇宙舞台中央那位最美的大明星，浑身散发出夺人心魄的、彩色的、明亮的光芒，她披着浅蓝色的纱裙和白色的飘带，如同天上的仙女缓缓飞行。

地理知识告诉我，地球上大部分地区覆盖着海洋，我果然看到了大片蔚蓝色的海水，浩瀚的海洋骄傲地披露着广阔壮观的全貌，我还看到了黄绿相间的陆地，连绵的山脉纵横其间；我看到我们平时所说的天空，大气层中飘浮着片片雪白的云彩，那么轻柔，那么曼妙，在阳光普照下，仿佛贴在地面上一样。海洋、陆地、白云，它们呈现在飞船下面，缓缓驶来，又缓缓离去。

我知道自己还是在轨道上飞行，并没有完全脱离地球的怀抱，冲向宇宙的深处，然而

这也足以让我震撼了，我并不能看清宇宙中众多的星球，因为实际上它们离我们的距离非常遥远，很多都是以光年计算。正因为如此，我觉得宇宙的广袤真实地摆在我的眼前，即便作为中华民族第一个飞天的人我已经跑到离地球表面四百公里的空间，可以称为太空人了，但是实际上在浩瀚的宇宙面前，我仅像一粒尘埃。

虽然独自在太空飞行，但我想到了此刻千万//中国人翘首以待，我不是一个人在飞，我是代表所有中国人，甚至人类来到了太空。我看到的一切证明了中国航天技术的成功，我认为我的心情一定要表达一下，就拿出太空笔，在工作日志背面写了一句话：“为了人类的和平与进步，中国人来到太空了。”以此来表达一个中国人的骄傲和自豪。

节选自杨利伟《天地九重》

zài tài kōng de hēi mù shàng dì qiú jiù xiàng zhàn zài yǔ zhòu wǔ tái zhōng yāng nà wèi zuì měi de dà míng
在太空的黑幕上，地球就像站在宇宙舞台中央那位最美的大明
xīng hún shēn sàn fā chū duó rén xīn pò de cǎi sè de míng liàng de guāngmáng tā pī zhe qiǎn lán sè de
星，浑身散发出夺人心魄的、彩色的、明亮的光芒，她披着浅蓝色的
shā qún hé bái sè de piāo dài rú tóng tiānshàng de xiān nǚ huǎn huǎn fēi xíng
纱裙和白色的飘带，如同天上的仙女缓缓飞行。

dì lǐ zhī shi gào sù wǒ dì qiúshàng dà bù fen dì qū fù gài zhe hǎi yáng wǒ guǒ rán kàn dào le dà
地理知识告诉我，地球上大部分地区覆盖着海洋，我果然看到了大
piàn wèi lán sè de hǎi shuǐ hào hàn de hǎi yáng jiāo ào de pī lù zhe guǎng kuò zhuàng guān de quánmào wǒ hái
片蔚蓝色的海水，浩瀚的海洋骄傲地披露着广阔壮观的全貌，我还
kàn dào le huáng lǜ xiāng jiàn de lù dì liánmián de shān mài zòng héng qí jiān wǒ kàn dào wǒ men píng shí suǒ shuō de
看到了黄绿相间的陆地，连绵的山脉纵横其间；我看到我们平时所说的
tiān kōng dà qì céng zhōngpiāo fú zhe piàn piàn xuě bái de yún cai nà me qīng róu nà me mànmiào zài yáng
天空，大气层中飘浮着片片雪白的云彩，那么轻柔，那么曼妙，在阳
guāng pǔ zhào xià fǎng fú tiē zài dì miànshàng yí yàng hǎi yáng lù dì bái yún tā men chéng xiàn zài fēi
光普照下，仿佛贴在地面上一样。海洋、陆地、白云，它们呈现在飞
chuán xià miàn huǎn huǎn shǐ lái yòu huǎn huǎn lí qù
船下面，缓缓驶来，又缓缓离去。

wǒ zhī dào zì jǐ hái shì zài guǐ dàoshàng fēi xíng bìng méi yǒu wán quán tuō lí dì qiú de huái bào chōng
我知道自己还是在轨道上飞行，并没有完全脱离地球的怀抱，冲
xiàng yǔ zhòu de shēn chù rán ér zhè yě zú yǐ ràng wǒ zhèn hàn le wǒ bìng bù néng kàn qīng yǔ zhòu zhōng zhòng duō
向宇宙的深处，然而这也足以让我震撼了，我并不能看清宇宙中众多
de xīng qiú yīn wèi shí jì shàng tā men lí wǒ men de jù lí fēi cháng yáo yuǎn hěn duō dōu shì yǐ guāng nián jì
的星球，因为实际上它们离我们的距离非常遥远，很多都是以光年计
suàn zhèng yīn wèi rú cǐ wǒ jué de yǔ zhòu de guǎng mào zhēn shí de bǎi zài wǒ de yǎn qián jí biàn zuò wéi
算。正因为如此，我觉得宇宙的广袤真实地摆在我的眼前，即便作为
zhōng huá mín zú dì yī gè fēi tiān de rén wǒ yǐ jīng pǎo dào lí dì qiú biǎo miàn sì bǎi gōng lǐ de kōng jiān kě
中华民族第一个飞天的人我已经跑到离地球表面四百公里的空间，可
yǐ chēng wéi tài kōng rén le dàn shì shí jì shàng zài hào hàn de yǔ zhòu miàn qián wǒ jǐn xiàng yí lì chén āi
以称为太空人了，但是实际上在浩瀚的宇宙面前，我仅像一粒尘埃。

suī rán dú zì zài tài kōng fēi xíng dàn wǒ xiǎng dào le cǐ kè qiān wàn zhōng guó rén qiáo shǒu yǐ dài wǒ
虽然独自在太空飞行，但我想到了此刻千万//中国人翘首以待，我
bú shì yí gè rén zài fēi wǒ shì dài biǎo suǒ yǒu zhōng guó rén shèn zhì rén lèi lái dào le tài kōng wǒ kàn
不是一个人在飞，我是代表所有中国人，甚至人类来到了太空。我看
dào de yí qiè zhèng míng le zhōng guó háng tiān jì shù de chéng gōng wǒ rèn wéi wǒ de xīn qíng yí dìng yào biǎo dá yí
到的一切证明了中国航天技术的成功，我认为我的心情一定要表达一

xià　jiù ná chū tài kōng bǐ　zài gōng zuò rì zhì bèi miàn xiě le yí jù huà　wèi le rén lèi de hé píng yǔ jìn
下，就拿出太空笔，在工作日志背面写了一句话："为了人类的和平与进
bù　zhōngguó rén lái dào tài kōng le　yǐ cǐ lái biǎo dá yí gè zhōngguó rén de jiāo ào hé zì háo
步，中国人来到太空了。"以此来表达一个中国人的骄傲和自豪。

节选自杨利伟《天地九重》

练习九

北宋时候，有位画家叫张择端。他画了一幅名扬中外的画《清明上河图》。这幅画长五百二十八厘米，高二十四点八厘米，画的是北宋都城汴梁热闹的场面。这幅画已经有八百多年的历史了，现在还完整地保存在北京的故宫博物院里。

张择端画这幅画的时候，下了很大的功夫。光是画上的人物，就有五百多个：有从乡下来的农民，有撑船的船工，有做各种买卖的生意人，有留着长胡子的道士，有走江湖的医生，有摆小摊的摊贩，有官吏和读书人，三百六十行，哪一行的人都画在上面了。

画上的街市可热闹了。街上有挂着各种招牌的店铺、作坊、酒楼、茶馆，走在街上的，是来来往往、形态各异的人：有的骑着马，有的挑着担，有的赶着毛驴，有的推着独轮车，有的悠闲地在街上溜达。画面上的这些人，有的不到一寸，有的甚至只有黄豆那么大。别看画上的人小，每个人在干什么，都能看得清清楚楚。

最有意思的是桥北头的情景：一个人骑着马，正往桥下走。因为人太多，眼看就要碰上对面来的一乘轿子。就在这个紧急时刻，那个牧马人一下子拽住了马笼头，这才没碰上那乘轿子。不过，这么一来，倒把马右边的//两头小毛驴吓得又踢又跳。站在桥栏杆边欣赏风景的人，被小毛驴惊扰了，连忙回过头来赶小毛驴。你看，张择端画的画，是多么传神啊！

《清明上河图》使我们看到了八百年以前的古都风貌，看到了当时普通老百姓的生活场景。

节选自滕明道《一幅名扬中外的画》

bēi sòng shí hou　yǒu wèi huà jiā jiàozhāng zé duān　tā huà le yì fú míng yáng zhōngwài de huà　qīng míng
北宋时候，有位画家叫张择端。他画了一幅名扬中外的画《清明
shàng hé tú　zhè fú huà cháng wǔ bǎi èr shí bā lí mǐ　gāo èr shí sì diǎn bā lí mǐ　huà de shì běi
上河图》。这幅画长五百二十八厘米，高二十四点八厘米，画的是北
sòng dū chéng biàn liáng rè nao de chǎng miàn　zhè fú huà yǐ jīng yǒu bā bǎi duō nián de lì shǐ le　xiàn zài hái wán
宋都城汴梁热闹的场面。这幅画已经有八百多年的历史了，现在还完
zhěng de bǎo cún zài běi jīng de gù gōng bó wù yuàn lǐ
整地保存在北京的故宫博物院里。

zhāng zé duān huà zhè fú huà de shí hou　xià le hěn dà de gōng fu　guāng shì huà shàng de rén wù　jiù yǒu
张择端画这幅画的时候，下了很大的功夫。光是画上的人物，就有
wǔ bǎi duō gè　yǒu cóng xiāng xià lái de nóng mín　yǒu chēng chuán de chuán gōng　yǒu zuò gè zhǒng mǎi mài de shēng yì
五百多个：有从乡下来的农民，有撑船的船工，有做各种买卖的生意
rén　yǒu liú zhe cháng hú zi de dào shi　yǒu zǒu jiāng hú de yī shēng　yǒu bǎi xiǎo tān de tān fàn　yǒu guān
人，有留着长胡子的道士，有走江湖的医生，有摆小摊的摊贩，有官

lì hé dú shū rén sān bǎi liù shí háng nǎ yì háng de rén dōu huà zài shàng miàn le
吏和读书人，三百六十行，哪一行的人都画在上面了。

huà shàng de jiē shì kě rè nao le jiē shàng yǒu guà zhe gè zhǒng zhāo pai de diàn pū zuō fang jiǔ
画上的街市可热闹了。街上有挂着各种招牌的店铺、作坊、酒
lóu chá guǎn zǒu zài jiē shàng de shì lái lái wǎng wǎng xíng tài gè yì de rén yǒu de qí zhe mǎ yǒu
楼、茶馆，走在街上的，是来来往往、形态各异的人：有的骑着马，有
de tiāo zhe dān yǒu de gǎn zhe máo lǘ yǒu de tuī zhe dú lún chē yǒu de yōu xián de zài jiē shàng liū da
的挑着担，有的赶着毛驴，有的推着独轮车，有的悠闲地在街上溜达。
huà miàn shàng de zhè xiē rén yǒu de bú dào yí cùn yǒu de shèn zhì zhǐ yǒu huáng dòu nà me dà bié kàn huà
画面上的这些人，有的不到一寸，有的甚至只有黄豆那么大。别看画
shàng de rén xiǎo měi gè rén zài gān shén me dōu néng kàn de qīng qīng chǔ chǔ
上的人小，每个人在干什么，都能看得清清楚楚。

zuì yǒu yì si de shì qiáo běi tou de qíng jǐng yí gè rén qí zhe mǎ zhèng wǎng qiáo xià zǒu yīn wèi rén
最有意思的是桥北头的情景：一个人骑着马，正往桥下走。因为人
tài duō yǎn kàn jiù yào pèng shàng duì miàn lái de yí shèng jiào zi jiù zài zhè gè jǐn jí shí kè nà gè mù
太多，眼看就要碰上对面来的一乘轿子。就在这个紧急时刻，那个牧
mǎ rén yí xià zi zhuài zhù le mǎ lóng tou zhè cái méi pèng shàng nà shèng jiào zi bú guò zhè me yì lái
马人一下子拽住了马笼头，这才没碰上那乘轿子。不过，这么一来，
dǎo bǎ mǎ yòu biān de liǎng tóu xiǎo máo lǘ xià de yòu tī yòu tiào zhàn zài qiáo lán gān biān xīn shǎng fēng jǐng de
倒把马右边的//两头小毛驴吓得又踢又跳。站在桥栏杆边欣赏风景的
rén bèi xiǎo máo lǘ jīng rǎo le lián máng huí guò tóu lái gǎn xiǎo máo lǘ nǐ kàn zhāng zé duān huà de
人，被小毛驴惊扰了，连忙回过头来赶小毛驴。你看，张择端画的
huà shì duō me chuán shén a
画，是多么传神啊！

qīng míng shàng hé tú shǐ wǒ men kàn dào le bā bǎi nián yǐ qián de gǔ dū fēng mào kàn dào le dāng
《清明上河图》使我们看到了八百年以前的古都风貌，看到了当
shí pǔ tōng lǎo bǎi xìng de shēng huó chǎng jǐng
时普通老百姓的生活场景。

节选自滕明道《一幅名扬中外的画》

练习十

造纸术的发明，是中国对世界文明的伟大贡献之一。

早在几千年前，我们的祖先就创造了文字。可那时候还没有纸，要记录一件事情，就用刀把文字刻在龟甲和兽骨上，或者把文字铸刻在青铜器上。后来，人们又把文字写在竹片和木片上。这些竹片、木片用绳子串起来，就成了一册书。但是，这种书很笨重，阅读、携带、保存都很不方便。古时候用“学富五车”形容一个人学问高，是因为书多的时候需要用车来拉。再后来，有了蚕丝织成的帛，就可以在帛上写字了。帛比竹片、木片轻便。但是价钱太贵，只有少数人能用，不能普及。

人们用蚕茧制作丝绵时发现，盛放蚕茧的篾席上，会留下一层薄片，可用于书写。考古学家发现，在两千多年前的西汉时代，人们已经懂得了用麻来造纸。但麻纸比较粗糙，不便书写。

大约在一千九百年前的东汉时代，有个叫蔡伦的人，吸收了人们长期积累的经验，改

进了造纸术。他把树皮、麻头、稻草、破布等原料剪碎或切断，浸在水里捣烂成浆；再把浆捞出来晒干，就成了一种既轻便又好用的纸。用这种方法造的纸，原料容易得到，可以大量制造，价格又便宜，能满足多数人的需要，所//以这种造纸方法就传承下来了。

我国的造纸术首先传到邻近的朝鲜半岛和日本，后来又传到阿拉伯世界和欧洲，极大地促进了人类社会的进步和文化的发展，影响了全世界。

节选自《纸的发明》

zào zhǐ shù de fā míng shì zhōng guó duì shì jiè wén míng de wěi dà gòng xiàn zhī yī
造纸术的发明，是中国对世界文明的伟大贡献之一。

zǎo zài jǐ qiān nián qián wǒ men de zǔ xiān jiù chuàng zào le wén zì kě nà shí hou hái méi yǒu zhǐ yào
早在几千年前，我们的祖先就创造了文字。可那时候还没有纸，要
jì lù yí jiàn shì qing jiù yòng dāo bǎ wén zì kè zài guī jiǎ hé shòu gǔ shàng huò zhě bǎ wén zì zhù kè zài qīng
记录一件事情，就用刀把文字刻在龟甲和兽骨上，或者把文字铸刻在青
tóng qì shàng hòu lái rén men yòu bǎ wén zì xiě zài zhú piàn hé mù piàn shàng zhè xiē zhú piàn mù piàn yòng
铜器上。后来，人们又把文字写在竹片和木片上。这些竹片、木片用
shéng zi chuān qǐ lái jiù chéng le yí cè shū dàn shì zhè zhǒng shū hěn bèn zhòng yuè dú xié dài bǎo
绳子穿起来，就成了一册书。但是，这种书很笨重，阅读、携带、保
cún dōu hěn bù fāng biàn gǔ shí hou yòng xué fù wǔ chē xíng róng yí gè rén xué wèn gāo shì yīn wèi shū duō
存都很不方便。古时候用“学富五车”形容一个人学问高，是因为书多
de shí hou xū yào yòng chē lái lā zài hòu lái yǒu le cán sī zhī chéng de bó jiù kě yǐ zài bó shàng xiě zì
的时候需要用车来拉。再后来，有了蚕丝织成的帛，就可以在帛上写字
le bó bǐ zhú piàn mù piàn qīng biàn dàn shì jià qián tài guì zhǐ yǒu shǎo shù rén néng yòng bù néng pǔ jí
了。帛比竹片、木片轻便。但是价钱太贵，只有少数人能用，不能普及。

rén men yòng cán jiǎn zhì zuò sī mián shí fā xiàn chéng fàng cán jiǎn de miè xí shàng huì liú xià yì céng báo
人们用蚕茧制作丝绵时发现，盛放蚕茧的篾席上，会留下一层薄
piàn kě yòng yú shū xiě kǎo gǔ xué jiā fā xiàn zài liǎng qiān duō nián qián de xī hàn shí dài rén men yǐ jīng
片，可用于书写。考古学家发现，在两千多年前的西汉时代，人们已经
dǒng de le yòng má lái zào zhǐ dàn má zhǐ bǐ jiào cū cāo bú biàn shū xiě
懂得了用麻来造纸。但麻纸比较粗糙，不便书写。

dà yuē zài yì qiān jiǔ bǎi nián qián de dōng hàn shí dài yǒu gè jiào cài lún de rén xī shōu le rén men cháng
大约在一千九百年前的东汉时代，有个叫蔡伦的人，吸收了人们长
qī jī lěi de jīng yàn gǎi jìn le zào zhǐ shù tā bǎ shù pí má tóu dào cǎo pò bù děng yuán liào jiǎn
期积累的经验，改进了造纸术。他把树皮、麻头、稻草、破布等原料剪
suì huò qiē duàn jìn zài shuǐ lǐ dǎo làn chéng jiāng zài bǎ jiāng lāo chū lái shài gān jiù chéng le yì zhǒng jì qīng biàn
碎或切断，浸在水里捣烂成浆；再把浆捞出来晒干，就成了一种既轻便
yòu hǎo yòng de zhǐ yòng zhè zhǒng fāng fǎ zào de zhǐ yuán liào róng yì dé dào kě yǐ dà liàng zhì zào jià gé
又好用的纸。用这种方法造的纸，原料容易得到，可以大量制造，价格
yòu pián yi néng mǎn zú duō shù rén de xū yào suǒ yǐ zhè zhǒng zào zhǐ fāng fǎ jiù chuán chéng xià lái le
又便宜，能满足多数人的需要，所//以这种造纸方法就传承下来了。

wǒ guó de zào zhǐ shù shǒu xiān chuán dào lín jìn de cháo xiǎn bàn dǎo hé rì běn hòu lái yòu chuán dào ā lā
我国的造纸术首先传到邻近的朝鲜半岛和日本，后来又传到阿拉
bó shì jiè hé ōu zhōu jí dà de cù jìn le rén lèi shè huì de jìn bù hé wén huà de fā zhǎn yǐng xiǎng le
伯世界和欧洲，极大地促进了人类社会的进步和文化的发展，影响了
quán shì jiè
全世界。

节选自《纸的发明》

本章小结

本章介绍了作品朗读中的各种注意事项、普通话朗读测试的基本要求、作品朗读的示范和赏析以及实战演练等训练项目，希望学习者通过本章的学习，不仅懂得朗读的一些基本知识和应对普通话作品朗读考试的一些策略，更重要的是，能够加深对朗读这一语言表达形式的认识和理解，总结和提升自己的朗读技巧，注重掌握句子的意群停顿，且有意识地体会和把握作品表达的思想内容和感情色彩。

在今后的学习中，对文学作品以及其他各种语言材料进行朗读时，在读准字音的基础上，还要懂得加深对于文学作品、各种语言材料的理解，结合文义把文学作品或其他语言材料的内容准确地表达出来，将情、意、言完整地呈现。通过学习，从言语表达的角度，进一步激发学习者对中华优秀文化作品的关注和理解，希望能用言语朗读的方式将这些优秀的作品传承下来、传播开来，提升我们外在的语言品位和内在的精神涵养，不断地为新时代的文化传播与发展承前启后、继往开来。

第四章

朗诵与技巧

知识目标

1.通过本章的学习，了解朗诵的特点、作用以及目的。

2.通过本章的学习，掌握朗诵的基本技巧：停连、重音、语气、节奏。

能力目标

1.通过本章的学习，掌握适当的语速和节奏，使朗诵更加流畅自然，既不过快也不过慢，保持与文学作品内容相匹配的节奏。通过合理的语调和重音处理，使朗诵更具表现力和感染力，突出文本中的关键信息和情感。

2.通过本章的学习，掌握适当的技巧将情感传达给听众，引起共鸣。通过语言的力量，对文本中的人物、场景等形象生动地进行呈现。

3.通过本章的学习，提高朗诵者的艺术修养和审美能力，通过艺术化的处理方式，使朗诵更具感染力和吸引力。

学思践悟

党的二十大报告指出，全面建设社会主义现代化国家，必须坚持中国特色社会主义文化发展道路，增强文化自信，围绕举旗帜、聚民心、育新人、兴文化、展形象建设社会主义文化强国，发展面向现代化、面向世界、面向未来的，民族的科学的大众的社会主义文化，激发全民族文化创新创造活力，增强实现中华民族伟大复兴的精神力量。

朗诵，作为一种传统艺术形式和语言表达手段，其有着深厚的文化底蕴和独特的艺术魅力，不仅在我们日常生活中占有重要地位，也会对我们的人格塑造、情感熏陶、思想启迪，及认识优秀文化人物和文化传统等方面产生深远的影响。在学习、思考、实践和感悟的过程中，会逐渐领略朗诵的无穷魅力和深刻内涵。朗诵时，需要理解其背后的文化内涵。朗诵不仅仅是对文字的表面表达，更是对文字背后思想、情感、意境的深入挖掘和传递。在学习的过程中，我们需要掌握正确的发音、语调、节奏等基本技巧，同时还需要不断提高自己的文学素养，以便更好地理解和诠释朗诵作品。

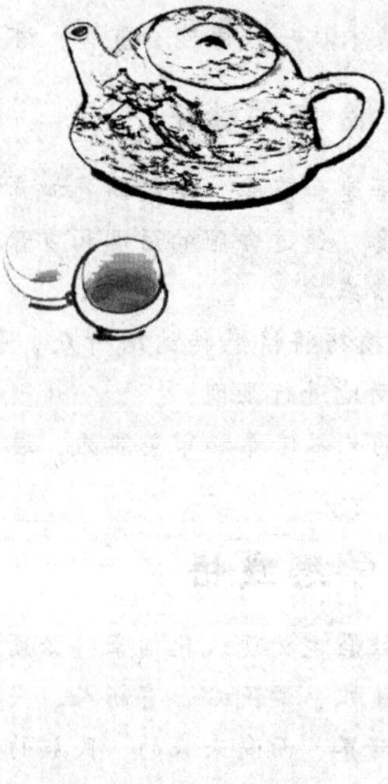

第一节　朗诵概述

“朗诵”是大声的诵读，是清清楚楚的高声诵读，它属于有声语言艺术的范畴。朗诵不同于朗读，朗读是用响亮有力的声音把文章读出来，以传达文章的思想内容。朗诵则是用响亮有力的声音把文章诵出来，以传达文章的思想内容。可见，朗诵的要求比朗读要高，它要求不看作品，面对观众，除运用声音外，还要借助眼神、手势等体态语帮助表达作品感情，引起听众共鸣。

一、朗诵的特点

朗诵是一种语言和声音的艺术表现形式，其主要特点是：

1. 音声性。朗诵是以声音为载体，通过口语交际来完整表达作品思想感情。朗诵者需要用自己的声音塑造形象，将文字作品转化为有声语言，这种转化包括对文字作品的理解、整体设计，并通过声音和语言来体现。

2. 规范性。朗诵要求使用规范的语言和文学作品，以确保传达的信息准确无误。朗诵者需要遵循语言的规范，如正确的发音、语法、语调等，以确保传达的信息清晰明了。

3. 社会性。朗诵是一种社会活动，它不仅是一种个人表达方式，也是一种社会文化的传播方式。通过朗诵，人们可以共享文化的成果，提升社会的文化水平。

4. 情感性。朗诵要求朗诵者深入理解作品，通过声音和语言的巧妙运用来表达作品中的情感和思想。这种表达方式能够让听众感受到心灵的震撼。

5. 艺术性。朗诵是一种艺术创作活动，具有再创性和艺术性的特点。这种语言比单纯的口语更为精练，并富于音乐美。它有助于提高读者的阅读能力，增强其艺术鉴赏力，并且能够陶冶性情，开阔胸怀。

练习 4-1

背影（节选）

作者：朱自清

我与父亲不相见已二年余了，我最不能忘记的是他的背影。

那年冬天，祖母死了，父亲的差使也交卸了，正是祸不单行的日子。我从北京到徐州打算跟着父亲奔丧回家。到徐州见着父亲，看见满院狼藉的东西，又想起祖母，不禁簌簌地流下眼泪。父亲说：“事已如此，不必难过，好在天无绝人之路！”

……

我说道：“爸爸，你走吧。”他往车外看了看说：“我买几个橘子去。你就在此地，不要走动。”我看那边月台的栅栏外有几个卖东西的等着顾客。走到那边月台，须穿过铁道，须跳下去又爬上去。父亲是一个胖子，走过去自然要费事些。我本来要去的，他不肯，只好让他去。我看见他戴着黑布小帽，穿着黑布大马褂，深青布棉袍，蹒跚地走到铁道边，慢慢探身下去，尚不大难。可是他穿过铁道，要爬上那边月台，就不容易了。他用两手攀着上面，两脚再向上缩；他肥胖的身子向左微倾，显出努力的样子，这时我看见他的背影，我的泪很快地流下来了。我赶紧拭干了泪。怕他看见，也怕别人看见。我再向外看时，他已抱了朱红的橘子往回走了。过铁道时，他先将橘子散放在地上，自己慢慢爬下，再抱起橘子走。到这边时，我赶紧去搀他。他和我走到车上，将橘子一股脑儿放在我的皮大衣上。于是扑扑衣上的泥土，心里很轻松似的。过一会儿说："我走了，到那边来信！"我望着他走出去。他走了几步，回过头看见我，说："进去吧，里边没人。"等他的背影混入来来往往的人里，再找不着了，我便进来坐下，我的眼泪又来了。

……

练习提示：这是朱自清先生前期散文的代表作。其感情真挚自然，语言朴素简洁，结构严谨精巧，具有清新、委婉、隽永的艺术风格。朗诵前要了解相关背景，特别是作者与父亲之间的关系，这对于朗诵时的情感把握十分重要。朗诵时语音要准确规范，要有代入感，感受父爱与母爱的不同，在情感表达时掌握好分寸。

二、朗诵的作用和目的

朗诵不仅是一种语言艺术表达方式，也是一种个性发展的手段。其作用及目的广泛而深远：

1.深入理解文学作品。朗诵有助于朗诵者深入体会文字作品，把握其中的思想感情和韵味。通过朗诵，可以更加深入地理解作品的内涵，感受文字所传达的情感和意境。

2.发挥语言的感染力，传递情感。当文学作品被转化为有声语言时，其感人的力量会得到增强。朗诵通过语言的韵律、节奏和语调等手段，能够更好地发挥语言的感染力，触动听众的心灵。

3.培养表达能力和写作能力。朗诵是一种有效培养表达能力和写作能力的手段。通过长期的朗诵练习，可以熟悉句型、精炼语言、规范口语，从而提高语言表达的准确性和流畅性。同时，朗诵也有助于积累词汇和句型，丰富语言表达形式。

4.培养想象力和表现力。文学作品的意境有韵味，能唤起人的美感、想象力和表现力。朗诵这些作品不仅可以增强对文字的理解，还可以激发想象力和表现力，使朗诵者能够更好地演绎文学作品。

5.传承文化。朗诵是传承和弘扬中华民族优秀文化的重要方式之一，通过朗诵经典文学作品，可以让更多的人了解和传承中华文化。

练习 4-2

再别康桥

作者：徐志摩

轻轻的我走了，
正如我轻轻的来；
我轻轻的招手，
作别西天的云彩。
那河畔的金柳，
是夕阳中的新娘；
波光里的艳影，
在我的心头荡漾。
软泥上的青荇，
油油的在水底招摇；
在康河的柔波里，
我甘心做一条水草！
那榆荫下的一潭，
不是清泉，是天上虹；
揉碎在浮藻间，
沉淀着彩虹似的梦。
寻梦？撑一支长篙，
向青草更青处漫溯；
满载一船星辉，
在星辉斑斓里放歌。
但我不能放歌，
悄悄是别离的笙箫；
夏虫也为我沉默，
沉默是今晚的康桥！
悄悄的我走了，
正如我悄悄的来；
我挥一挥衣袖，
不带走一片云彩。

练习提示：这首《再别康桥》全诗共七节，每节四行，每行两顿或三顿，不拘一格而又法度严谨，韵式上严守二、四押韵，抑扬顿挫，朗朗上口。这优美的节奏像涟漪般荡漾开来，有一种独特的美。七节诗错落有致地排列，韵律在其中徐行缓步地铺展，颇有些“长袍白面，郊寒岛瘦”的诗人气度。可以说，正体现了徐志摩的审美主张。

第二节　朗诵的技巧

朗诵是充满感情地将文字语言转化为有声语言。要以情带声，以声传情，形之于声及于听众。这就要求，首先对文章有所了解，确定重点、基调，把握句子和字词的语气，对其所特有的韵律进行认识。然后将其转化为有声语言。当然，每个人对情感的感受、理解、表达不同。但是必须基于文稿作品进行创作，感情真挚是基础。本章节主要学习有声语言直观可感的技巧：停连、重音、语气、节奏。

一、停连

停连包括两个方面，停，指停顿；连，指连接。有停顿有连接，才能更好地传情达意。在朗诵中，语言的部分之间、层次之间、段落之间、小层次之间、语句之间、词组或词之间，都可能出现声音的中断或延续，中断的时间有长有短，都属于停顿的范围。那些不休止、不中断的地方，特别是文字稿件中有标点符号而不休止、不中断的地方就是连接。无论停还是连都是思想感情发展变化的要求，而不是任意的，停连是有声语言的标点符号。

练习 4-3

枫桥夜泊

作者：张继（唐）

月落∧乌啼∧霜满天，江枫∧渔火∧对愁眠。
姑苏∧城外∧寒山寺，夜半∧钟声∧到客船。

练习提示：这首七绝以一“愁”字总起。前两句意象密集：落月、啼乌、满天霜、江枫、渔火、不眠人，形成一种意韵浓郁的审美情境。在每个词语之后都进行了短暂的停连，这在诗歌朗诵中常常运用，能使人感受到诗歌的韵律美。

练习 4-4

常言道：一落叶而尽知秋，予我，还有除秋之外的东西。∧叶无所争，∧而在生活中，好多人却是相反，为了一些蝇头小利，竟像热锅上的蚂蚁一般，不顾一切、乱了心志地去争抢∧，而且在此过程中，很多人甚至是无所不及。∧叶犹那般，人却这般，何以堪？

练习提示：第一个停顿和最后一个停顿呈现的是三个分句间“总—分—总”的关系。第二个分句有两层逻辑关系，“而在生活中”之前的停顿表现了第一层逻辑关系——转折，“而且在此过程中”之前的停顿表现了第二层逻辑关系——递进。

二、重音

朗诵内容既然由众多的词、词组连成一体，那么这些词、词组在表达某种思想感情、达到某种具体的语言目的时，就不可能同等重要，它们之间有主次之分。那最重要的词或词组，必然要求通过朗诵的声音形式显出它的重要。我们把那些重要的词或词组，甚至某个音节，或者说在朗读时需要强调或突出的词或词组，甚至某个音节叫作重音。

练习 4-5

当你老了，头发花白，睡意沉沉，倦坐在炉边，取下这本书来，慢慢读着，追梦当年的眼神。

练习提示：这句话中“老了”“花白”“睡意沉沉“ “慢慢”都是重音，起到修辞的作用，通过加重语气和语调的变化，表达出对岁月流逝和身体衰老的感慨和沉思。

练习 4-6

一个夏天，太阳暖暖地照着，海在很远的地方奔腾怒吼，绿叶在树枝上飒飒地响。

练习提示：“太阳”“海”“绿叶”这几个词语是并列关系，描绘出生动的夏日景象，所以要处理为重音。

练习 4-7

盼望着，盼望着，东风来了，春天的脚步近了。

一切都像刚睡醒的样子，欣欣然张开了眼。山朗润起来了，水涨起来了，太阳的脸红起来了。

练习提示：第一句话是对盼春的描写。此时春天还没有到来，人们热切地盼望春天的到来。所以第一句的两个“盼望”需重读，但要注意的是，就感情而言，两个“盼望”应是一个比一个强烈，才能将渴望春天到来的心情表现得淋漓尽致。“来”“春天”“近”也需要重读。

第二句话描绘了一幅美丽的春草图，描绘出春回大地、万物复苏的景象，也表明春天已经近了，山润、水涨、太阳火红，这一切都是春天来临的迹象。“朗润”“涨”“红”都应当重读，强调万物复苏的过程。

三、语气

它是能够表达朗诵者思想感情的语句的声音形式，是语言创作过程中重要的表达方式之一，在传情达意上起着重要的作用。

1.语气的情感色彩

语气的情感色彩是人类情感丰富繁杂的具体性质。表达要丰富，明确语句所包含的是非和爱憎。

（1）态度的具体性质——是非：赞扬、支持、亲切、坚定、热情；批评、反对、严肃、犹豫、冷淡。

（2）感情的具体性质——爱憎：喜悦、热爱、快乐、镇静；悲伤、憎恨、愤怒、恐惧。

2.语气的分量

语气的分量是区分是非、爱憎的浓淡程度，强调表达分寸感的主要因素。表达要不温不火，恰到好处。

（1）情感色彩本身的级差：窃喜、欣喜、惊喜、大喜、狂喜、沾沾自喜……

（2）外部相关因素影响下程度的级差：转嗔为喜、转愁为喜、转忧为喜、转悲为喜……

3.语气的情感把握技巧

（1）准确贴切：总体与作品整体基调一致，具体要抓住不同语句的个性色彩。

（2）真实细腻：只有真的情感才能打动人，沉浸到作品中，认真感受，认真体会。

4.语气的声音形式

语气并不仅是对内在情感的准确把握，它更强调外部的呈现，就是要通过具体的声音形式把内在的东西展现出来，让他人听到、感受到。声音形式是情感的物质载体，是人们感知创作主体内心情感状态的重要媒介。虽然由于个体差异，每个人的表达不可能一样，但声音形式在表现某种情绪时却有着共性特征，并具有共通性。表现在声音上是气随情动，声随气变，以声传情，也就是情的变化导致声音、气息的变化，而声音、气息的不同状态又反映了情感的不同特点。具体见表4-1。

表4-1　声音形式特点表

感情色彩	声音形式特点
爱	气徐声柔：口腔宽松，气息深长
憎	气足声硬：口腔紧窄，气息猛塞
悲	气沉声缓：口腔如负重，气息如斤竭
喜	气满声高：口腔似千里轻舟，气息似不绝清流
惧	气提声凝：口腔像冰封，气息像倒流
欲	气多声放：口腔积极敞开，气息力求畅达
急	气短声促：口腔似弓箭，飞剑流星，气息如穿梭
冷	气少声平：口腔松软，气息微弱
怒	气粗声重：口腔如鼓，气息如椽
疑	气细声黏：口腔欲松还紧，气息欲连还断

以上是对不同感情色彩所用声音形式特点的概括，反映了一定语气感情色彩和一定声音形式之间的对应规律、语气感情色彩和声音形式之间具体的相对稳定的关系，帮助我们认识和学习如何运用语气。不过，这并不是量的对应，只是一种状态描述，在具体应用中不能过于机械。

5.常见的朗诵语气

（1）庄重严肃：适用于表达庄重、肃穆的情感，语调沉稳、语速适中，表现出对内容的尊重和敬畏。

（2）激情热烈：适用于表达热烈、激昂的情感，语调高昂、语速较快，充满力量和热情。

（3）亲切自然：适用于表达轻松、自然的情感，语速自然，表现出与听众的亲近感。

（4）思念感慨：适用于表达思念、回忆、感慨等情感，语调低沉、语速较慢，充满深情和感慨。

（5）幽默诙谐：适用于表达幽默、风趣的情感，语调轻快、语速较快，充满幽默感和智慧。

练习 4-8

登高

作者：杜甫（唐）

风急天高猿啸哀，渚清沙白鸟飞回。
无边落木萧萧下，不尽长江滚滚来。
万里悲秋常作客，百年多病独登台。
艰难苦恨繁霜鬓，潦倒新停浊酒杯。

练习提示：这首诗表现了古人面对人生苦难的坚定、勇敢和坚韧不屈的精神，表达了诗人长年漂泊、忧国伤时、老病孤愁的复杂感情。整首诗饱含了对个人穷困潦倒生活的深沉感叹，对壮志难酬的哀怨，对祖国多灾多难的忧愁和对人民艰苦命运的关切之情。朗诵时的语气应庄重严肃。

练习 4-9

怀念母亲

作者：季羡林

我一生有两个母亲：一个是生我的那个母亲；一个是我的祖国母亲。

我对这两个母亲怀着同样崇高的敬意和同样真挚的爱慕。

我六岁离开我的生母，到城里去住。中间曾回故乡两次，都是奔丧，只在母亲身边待了几天，仍然回到城里。在我读大学二年级的时候，母亲弃养，只活了四十多岁。我痛哭了几天，食不下咽，寝不安席。我真想随母亲于地下。我的愿望没能实现。从此我就成了没有母亲的孤儿。一个缺少母爱的孩子，是灵魂不全的人。我怀着不全的灵魂，抱终天之恨。一想到母亲，就泪流不止，数十年如一日。如今到了德国，来到哥廷根这一座孤寂的小城，不知道是为什么，母亲频来入梦。

我的祖国母亲，我这是第一次离开她。离开的时间只有短短几个月，不知道是为什么，我这个母亲也频来入梦。

练习提示：成长的过程中，母亲往往是给予我们最多关爱与引导的人。以上选段表面上看平淡无奇，然而在文章的“平”和“淡”背后却隐藏着很深的“情”。我们可以感受到作者在淡淡的笔墨中流露出的深情，没有半点矫揉造作，却有着动人心弦的力量。在表达时，情感要真挚，声音可较为低缓、深沉。

在这里要强调的是语气是以句子为单位的，不同的语气表达的是语句不同的色彩和分量。在具体处理时要结合上下文。在朗诵时，除了语气外，还需注意声音的响度、音高、节奏等因素，以及与听众的互动和肢体语言的表现，以营造生动、形象的朗诵效果。同时，朗诵者还应对朗诵内容有深入的理解和感受，才能更好地传达出文本所要表达的情感和意义。

四、节奏

它是指朗诵者波澜起伏的思想感情在语音形式上的抑扬顿挫、轻重缓急、回环往复。节奏和语气不能混淆，语气以语句为单位，节奏以全篇为单位。根据节奏的基本特点、基本表现形式，它可以分为六种：

（1）轻快型：多扬少抑，声轻不着力，语流中顿挫少，且顿挫时间短暂，语速较快，轻巧明丽，有一定的跳跃感。全篇重点处的基本语气、基本转换都比较轻快。

（2）凝重型：多抑少扬，多重少轻，音强而着力，色彩多浓重，语势较平稳，顿挫较多，且时间较长，语速偏慢。重点处的语气、基本转换都显得分量较重。

（3）低沉型：声音偏暗偏沉，语势多为下山类，句尾落点多显沉重，语速较慢。重点处的基本语气、基本转换多偏于沉缓。

（4）高亢型：声多明亮高昂，语势多为上山类，峰峰紧连，扬而更扬，势不可遏，语速偏快。重点处的基本语气、基本转换都带有昂扬积极的特点。

（5）舒缓型：声多轻松明朗，略高但不着力，语势多跌宕但多轻柔舒展，语速徐缓。重点处的基本语气、基本转换都显得舒展徐缓。

（6）紧张型：声音多扬少抑，多重少轻，语速快，气较促，顿挫短暂，语言密度大，重点处的基本语气、基本转换都较急促、紧张。

在此要特别强调，以上的技巧运用一定要在理解文学作品的基础上具体展开，在朗诵过程中真挚的情感是基础。

练习 4-10（轻快型）

黎明的通知（节选）

作者：艾青

为了我的祈愿
诗人啊，你起来吧
而且请你告诉他们
说他们所等待的已经要来
说我已踏着露水而来
已借着最后一颗星的照引而来
……
请他们来欢迎我
白日的先驱，光明的使者
打开所有的窗子来欢迎
打开所有的门来欢迎
请鸣响汽笛来欢迎
请吹起号角来欢迎
……
请他们准备欢迎，请所有的人准备欢迎
当雄鸡最后一次鸣叫的时候我就到来
请他们用虔诚的眼睛凝视天边
我将给所有期待我的以最慈惠的光辉
趁这夜已快完了，请告诉他们
说他们所等待的就要来了

练习提示：《黎明的通知》是现代诗人艾青于1942年所作的一首新诗。这首诗以黎明的口吻热切地唤起一切事物来迎接美好新世界的到来，充满着乐观向上的精神和对新社会、新生活的坚定信念。这首诗歌赞美了解放区朝气蓬勃的美好生活，同时充满了对未来的美好期待。全诗运用了拟人的修辞手法、排比的句式，两行一列的结构使得全诗的节奏非常轻快，富于音乐感。

练习 4-11（低沉型）

一月的哀思——献给敬爱的周总理（节选）

作者：李瑛

我不相信
一九七六年的日历，
会埋着个这样苍白的日子；
我不相信
死亡竟敢和他的生命，
连在一起；
我不相信
迎风招展的红旗，
会覆盖他的身躯：
我只相信
即使把他交给火，
也不会垂下辛勤的双臂。
但，千山默哀，万水波息，
微茫里，却传来
无尽的哀乐，
哽咽的汽笛。
声音，
这样悲切，
却又这样有力，
——似飓风掠过大海，
——似冷雨抽打大地。

练习提示：《一月的哀思》是一首五百余行的抒情长诗。它既表达了诗人对于周恩来总理的逝世发自内心的无限哀思，也反映了全国人民对这位伟大的无产阶级革命家逝世的深沉悲恸与深切怀念之情。第一章为序诗，写出了诗人突然听到周总理逝世的噩耗后极度震惊、悲恸与为祖国的命运、前途焦虑的沉重心情。这是一组浸透着悲痛泪水和燃烧着斗争烈火的诗句。

朗诵节奏偏低沉型。

练习 4-12（高亢型）

海燕（节选）

作者：高尔基

在苍茫的大海上，狂风卷集着乌云。在乌云和大海之间，海燕像黑色的闪电，在高傲地飞翔。

一会儿翅膀碰着波浪，一会儿箭一般地直冲向乌云，它叫喊着，——就在这鸟儿勇敢的叫喊声里，乌云听出了欢乐。

在这叫喊声里——充满着对暴风雨的渴望！在这叫喊声里，乌云听出了愤怒的力量、热情的火焰和胜利的信心。

……

雷声轰响。波浪在愤怒的飞沫中呼叫，跟狂风争鸣。看吧，狂风紧紧抱起一层层巨浪，恶狠狠地把它们甩到悬崖上，把这些大块的翡翠摔成尘雾和碎末。

海燕叫喊着，飞翔着，像黑色的闪电，箭一般地穿过乌云，翅膀掠起波浪的飞沫。

看吧，它飞舞着，像个精灵，——高傲的、黑色的暴风雨的精灵，——它在大笑，它又在号叫……它笑那些乌云，它因为欢乐而号叫！

这个敏感的精灵，——它从雷声的震怒里，早就听出了困乏，它深信，乌云遮不住太阳，——是的，遮不住的！

狂风吼叫……雷声轰响……

一堆堆乌云，像青色的火焰，在无底的大海上燃烧。大海抓住闪电的箭光，把它们熄灭在自己的深渊里。这些闪电的影子，活像一条条火蛇，在大海里蜿蜒游动，一晃就消失了。

——暴风雨！暴风雨就要来啦！

这是勇敢的海燕，在怒吼的大海上，在闪电中间，高傲地飞翔；这是胜利的预言家在叫喊：

——让暴风雨来得更猛烈些吧！

练习提示：高尔基的《海燕》发表于1901年4月的彼得堡《生活》杂志上，是无产阶级文学的开山之作。它有如春天的旋律，时代的前奏曲，革命的宣言书。在作品中，高尔基以昂扬的浪漫主义激情，气势磅礴的艺术笔触，通过对大自然暴风雨即将来临时客观景象的生动描绘，深刻反映了俄国1905年大革命前夜“山雨欲来风满楼”的形势，暗示了革命暴风雨的即将到来、沙皇专制统治的必然崩溃、革命事业的必然胜利。作品对不畏强暴、敢于斗争、敢于胜利的“海燕”——无产阶级先锋战士给予了最真挚、最热忱的赞颂。寓情于景、借景抒怀，是本文的艺术特征。全篇运用象征手法，托物言志，形象有力，语言优美，气势磅礴，节奏高亢激昂。朗读时注意高亢型节奏的把握，防止一喊到底，注意对比烘托。

第三节 综合实战演练

练习一

乡下人家总爱在屋前搭一瓜架，或种南瓜，或种丝瓜，让那些瓜藤攀上棚架，爬上屋檐。当花儿落了的时候，藤上便结出了青的、红的瓜，它们一个个挂在房前，衬着那长长的藤，绿绿的叶。青、红的瓜，碧绿的藤和叶，构成了一道别有风趣的装饰，比那高楼门前蹲着一对石狮子或是竖着两根大旗杆，可爱多了。

有些人家，还在门前的场地上种几株花，芍药，凤仙，鸡冠花，大丽菊，它们依着时令，顺序开放，朴素中带着几分华丽，显出一派独特的农家风光。还有些人家，在屋后种几十枝竹，绿的叶，青的竿，投下一片浓浓的绿荫。几场春雨过后，到那里走走，你常常会看见许多鲜嫩的笋，成群地从土里探出头来。

鸡，乡下人家照例总要养几只的。从他们的房前屋后走过，你肯定会瞧见一只母鸡，率领一群小鸡，在竹林中觅食；或是瞧见耸着尾巴的雄鸡，在场地上大踏步地走来走去。

他们的屋后倘若有一条小河，那么在石桥旁边，在绿树荫下，你会见到一群鸭子游戏水中，不时地把头扎到水下去觅食。即使附近的石头上有妇女在捣衣，它们也从不吃惊。

若是在夏天的傍晚出去散步，你常常会瞧见乡下人家吃晚饭// 的情景。他们把桌椅饭菜搬到门前，天高地阔地吃起来。天边的红霞，向晚的微风，头上飞过的归巢的鸟儿，都是他们的好友。它们和乡下人家一起，绘成了一幅自然、和谐的田园风景画。

节选自陈醉云《乡下人家》

朗读参考：

xiāng xià rén jiā zǒng ài zài wū qián dā yì guā jià huò zhòng nán guā huò zhòng sī guā ràng nà xiē guā
乡下人家总爱在屋前搭一瓜架，或种南瓜，或种丝瓜，让那些瓜
téng pān shàng péng jià pá shàng wū yán dāng huār luò le de shí hou téng shàng biàn jiē chū le qīng de hóng
藤攀上棚架，爬上屋檐。当花儿落了的时候，藤上便结出了青的、红
de guā tā men yí gè gè guà zài fáng qián chèn zhe nà cháng cháng de téng lǜ lǜ de yè qīng hóng de
的瓜，它们一个个挂在房前，衬着那长长的藤，绿绿的叶。青、红的
guā bì lǜ de téng hé yè gòu chéng le yí dào bié yǒu fēng qù de zhuāng shì bǐ nà gāo lóu mén qián dūn zhe
瓜，碧绿的藤和叶，构成了一道别有风趣的装饰，比那高楼门前蹲着
yí duì shí shī zi huò shì shù zhe liǎng gēn dà qí gān kě ài duō le
一对石狮子或是竖着两根大旗杆，可爱多了。

yǒu xiē rén jiā hái zài mén qián de chǎng dì shàng zhòng jǐ zhū huā sháo yào fèng xiān jī guān huā
有些人家，还在门前的场地上种几株花，芍药，凤仙，鸡冠花，
dà lì jú tā men yī zhe shí lìng shùn xù kāi fàng pǔ sù zhōng dài zhe jǐ fēn huá lì xiǎn chū yí pài dú
大丽菊，它们依着时令，顺序开放，朴素中带着几分华丽，显出一派独

tè de nóng jiā fēng guāng hái yǒu xiē rén jiā zài wū hòu zhòng jǐ shí zhī zhú lǜ de yè qīng de gān
特的农家风光。还有些人家，在屋后种几十枝竹，绿的叶，青的竿，
tóu xià yí piàn nóng nóng de lǜ yīn jǐ chǎng chūn yǔ guò hòu dào nà lǐ zǒu zǒu nǐ cháng cháng huì kàn jiàn xǔ
投下一片浓浓的绿荫。几场春雨过后，到那里走走，你常常会看见许
duō xiān nèn de sǔn chéng qún de cóng tǔ lǐ tàn chū tóu lái
多鲜嫩的笋，成群地从土里探出头来。

jī xiāng xià rén jiā zhào lì zǒng yào yǎng jǐ zhī de cóng tā men de fáng qián wū hòu zǒu guò nǐ kěn dìng
鸡，乡下人家照例总要养几只的。从他们的房前屋后走过，你肯定
huì qiáo jiàn yì zhī mǔ jī shuài lǐng yì qún xiǎo jī zài zhú lín zhōng mì shí huò shì qiáo jiàn sǒng zhe wěi bā de
会瞧见一只母鸡，率领一群小鸡，在竹林中觅食；或是瞧见耸着尾巴的
xióng jī zài chǎng dì shàng dà tà bù de zǒu lái zǒu qù
雄鸡，在场地上大踏步地走来走去。

tā men de wū hòu tǎng ruò yǒu yì tiáo xiǎo hé nà me zài shí qiáo páng biān zài lǜ shù yīn xià nǐ huì
他们的屋后倘若有一条小河，那么在石桥旁边，在绿树荫下，你会
jiàn dào yì qún yā zi yóu xì shuǐ zhōng bú shí de bǎ tóu zhā dào shuǐ xià qù mì shí jí shǐ fù jìn de shí
见到一群鸭子游戏水中，不时地把头扎到水下去觅食。即使附近的石
tou shàng yǒu fù nǚ zài dǎo yī tā men yě cóng bù chī jīng
头上有妇女在捣衣，它们也从不吃惊。

ruò shì zài xià tiān de bàng wǎn chū qù sàn bù nǐ cháng cháng huì qiáo jiàn xiāng xià rén jiā chī wǎn fàn de qíng
若是在夏天的傍晚出去散步，你常常会瞧见乡下人家吃晚饭//的情
jǐng tā men bǎ zhuō yǐ fàn cài bān dào mén qián tiān gāo dì kuò de chī qǐ lái tiān biān de hóng xiá xiàng
景。他们把桌椅饭菜搬到门前，天高地阔地吃起来。天边的红霞，向
wǎn de wēi fēng tóu shàng fēi guò de guī cháo de niǎor dōu shì tā men de hǎo yǒu tā men hé xiāng xià rén jiā
晚的微风，头上飞过的归巢的鸟儿，都是他们的好友。它们和乡下人家
yì qǐ huì chéng le yì fú zì rán hé xié de tián yuán fēng jǐng huà
一起，绘成了一幅自然、和谐的田园风景画。

节选自陈醉云《乡下人家》

练习二

我们的船渐渐地逼近榕树了。我有机会看清它的真面目：是一棵大树，有数不清的丫枝，枝上又生根，有许多根一直垂到地上，伸进泥土里。一部分树枝垂到水面，从远处看，就像一棵大树斜躺在水面上一样。

现在正是枝繁叶茂的时节。这棵榕树好像在把它的全部生命力展示给我们看。那么多的绿叶，一簇堆在另一簇的上面，不留一点儿缝隙。翠绿的颜色明亮地在我们的眼前闪耀，似乎每一片树叶上都有一个新的生命在颤动，这美丽的南国的树！

船在树下泊了片刻，岸上很湿，我们没有上去。朋友说这里是“鸟的天堂”，有许多鸟在这棵树上做窝，农民不许人去捉它们。我仿佛听见几只鸟扑翅的声音，但是等到我的眼睛注意地看那里时，我却看不见一只鸟的影子。只有无数的树根立在地上，像许多根木桩。地是湿的，大概涨潮时河水常常冲上岸去。“鸟的天堂”里没有一只鸟，我这样想到。船开了，一个朋友拨着船，缓缓地流到河中间去。

第二天，我们划着船到一个朋友的家乡去，就是那个有山有塔的地方。从学校出

发，我们又经过那“鸟的天堂”。

这一次是在早晨，阳光照在水面上，也照在树梢上。一切都//显得非常光明。我们的船也在树下泊了片刻。

起初四周围非常清静。后来忽然起了一声鸟叫。我们把手一拍，便看见一只大鸟飞了起来，接着又看见第二只，第三只。我们继续拍掌，很快地这个树林就变得很热闹了。到处都是鸟声，到处都是鸟影。大的，小的，花的，黑的，有的站在枝上叫，有的飞起来，在扑翅膀。

节选自巴金《鸟的天堂》

朗读参考：

wǒ men de chuán jiàn jiàn de bī jìn róng shù le wǒ yǒu jī huì kàn qīng tā de zhēn miàn mù shì yì kē dà
我们的船渐渐地逼近榕树了。我有机会看清它的真面目：是一棵大
shù yǒu shǔ bù qīng de yā zhī zhī shàng yòu shēng gēn yǒu xǔ duō gēn yì zhí chuí dào dì shàng shēn jìn ní
树，有数不清的丫枝，枝上又生根，有许多根一直垂到地上，伸进泥
tǔ lǐ yí bù fèn shù zhī chuí dào shuǐ miàn cóng yuǎn chù kàn jiù xiàng yì kē dà shù xié tǎng zài shuǐ miàn shàng
土里。一部分树枝垂到水面，从远处看，就像一棵大树斜躺在水面上
yí yàng
一样。

xiàn zài zhèng shì zhī fán yè mào de shí jié zhè kē róng shù hǎo xiàng zài bǎ tā de quán bù shēng mìng lì zhǎn shì
现在正是枝繁叶茂的时节。这棵榕树好像在把它的全部生命力展示
gěi wǒ men kàn nà me duō de lǜ yè yí cù duī zài lìng yí cù de shàng miàn bù liú yì diǎnr fèng
给我们看。那么多的绿叶，一簇堆在另一簇的上面，不留一点儿缝
xì cuì lǜ de yán sè míng liàng de zài wǒ men de yǎn qián shǎn yào sì hū měi yí piàn shù yè shàng dōu yǒu yí
隙。翠绿的颜色明亮地在我们的眼前闪耀，似乎每一片树叶上都有一
gè xīn de shēng mìng zài chàn dòng zhè měi lì de nán guó de shù
个新的生命在颤动，这美丽的南国的树！

chuán zài shù xià bó le piàn kè àn shàng hěn shī wǒ men méi yǒu shàng qù péng you shuō zhè lǐ shì niǎo
船在树下泊了片刻，岸上很湿，我们没有上去。朋友说这里是“鸟
de tiān táng yǒu xǔ duō niǎo zài zhè kē shù shàng zuò wō nóng mín bù xǔ rén qù zhuō tā men wǒ fǎng fú tīng
的天堂”，有许多鸟在这棵树上做窝，农民不许人去捉它们。我仿佛听
jiàn jǐ zhī niǎo pū chì de shēng yīn dàn shì děng dào wǒ de yǎn jing zhù yì de kàn nà lǐ shí wǒ què kàn bú jiàn
见几只鸟扑翅的声音，但是等到我的眼睛注意地看那里时，我却看不见
yì zhī niǎo de yǐng zi zhǐ yǒu wú shù de shù gēn lì zài dì shàng xiàng xǔ duō gēn mù zhuāng dì shì shī
一只鸟的影子。只有无数的树根立在地上，像许多根木桩。地是湿
de dà gài zhǎng cháo shí hé shuǐ cháng cháng chōng shàng àn qù niǎo de tiān táng lǐ méi yǒu yì zhī niǎo
的，大概涨潮时河水常常冲上岸去。“鸟的天堂”里没有一只鸟，
wǒ zhè yàng xiǎng dào chuán kāi le yí gè péng you bō zhe chuán huǎn huǎn de liú dào hé zhōng jiān qù
我这样想到。船开了，一个朋友拨着船，缓缓地流到河中间去。

dì èr tiān wǒ men huá zhe chuán dào yí gè péng you de jiā xiāng qù jiù shì nà gè yǒu shān yǒu tǎ de
第二天，我们划着船到一个朋友的家乡去，就是那个有山有塔的
dì fang cóng xué xiào chū fā wǒ men yòu jīng guò nà niǎo de tiān táng
地方。从学校出发，我们又经过那“鸟的天堂”。

zhè yí cì shì zài zǎo chen yáng guāng zhào zài shuǐ miàn shàng yě zhào zài shù shāo shàng yí qiè dōu xiǎn
这一次是在早晨，阳光照在水面上，也照在树梢上。一切都//显
de fēi cháng guāng míng wǒ men de chuán yě zài shù xià bó le piàn kè
得非常光明。我们的船也在树下泊了片刻。

qǐ chū sì zhōu wéi fēi cháng qīng jìng hòu lái hū rán qǐ le yì shēngniǎo jiào wǒ men bǎ shǒu yì pāi
起初四周围非常清静。后来忽然起了一声鸟叫。我们把手一拍，
biàn kàn jiàn yì zhī dà niǎo fēi le qǐ lái jiē zhe yòu kàn jiàn dì èr zhī dì sān zhī wǒ men jì xù pāi
便看见一只大鸟飞了起来，接着又看见第二只，第三只。我们继续拍
zhǎng hěn kuài de zhè gè shù lín jiù biàn de hěn rè nào le dào chù dōu shì niǎo shēng dào chù dōu shì niǎo
掌，很快地这个树林就变得很热闹了。到处都是鸟声，到处都是鸟
yǐng dà de xiǎo de huā de hēi de yǒu de zhàn zài zhī shàng jiào yǒu de fēi qǐ lái zài pū
影。大的，小的，花的，黑的，有的站在枝上叫，有的飞起来，在扑
chì bǎng
翅膀。

节选自巴金《鸟的天堂》

练习三

两百多年前，科学家做了一次实验。他们在一间屋子里横七竖八地拉了许多绳子，绳子上系着许多铃铛，然后把蝙蝠的眼睛蒙上，让它在屋子里飞。蝙蝠飞了几个钟头，铃铛一个也没响，那么多的绳子，它一根也没碰着。

科学家又做了两次实验：一次把蝙蝠的耳朵塞上，一次把蝙蝠的嘴封住，让它在屋子里飞。蝙蝠就像没头苍蝇似的到处乱撞，挂在绳子上的铃铛响个不停。

三次实验的结果证明，蝙蝠夜里飞行，靠的不是眼睛，而是靠嘴和耳朵配合起来探路的。

后来，科学家经过反复研究，终于揭开了蝙蝠能在夜里飞行的秘密。它一边飞，一边从嘴里发出超声波。而这种声音，人的耳朵是听不见的，蝙蝠的耳朵却能听见。超声波向前传播时，遇到障碍物就反射回来，传到蝙蝠的耳朵里，它就立刻改变飞行的方向。

知道蝙蝠在夜里如何飞行，你猜到飞机夜间飞行的秘密了吗？现代飞机上安装了雷达，雷达的工作原理与蝙蝠探路类似。雷达通过天线发出无线电波，无线电波遇到障碍物就反射回来，被雷达接收到，显示在荧光屏上。从雷达的荧光屏上，驾驶员能够清楚地看到前方有没有障碍物，所//以飞机飞行就更安全了。

节选自《夜间飞行的秘密》

朗读参考：

liǎng bǎi duō nián qián kē xué jiā zuò le yí cì shí yàn tā men zài yì jiān wū zi lǐ héng qī shù bā de
两百多年前，科学家做了一次实验。他们在一间屋子里横七竖八地
lā le xǔ duō shéng zi shéng zi shàng jì zhe xǔ duō líng dang rán hòu bǎ biān fú de yǎn jing méng shàng ràng tā
拉了许多绳子，绳子上系着许多铃铛，然后把蝙蝠的眼睛蒙上，让它
zài wū zi lǐ fēi biān fú fēi le jǐ gè zhōng tóu líng dang yí gè yě méi xiǎng nà me duō de shéng zi tā
在屋子里飞。蝙蝠飞了几个钟头，铃铛一个也没响，那么多的绳子，它
yì gēn yě méi pèng zháo
一根也没碰着。

kē xué jiā yòu zuò le liǎng cì shí yàn yí cì bǎ biān fú de ěr duo sāi shàng yí cì bǎ biān fú de zuǐ
科学家又做了两次实验：一次把蝙蝠的耳朵塞上，一次把蝙蝠的嘴

fēng zhù ràng tā zài wū zi lǐ fēi biān fú jiù xiàng méi tóu cāngying shì de dào chù luàn zhuàng guà zài shéng zi
封住，让它在屋子里飞。蝙蝠就像没头苍蝇似的到处乱撞，挂在绳子
shàng de líng dang xiǎng gè bù tíng
上的铃铛响个不停。

sān cì shí yàn de jié guǒ zhèng míng biān fú yè lǐ fēi xíng kào de bú shì yǎn jing ér shì kào zuǐ
三次实验的结果证明，蝙蝠夜里飞行，靠的不是眼睛，而是靠嘴
hé ěr duo pèi hé qǐ lái tàn lù de
和耳朵配合起来探路的。

hòu lái kē xué jiā jīng guò fǎn fù yán jiū zhōng yú jiē kāi le biān fú néng zài yè lǐ fēi xíng de mì
后来，科学家经过反复研究，终于揭开了蝙蝠能在夜里飞行的秘
mì tā yì biān fēi yì biān cóng zuǐ lǐ fā chū chāo shēng bō ér zhè zhǒng shēng yīn rén de ěr duo shì tīng
密。它一边飞，一边从嘴里发出超声波。而这种声音，人的耳朵是听
bú jiàn de biān fú de ěr duo què néng tīng jiàn chāo shēng bō xiàng qián chuán bō shí yù dào zhàng ài wù jiù fǎn
不见的，蝙蝠的耳朵却能听见。超声波向前传播时，遇到障碍物就反
shè huí lái chuán dào biān fú de ěr duo lǐ tā jiù lì kè gǎi biàn fēi xíng de fāng xiàng
射回来，传到蝙蝠的耳朵里，它就立刻改变飞行的方向。

zhī dào biān fú zài yè lǐ rú hé fēi xíng nǐ cāi dào fēi jī yè jiān fēi xíng de mì mì le ma xiàn dài
知道蝙蝠在夜里如何飞行，你猜到飞机夜间飞行的秘密了吗？现代
fēi jī shàng ān zhuāng le léi dá léi dá de gōng zuò yuán lǐ yǔ biān fú tàn lù lèi sì léi dá tōng guò tiān xiàn
飞机上安装了雷达，雷达的工作原理与蝙蝠探路类似。雷达通过天线
fā chū wú xiàn diàn bō wú xiàn diàn bō yù dào zhàng ài wù jiù fǎn shè huí lái bèi léi dá jiē shōu dào xiǎn
发出无线电波，无线电波遇到障碍物就反射回来，被雷达接收到，显
shì zài yíng guāng píng shàng cóng léi dá de yíng guāng píng shàng jià shǐ yuán néng gòu qīng chu de kàn dào qián fāng
示在荧光屏上。从雷达的荧光屏上，驾驶员能够清楚地看到前方
yǒu méi yǒu zhàng ài wù suǒ yǐ fēi jī fēi xíng jiù gèng ān quán le
有没有障碍物，所//以飞机飞行就更安全了。

节选自《夜间飞行的秘密》

练习四

一谈到读书，我的话就多了！

我自从会认字后不到几年，就开始读书。倒不是四岁时读母亲给我的商务印书馆出版的国文教科书第一册的“天、地、日、月、山、水、土、木”以后的那几册，而是七岁时开始自己读的“话说天下大势，分久必合，合久必分……”的《三国演义》。

那时，我的舅父杨子敬先生每天晚饭后必给我们几个表兄妹讲一段《三国演义》，我听得津津有味，什么“宴桃园豪杰三结义，斩黄巾英雄首立功”，真是好听极了。但是他讲了半个钟头，就停下去干他的公事了。我只好带着对于故事下文的无限悬念，在母亲的催促下，含泪上床。

此后，我决定咬了牙，拿起一本《三国演义》来，自己一知半解地读了下去，居然越看越懂，虽然字音都读得不对，比如把“凯”念作“岂”，把“诸”念作“者”之类，因为我只学过那个字一半部分。

谈到《三国演义》，我第一次读到关羽死了，哭了一场，把书丢下了。第二次再

读到诸葛亮死了，又哭了一场，又把书丢下了，最后忘了是什么时候才把全书读到“分久必合”的结局。

这时我同时还看了母亲针线笸箩里常放着的那几本《聊斋志异》，聊斋故事是短篇的，可以随时拿起放下，又是文言的，这对于我的//作文课很有帮助，因为老师曾在我的作文本上批着“柳州风骨，长吉清才”的句子，其实我那时还没有读过柳宗元和李贺的文章，只因那时的作文，都是用文言写的。

书看多了，从中也得到一个体会，物怕比，人怕比，书也怕比，“不比不知道，一比吓一跳”。

因此，某年的六一国际儿童节，有个儿童刊物要我给儿童写几句指导读书的话，我只写了九个字，就是：

读书好，多读书，读好书。

节选自冰心《忆读书》

朗读参考：

yì tán dào dú shū wǒ de huà jiù duō le
一谈到读书，我的话就多了！

wǒ zì cóng huì rèn zì hòu bú dào jǐ nián jiù kāi shǐ dú shū dǎo bú shì sì suì shí dú mǔ qīn gěi wǒ
我自从会认字后不到几年，就开始读书。倒不是四岁时读母亲给我

de shāng wù yìn shū guǎn chū bǎn de guó wén jiào kē shū dì yī cè de tiān dì rì yuè shān shuǐ
的商务印书馆出版的国文教科书第一册的“天、地、日、月、山、水、

tǔ mù yǐ hòu de nà jǐ cè ér shì qī suì shí kāi shǐ zì jǐ dú de huà shuō tiān xià dà shì fēn
土、木”以后的那几册，而是七岁时开始自己读的“话说天下大势，分

jiǔ bì hé hé jiǔ bì fēn de sān guó yǎn yì
久必合，合久必分……”的《三国演义》。

nà shí wǒ de jiù fù yáng zǐ jìng xiān sheng měi tiān wǎn fàn hòu bì gěi wǒ men jǐ gè biǎo xiōng mèi jiǎng yí
那时，我的舅父杨子敬先生每天晚饭后必给我们几个表兄妹讲一

duàn sān guó yǎn yì wǒ tīng de jīn jīn yǒu wèi shén me yàn táo yuán háo jié sān jié yì zhǎn huáng
段《三国演义》，我听得津津有味，什么“宴桃园豪杰三结义，斩黄

jīn yīng xióng shǒu lì gōng zhēn shì hǎo tīng jí le dàn shì tā jiǎng le bàn gè zhōng tóu jiù tíng xià qù gàn
巾英雄首立功”，真是好听极了。但是他讲了半个钟头，就停下去干

tā de gōng shì le wǒ zhǐ hǎo dài zhe duì yú gù shì xià wén de wú xiàn xuán niàn zài mǔ qīn de cuī cù
他的公事了。我只好带着对于故事下文的无限悬念，在母亲的催促

xià hán lèi shàng chuáng
下，含泪上床。

cǐ hòu wǒ jué dìng yǎo le yá ná qǐ yì běn sān guó yǎn yì lái zì jǐ yì zhī bàn jiě de
此后，我决定咬了牙，拿起一本《三国演义》来，自己一知半解地

dú le xià qù jū rán yuè kàn yuè dǒng suī rán zì yīn dōu dú de bú duì bǐ rú bǎ kǎi niàn zuò
读了下去，居然越看越懂，虽然字音都读得不对，比如把“凯”念作“

qǐ bǎ zhū niàn zuò zhě zhī lèi yīn wèi wǒ zhǐ xué guò nà gè zì yí bàn bù fen
岂”，把“诸”念作“者”之类，因为我只学过那个字一半部分。

tán dào sān guó yǎn yì wǒ dì yī cì dú dào guān yǔ sǐ le kū le yì cháng bǎ shū diū xià
谈到《三国演义》，我第一次读到关羽死了，哭了一场，把书丢下

le dì èr cì zài dú dào zhū gě liàng sǐ le yòu kū le yì cháng yòu bǎ shū diū xià le zuì hòu wàng le
了。第二次再读到诸葛亮死了，又哭了一场，又把书丢下了，最后忘了

shì shén me shí hou cái bǎ quán shū dú dào fēn jiǔ bì hé de jié jú
是什么时候才把全书读到“分久必合”的结局。

zhè shí wǒ tóng shí hái kàn le mǔ qīn zhēn xiàn pǒ luo lǐ cháng fàng zhe de nà jǐ běn liáo zhāi zhì yì
这时我同时还看了母亲针线笸箩里常放着的那几本《聊斋志异》，
liáo zhāi gù shi shì duǎn piān de kě yǐ suí shí ná qǐ fàng xià yòu shì wén yán de zhè duì yú wǒ de zuò
聊斋故事是短篇的，可以随时拿起放下，又是文言的，这对于我的//作
wén kè hěn yǒu bāng zhù yīn wèi lǎo shī céng zài wǒ de zuò wén běn shàng pī zhe liǔ zhōu fēng gǔ zhǎng jí qīng
文课很有帮助，因为老师曾在我的作文本上批着“柳州风骨，长吉清
cái de jù zi qí shí wǒ nà shí hái méi yǒu dú guò liǔ zōng yuán hé lǐ hè de wén zhāng zhī yīn nà shí
才”的句子，其实我那时还没有读过柳宗元和李贺的文章，只因那时
de zuò wén dōu shì yòng wén yán xiě de
的作文，都是用文言写的。

shū kàn duō le cóng zhōng yě dé dào yí gè tǐ huì wù pà bǐ rén pà bǐ shū yě pà bǐ
书看多了，从中也得到一个体会，物怕比，人怕比，书也怕比，
bù bǐ bù zhī dào yì bǐ xià yí tiào
“不比不知道，一比吓一跳”。

yīn cǐ mǒu nián de liù yī guó jì ér tóng jié yǒu gè ér tóng kān wù yào wǒ gěi ér tóng xiě jǐ jù zhǐ
因此，某年的六一国际儿童节，有个儿童刊物要我给儿童写几句指
dǎo dú shū de huà wǒ zhǐ xiě le jiǔ gè zì jiù shì
导读书的话，我只写了九个字，就是：

dú shū hǎo duō dú shū dú hǎo shū
读书好，多读书，读好书。

节选自冰心《忆读书》

练习五

中国的第一大岛台湾岛，位于中国大陆架的东南方，地处东海和南海之间，隔着台湾海峡和大陆相望。天气晴朗的时候，站在福建沿海较高的地方，就可以隐隐约约地望见岛上的高山和云朵。

台湾岛形状狭长，从东到西，最宽处只有一百四十多公里；由南至北，最长的地方约有三百九十公里。地形像一个纺织用的梭子。

台湾岛上的山脉纵贯南北，中间的中央山脉犹如全岛的脊梁。西部为海拔近四千米的玉山山脉，是中国东部的最高峰。全岛约有三分之一的地方是平地，其余为山地。岛内有缎带般的瀑布，蓝宝石似的湖泊，四季常青的森林和果园，自然景色十分优美。西南部的阿里山和日月潭，台北市郊的大屯山风景区，都是闻名世界的游览胜地。

台湾岛地处热带和温带之间，四面环海，雨水充足，气温受到海洋的调剂，冬暖夏凉，四季如春，这给水稻和果木生长提供了优越的条件。水稻、甘蔗、樟脑是台湾岛的“三宝”。岛上还盛产鲜果和鱼虾。

台湾岛还是一个闻名世界的“蝴蝶王国”。岛上的蝴蝶共有四百多个品种，其中有不少是世界稀有的珍贵品种。岛上还有不少鸟语花香的蝴//蝶谷，岛上居民利用蝴蝶制作的标本和艺术品，远销许多国家。

节选自《中国的宝岛——台湾》

朗读参考：

zhōngguó de dì yī dà dǎo tái wān dǎo wèi yú zhōng guó dà lù jià de dōng nán fāng dì chǔ dōng hǎi hé nán
中国的第一大岛台湾岛，位于中国大陆架的东南方，地处东海和南
hǎi zhī jiān gé zhe tái wān hǎi xiá hé dà lù xiāngwàng tiān qì qínglǎng de shí hou zhàn zài fú jiàn yán hǎi jiào
海之间，隔着台湾海峡和大陆相望。天气晴朗的时候，站在福建沿海较
gāo de dì fang jiù kě yǐ yǐn yǐn yuē yuē de wàng jiàn dǎo shàng de gāo shān hé yún duǒ
高的地方，就可以隐隐约约地望见岛上的高山和云朵。

tái wān dǎo xíng zhuàng xiá cháng cóng dōng dào xī zuì kuān chù zhǐ yǒu yì bǎi sì shí duō gōng lǐ yóu nán
台湾岛形状狭长，从东到西，最宽处只有一百四十多公里；由南
zhì běi zuì cháng de dì fang yuē yǒu sān bǎi jiǔ shí gōng lǐ dì xíngxiàng yí gè fǎng zhī yòng de suō zi
至北，最长的地方约有三百九十公里。地形像一个纺织用的梭子。

tái wān dǎoshàng de shān mài zòng guàn nán běi zhōngjiān de zhōng yāng shān mài yóu rú quán dǎo de jǐ liang xī
台湾岛上的山脉纵贯南北，中间的中央山脉犹如全岛的脊梁。西
bù wéi hǎi bá jìn sì qiān mǐ de yù shān shān mài shì zhōng guó dōng bù de zuì gāo fēng quán dǎo yuē yǒu sān fēn
部为海拔近四千米的玉山山脉，是中国东部的最高峰。全岛约有三分
zhī yī de dì fang shì píng dì qí yú wéi shān dì dǎo nèi yǒu duàn dài bān de pù bù lán bǎo shí shì de hú
之一的地方是平地，其余为山地。岛内有缎带般的瀑布，蓝宝石似的湖
pō sì jì cháng qīng de sēn lín hé guǒ yuán zì rán jǐng sè shí fēn yōu měi xī nán bù de ā lǐ shān hé
泊，四季常青的森林和果园，自然景色十分优美。西南部的阿里山和
rì yuè tán tái běi shì jiāo de dà tún shān fēng jǐng qū dōu shì wén míng shì jiè de yóu lǎn shèng dì
日月潭，台北市郊的大屯山风景区，都是闻名世界的游览胜地。

tái wān dǎo dì chǔ rè dài hé wēn dài zhī jiān sì miàn huán hǎi yǔ shuǐ chōng zú qì wēn shòu dào hǎi
台湾岛地处热带和温带之间，四面环海，雨水充足，气温受到海
yáng de tiáo jì dōng nuǎn xià liáng sì jì rú chūn zhè gěi shuǐ dào hé guǒ mù shēngzhǎng tí gōng le yōu yuè de
洋的调剂，冬暖夏凉，四季如春，这给水稻和果木生长提供了优越的
tiáo jiàn shuǐ dào gān zhe zhāngnǎo shì tái wān dǎo de sān bǎo dǎo shàng hái shèng chǎn xiān guǒ hé yú xiā
条件。水稻、甘蔗、樟脑是台湾岛的“三宝”。岛上还盛产鲜果和鱼虾。

tái wān dǎo hái shì yí gè wénmíng shì jiè de hú dié wángguó dǎoshàng de hú dié gòng yǒu sì bǎi duō
台湾岛还是一个闻名世界的“蝴蝶王国”。岛上的蝴蝶共有四百多
gè pǐn zhǒng qí zhōng yǒu bù shǎo shì shì jiè xī yǒu de zhēn guì pǐn zhǒng dǎoshàng hái yǒu bù shǎo niǎo yǔ huāxiāng
个品种，其中有不少是世界稀有的珍贵品种。岛上还有不少鸟语花香
de hú dié gǔ dǎoshàng jū mín lì yòng hú dié zhì zuò de biāo běn hé yì shù pǐn yuǎnxiāo xǔ duō guó jiā
的蝴//蝶谷，岛上居民利用蝴蝶制作的标本和艺术品，远销许多国家。

节选自《中国的宝岛——台湾》

练习六

对于中国的牛，我有着一种特别尊敬的感情。

留给我印象最深的，要算在田垄上的一次“相遇”。

一群朋友郊游，我领头在狭窄的阡陌上走，怎料迎面来了几头耕牛，狭道容不下人和牛，终有一方要让路。它们还没有走近，我们已经预计斗不过畜牲，恐怕难免踩到田地泥水里，弄得鞋袜又泥又湿了。正踟蹰的时候，带头的一头牛，在离我们不远的地方停下来，抬起头看看，稍迟疑一下，就自动走下田去。一队耕牛，全跟着它离开阡

陌，从我们身边经过。

我们都呆了，回过头来，看着深褐色的牛队，在路的尽头消失，忽然觉得自己受了很大的恩惠。

中国的牛，永远沉默地为人做着沉重的工作。在大地上，在晨光或烈日下，它拖着沉重的犁，低头一步又一步，拖出了身后一列又一列松土，好让人们下种。等到满地金黄或农闲时候，它可能还得担当搬运负重的工作；或终日绕着石磨，朝同一方向，走不计程的路。

在它沉默的劳动中，人便得到应得的收成。

那时候，也许，它可以松一肩重担，站在树下，吃几口嫩草。偶尔摇摇尾巴，摆摆耳朵，赶走飞附身上的苍蝇，已经算是它最闲适的生活了。

中国的牛，没有成群奔跑的习//惯，永远沉沉实实的，默默地工作，平心静气。这就是中国的牛！

节选自（中国香港）小思《中国的牛》

朗读参考：

duì yú zhōngguó de niú wǒ yǒu zhe yì zhǒng tè bié zūn jìng de gǎn qíng
对于中国的牛，我有着一种特别尊敬的感情。

liú gěi wǒ yìn xiàng zuì shēn de yào suàn zài tián lǒng shàng de yí cì xiāng yù
留给我印象最深的，要算在田垄上的一次“相遇”。

yì qún péng you jiāo yóu wǒ lǐng tóu zài xiá zhǎi de qiān mò shàng zǒu zěn liào yíngmiàn lái le jǐ tóu gēng
一群朋友郊游，我领头在狭窄的阡陌上走，怎料迎面来了几头耕

niú xiá dào róng bù xià rén hé niú zhōngyǒu yì fāng yào ràng lù tā men hái méi yǒu zǒu jìn wǒ men yǐ jīng
牛，狭道容不下人和牛，终有一方要让路。它们还没有走近，我们已经

yù jì dòu bù guò chùshēng kǒng pà nán miǎn cǎi dào tián dì ní shuǐ lǐ lòng de xié wà yòu ní yòu shī le
预计斗不过畜牲，恐怕难免踩到田地泥水里，弄得鞋袜又泥又湿了。

zhèng chí chú de shí hou dài tóu de yì tóu niú zài lí wǒ men bù yuǎn de dì fāng tíng xià lái tái qǐ tóu kàn
正踟蹰的时候，带头的一头牛，在离我们不远的地方停下来，抬起头看

kan shāo chí yí yí xià jiù zì dòng zǒu xià tián qù yí duì gēng niú quán gēn zhe tā lí kāi qiān mò cóng
看，稍迟疑一下，就自动走下田去。一队耕牛，全跟着它离开阡陌，从

wǒ men shēnbiān jīng guò
我们身边经过。

wǒ men dōu dāi le huí guò tóu lái kàn zhe shēn hè sè de niú duì zài lù de jìn tóu xiāo shī hū
我们都呆了，回过头来，看着深褐色的牛队，在路的尽头消失，忽

rán jué de zì jǐ shòu le hěn dà de ēn huì
然觉得自己受了很大的恩惠。

zhōngguó de niú yǒngyuǎnchén mò de wèi rén zuò zhe chén zhòng de gōng zuò zài dà dì shàng zài chén guāng
中国的牛，永远沉默地为人做着沉重的工作。在大地上，在晨光

huò liè rì xià tā tuō zhe chén zhòng de lí dī tóu yí bù yòu yí bù tuō chū le shēn hòu yí liè yòu yí
或烈日下，它拖着沉重的犁，低头一步又一步，拖出了身后一列又一

liè sōng tǔ hǎo ràng rén men xià zhǒng děng dào mǎn dì jīn huánghuò nóngxián shí hou tā kě néng hái děi dān dāng bān
列松土，好让人们下种。等到满地金黄或农闲时候，它可能还得担当搬

yùn fù zhòng de gōng zuò huò zhōng rì rào zhe shí mò cháotóng yì fāng xiàng zǒu bú jì chéng de lù
运负重的工作；或终日绕着石磨，朝同一方向，走不计程的路。

zài tā chén mò de láo dòng zhōng rén biàn dé dào yīng dé de shōu cheng
在它沉默的劳动中，人便得到应得的收成。

nà shí hou　yě xǔ　tā kě yǐ sōng yì jiān zhòng dān　zhàn zài shù xià　chī jǐ kǒu nèn cǎo　ǒu
那时候，也许，它可以松一肩重担，站在树下，吃几口嫩草。偶
ěr yáo yáo wěi ba　bǎi bǎi ěr duo　gǎn zǒu fēi fù shēn shàng de cāng ying　yǐ jīng suàn shì tā zuì xián shì de
尔摇摇尾巴，摆摆耳朵，赶走飞附身上的苍蝇，已经算是它最闲适的
shēnghuó le
生活了。

zhōngguó de niú　méi yǒu chéng qún bēn pǎo de xí guàn　yǒngyuǎnchénchén shí shí de　mò mò de gōng
中国的牛，没有成群奔跑的习//惯，永远沉沉实实的，默默地工
zuò　píng xīn jìng qì　zhè jiù shì zhōngguó de niú
作，平心静气。这就是中国的牛！

节选自（中国香港）小思《中国的牛》

练习七

石拱桥的桥洞成弧形，就像虹。古代神话里说，雨后彩虹是“人间天上的桥”，通过彩虹就能上天。我国的诗人爱把拱桥比作虹，说拱桥是“卧虹”“飞虹”，把水上拱桥形容为“长虹卧波”。

我国的石拱桥有悠久的历史。《水经注》里提到的“旅人桥”，大约建成于公元二八二年，可能是有记载的最早的石拱桥了。我国的石拱桥几乎到处都有。这些桥大小不一，形式多样，有许多是惊人的杰作。其中最著名的当推河北省赵县的赵州桥。

赵州桥非常雄伟，全长五十点八二米。桥的设计完全合乎科学原理，施工技术更是巧妙绝伦。全桥只有一个大拱，长达三十七点四米，在当时可算是世界上最长的石拱。桥洞不是普通半圆形，而是像一张弓，因而大拱上面的道路没有陡坡，便于车马上下。大拱的两肩上，各有两个小拱。这个创造性的设计，不但节约了石料，减轻了桥身的重量，而且在河水暴涨的时候，还可以增加桥洞的过水量，减轻洪水对桥身的冲击。同时，拱上加拱，桥身也更美观。大拱由二十八道拱圈拼成，就像这么多同样形状的弓合拢在一起，做成一个弧形的桥洞。每道拱圈都能独立支撑上面的重量，一道坏了其他各道不致受到影响。全桥结构匀称，和四周景色配合得十分和谐；桥上的石栏石板也雕刻得古朴美观。赵州桥高度的技术水平和不朽的艺术价值，充分显示了我国劳动人民的智慧和力量。

节选自茅以升《中国石拱桥》

朗读参考：

shí gǒng qiáo de qiáo dòng chéng hú xíng　jiù xiàng hóng　gǔ dài shén huà lǐ shuō　yǔ hòu cǎi hóng shì　rén
石拱桥的桥洞成弧形，就像虹。古代神话里说，雨后彩虹是“人
jiān tiān shàng de qiáo　tōng guò cǎi hóng jiù néng shàngtiān　wǒ guó de shī rén ài bǎ gǒngqiáo bǐ zuò hóng　shuō
间天上的桥”，通过彩虹就能上天。我国的诗人爱把拱桥比作虹，说
gǒng qiáo shì　wò hóng　fēi hóng　bǎ shuǐ shàng gǒngqiáo xíng róng wéi　cháng hóng wò bō
拱桥是“卧虹”“飞虹”，把水上拱桥形容为“长虹卧波”。

wǒ guó de shí gǒng qiáo yǒu yōu jiǔ de lì shǐ　shuǐ jīng zhù　lǐ tí dào de　lǚ rén qiáo　dà
我国的石拱桥有悠久的历史。《水经注》里提到的“旅人桥”，大

yuē jiànchéng yú gōngyuán èr bā èr nián kě néng shì yǒu jì zǎi de zuì zǎo de shí gǒng qiáo le wǒ guó de shí
约建成于公元二八二年，可能是有记载的最早的石拱桥了。我国的石
gǒngqiáo jī hū dào chù dōu yǒu zhè xiē qiáo dà xiǎo bù yī xíng shì duō yàng yǒu xǔ duō shì jīng rén de jié
拱桥几乎到处都有。这些桥大小不一，形式多样，有许多是惊人的杰
zuò qí zhōng zuì zhù míng de dāng tuī hé běi shěng zhàoxiàn de zhào zhōu qiáo
作。其中最著名的当推河北省赵县的赵州桥。

zhàozhōu qiáo fēi cháng xióng wěi quáncháng wǔ shí diǎn bā èr mǐ qiáo de shè jì wánquán hé hū kē xué yuán
赵州桥非常雄伟，全长五十点八二米。桥的设计完全合乎科学原
lǐ shī gōng jì shù gèng shì qiǎomiào jué lún quánqiáo zhǐ yǒu yí gè dà gǒng cháng dá sān shí qī diǎn sì mǐ
理，施工技术更是巧妙绝伦。全桥只有一个大拱，长达三十七点四米，
zài dāng shí kě suàn shì shì jiè shàng zuì cháng de shí gǒng qiáodòng bù shì pǔ tōng bàn yuán xíng ér shì xiàng yì zhāng
在当时可算是世界上最长的石拱。桥洞不是普通半圆形，而是像一张
gōng yīn ér dà gǒng shàng miàn de dào lù méi yǒu dǒu pō biàn yú chē mǎ shàng xià dà gǒng de liǎng jiānshàng
弓，因而大拱上面的道路没有陡坡，便于车马上下。大拱的两肩上，
gè yǒu liǎng gè xiǎo gǒng zhè ge chuàngzào xìng de shè jì bú dàn jié yuē le shí liào jiǎn qīng le qiáoshēn de
各有两个小拱。这个创造性的设计，不但节约了石料，减轻了桥身的
zhòng liàng ér qiě zài hé shuǐ bàozhǎng de shí hou hái kě yǐ zēng jiā qiáodòng de guò shuǐliàng jiǎn qīnghóng shuǐ
重量，而且在河水暴涨的时候，还可以增加桥洞的过水量，减轻洪水
duì qiáoshēn de chōng jī tóng shí gǒng shàng jiā gǒng qiáoshēn yě gèng měi guān dà gǒng yóu èr shí bā dào gǒng
对桥身的冲击。同时，拱上加拱，桥身也更美观。大拱由二十八道拱
quān pīn chéng jiù xiàng zhè me duō tóng yàng xíngzhuàng de gōng hé lǒng zài yì qǐ zuò chéng yí gè hú xíng de qiáo
圈拼成，就像这么多同样形状的弓合拢在一起，做成一个弧形的桥
dòng měi dào gǒng quān dōu néng dú lì zhī chēng shàng miàn de zhòng liàng yí dào huài le qí tā gè dào bú zhì shòu
洞。每道拱圈都能独立支撑上面的重量，一道坏了其//他各道不致受
dào yǐng xiǎng quán qiáo jié gòu yún chèn hé sì zhōu jǐng sè pèi hé de shí fēn hé xié qiáo shàng de shí lán shí
到影响。全桥结构匀称，和四周景色配合得十分和谐；桥上的石栏石
bǎn yě diāo kè de gǔ pǔ měi guān zhào zhōu qiáo gāo dù de jì shù shuǐ píng hé bù xiǔ de yì shù jià zhí chōng
板也雕刻得古朴美观。赵州桥高度的技术水平和不朽的艺术价值，充
fēn xiǎn shì le wǒ guó láo dòng rén mín de zhì huì hé lì liàng
分显示了我国劳动人民的智慧和力量。

节选自茅以升《中国石拱桥》

练习八

不管我的梦想能否成为事实，说出来总是好玩儿的：

春天，我将要住在杭州。二十年前，旧历的二月初，在西湖我看见了嫩柳与菜花，碧浪与翠竹。由我看到的那点儿春光，已经可以断定，杭州的春天必定会教人整天生活在诗与图画之中。所以，春天我的家应当是在杭州。

夏天，我想青城山应当算作最理想的地方。在那里，我虽然只住过十天，可是它的幽静已拴住了我的心灵。在我所看见过的山水中，只有这里没有使我失望。到处都是绿，目之所及，那片淡而光润的绿色都在轻轻地颤动，仿佛要流入空中与心中似的。这个绿色会像音乐，涤清了心中的万虑。

秋天一定要住北平。天堂是什么样子，我不知道，但是从我的生活经验去判断，

北平之秋便是天堂。论天气，不冷不热。论吃的，苹果、梨、柿子、枣儿、葡萄，每样都有若干种。论花草，菊花种类之多，花式之奇，可以甲天下。西山有红叶可见，北海可以划船——虽然荷花已残，荷叶可还有一片清香。衣食住行，在北平的秋天，是没有一项不使人满意的。

冬天，我还没有打好主意，成都或者相当地合适，虽然并不怎样和暖．可是为了水仙，素心腊梅，各色的茶花，仿佛就受一点儿寒//冷，也颇值得去了。昆明的花也多，而且天气比成都好，可是旧书铺与精美而便宜的小吃远不及成都那么多。好吧，就暂这么规定：冬天不住成都便住昆明吧。

节选自老舍《“住”的梦》

朗读参考：

bù guǎn wǒ de mèng xiǎng néng fǒu chéng wéi shì shí shuō chū lái zǒng shì hǎo wánr de
不管我的梦想能否成为事实，说出来总是好玩儿的：

chūn tiān wǒ jiāng yào zhù zài háng zhōu èr shí nián qián jiù lì de èr yuè chū zài xī hú wǒ kàn jiàn
春天，我将要住在杭州。二十年前，旧历的二月初，在西湖我看见
le nèn liǔ yǔ cài huā bì làng yǔ cuì zhú yóu wǒ kàn dào de nà diǎnr chūn guāng yǐ jīng kě yǐ duàn
了嫩柳与菜花，碧浪与翠竹。由我看到的那点儿春光，已经可以断
dìng háng zhōu de chūn tiān bì dìng huì jiào rén zhěng tiān shēng huó zài shī yǔ tú huà zhī zhōng suǒ yǐ chūn tiān wǒ
定，杭州的春天必定会教人整天生活在诗与图画之中。所以，春天我
de jiā yīng dāng shì zài háng zhōu
的家应当是在杭州。

xià tiān wǒ xiǎng qīng chéng shān yīng dāng suàn zuò zuì lǐ xiǎng de dì fang zài nà lǐ wǒ suī rán zhǐ zhù
夏天，我想青城山应当算作最理想的地方。在那里，我虽然只住
guò shí tiān kě shì tā de yōu jìng yǐ shuān zhù le wǒ de xīn líng zài wǒ suǒ kàn jiàn guò de shān shuǐ zhōng
过十天，可是它的幽静已拴住了我的心灵。在我所看见过的山水中，
zhǐ yǒu zhè lǐ méi yǒu shǐ wǒ shī wàng dào chù dōu shì lǜ mù zhī suǒ jí nà piàn dàn ér guāng rùn de lǜ sè
只有这里没有使我失望。到处都是绿，目之所及，那片淡而光润的绿色
dōu zài qīng qīng de chàn dòng fǎng fú yào liú rù kōng zhōng yǔ xīn zhōng sì de zhè gè lǜ sè huì xiàng yīn yuè
都在轻轻地颤动，仿佛要流入空中与心中似的。这个绿色会像音乐，
dí qīng le xīn zhōng de wàn lǜ
涤清了心中的万虑。

qiū tiān yí dìng yào zhù běi píng tiān táng shì shén me yàng zi wǒ bù zhī dào dàn shì cóng wǒ de shēng huó
秋天一定要住北平。天堂是什么样子，我不知道，但是从我的生活
jīng yàn qù pàn duàn běi píng zhī qiū biàn shì tiān táng lùn tiān qì bù lěng bú rè lùn chī de píng guǒ
经验去判断，北平之秋便是天堂。论天气，不冷不热。论吃的，苹果、
lí shì zi zǎor pú táo měi yàng dōu yǒu ruò gān zhǒng lùn huā cǎo jú huā zhǒng lèi zhī duō huā
梨、柿子、枣儿、葡萄，每样都有若干种。论花草，菊花种类之多，花
shì zhī qí kě yǐ jiǎ tiān xià xī shān yǒu hóng yè kě jiàn běi hǎi kě yǐ huá chuán suī rán hé huā yǐ
式之奇，可以甲天下。西山有红叶可见，北海可以划船——虽然荷花已
cán hé yè kě hái yǒu yí piàn qīng xiāng yī shí zhù xíng zài běi píng de qiū tiān shì méi yǒu yí xiàng bù shǐ
残，荷叶可还有一片清香。衣食住行，在北平的秋天，是没有一项不使
rén mǎn yì de
人满意的。

dōng tiān wǒ hái méi yǒu dǎ hǎo zhǔ yi chéng dū huò zhě xiāng dāng de hé shì suī rán bìng bù zěn yàng
冬天，我还没有打好主意，成都或者相当地合适，虽然并不怎样

hé nuǎn kě shì wèi le shuǐ xiān sù xīn là méi gè sè de chá huā fǎng fú jiù shòu yì diǎnr hán
和暖. 可是为了水仙，素心腊梅，各色的茶花，仿佛就受一点儿寒//
lěng yě pō zhí de qù le kūnmíng de huā yě duō ér qiě tiān qì bǐ chéng dū hǎo kě shì jiù shū pù yǔ
冷，也颇值得去了。昆明的花也多，而且天气比成都好，可是旧书铺与
jīng měi ér pián yi de xiǎo chī yuǎn bù jí chéng dū nà me duō hǎo ba jiù zàn zhè me guī dìng dōng tiān bù zhù
精美而便宜的小吃远不及成都那么多。好吧，就暂这么规定：冬天不住
chéng dū biàn zhù kūnmíng ba
成都便住昆明吧。

节选自老舍《"住"的梦》

练习九

在北京市东城区著名的天坛公园东侧，有一片占地面积近二十万平方米的建筑区域，大大小小的十余栋训练馆坐落其间。这里就是国家体育总局训练局。许多我们耳熟能详的中国体育明星都曾在这里挥汗如雨，刻苦练习。

中国女排的一天就是在这里开始的。

清晨八点钟，女排队员们早已集合完毕，准备开始一天的训练。主教练郎平坐在场外长椅上，目不转睛地注视着跟随助理教练们做热身运动的队员们，她身边的座位上则横七竖八地堆放着女排姑娘们的各式用品：水、护具、背包，以及各种外行人叫不出名字的东西。不远的墙上悬挂着一面鲜艳的国旗，国旗两侧是"顽强拼搏"和"为国争光"两条红底黄字的横幅，格外醒目。

"走下领奖台，一切从零开始"十一个大字，和国旗遥遥相望，姑娘们训练之余偶尔一瞥就能看到。只要进入这个训练馆，过去的鲜花、掌声与荣耀皆成为历史，所有人都只是最普通的女排队员。曾经的辉煌、骄傲、胜利，在踏入这间场馆的瞬间全部归零。

踢球跑、垫球跑、夹球跑……这些对普通人而言和杂技差不多的项目是女排队员们必须熟练掌握的基本技能。接下来//的任务是小比赛。郎平将队员们分为几组，每一组由一名教练监督，最快完成任务的小组会得到一面小红旗。

看着这些年轻的姑娘们在自己的眼前来来去去，郎平的思绪常飘回到三十多年前。那时风华正茂的她是中国女排的主攻手，她和队友们也曾在这间训练馆里夜以继日地并肩备战。三十多年来，这间训练馆从内到外都发生了很大的变化：原本粗糙的地面变成了光滑的地板，训练用的仪器越来越先进，中国女排的团队中甚至还出现了几张陌生的外国面孔……但时光荏苒，不变的是这支队伍对排球的热爱和"顽强拼搏，为国争光"的初心。

节选自宋元明《走下领奖台，一切从零开始》

朗读参考：

zài běi jīng shì dōng chéng qū zhù míng de tiān tán gōng yuán dōng cè yǒu yí piàn zhàn dì miàn jī jìn èr shí wàn
在北京市东城区著名的天坛公园东侧，有一片占地面积近二十万

píngfāng mǐ de jiàn zhù qū yù　dà dà xiǎo xiǎo de shí yú dòng xùn liàn guǎn zuò luò qí jiān　zhè lǐ jiù shì guó jiā
平方米的建筑区域，大大小小的十余栋训练馆坐落其间。这里就是国家
tǐ yù zǒng jú xùn liàn jú　xǔ duō wǒ men ěr shóunéng xiáng de zhōngguó tǐ yù míngxīng dōu céng zài zhè lǐ huī hàn
体育总局训练局。许多我们耳熟能详的中国体育明星都曾在这里挥汗
rú yǔ　kè kǔ liàn xí
如雨，刻苦练习。

zhōngguó nǚ pái de yì tiān jiù shì zài zhè lǐ kāi shǐ de
中国女排的一天就是在这里开始的。

qīngchén bā diǎn zhōng　nǚ pái duì yuánmen zǎo yǐ jí hé wán bì　zhǔn bèi kāi shǐ yì tiān de xùn liàn　zhǔ
清晨八点钟，女排队员们早已集合完毕，准备开始一天的训练。主
jiào liàn láng píng zuò zài chǎng wài cháng yǐ shàng　mù bù zhuǎnjīng de zhù shì zhe gēn suí zhù lǐ jiào liàn men zuò rè shēn
教练郎平坐在场外长椅上，目不转睛地注视着跟随助理教练们做热身
yùn dòng de duì yuán men　tā shēnbiān de zuò wèi shàng zé héng qī shù bā de duī fàng zhe nǚ pái gū niangmen de gè
运动的队员们，她身边的座位上则横七竖八地堆放着女排姑娘们的各
shì yòng pǐn　shuǐ　hù jù　bēi bāo　yǐ jí gè zhǒng wài háng rén jiào bù chū míng zi de dōng xi　bù yuǎn de
式用品：水、护具、背包，以及各种外行人叫不出名字的东西。不远的
qiáng shàng xuán guà zhe yí miàn xiān yàn de guó qí　guó qí liǎng cè shì　wánqiáng pīn bó　hé　wèi guó zhēng
墙上悬挂着一面鲜艳的国旗，国旗两侧是“顽强拼搏”和“为国争
guāng　liǎngtiáo hóng dǐ huáng zì de héng fú　gé wài xǐng mù
光”两条红底黄字的横幅，格外醒目。

zǒu xià lǐng jiǎng tái　yí qiè cóng líng kāi shǐ　shí yī gè dà zì　hé guó qí yáo yáo xiāng wàng
“走下领奖台，一切从零开始”十一个大字，和国旗遥遥相望，
gū niang men xùn liàn zhī yú ǒu ěr yì piē jiù néng kàn dào　zhǐ yào jìn rù zhè gè xùn liàn guǎn　guò qù de xiān
姑娘们训练之余偶尔一瞥就能看到。只要进入这个训练馆，过去的鲜
huā　zhǎngshēng yǔ róng yào jiē chéng wéi lì shǐ　suǒ yǒu rén dōu zhǐ shì zuì pǔ tōng de nǚ pái duì yuán　céng jīng
花、掌声与荣耀皆成为历史，所有人都只是最普通的女排队员。曾经
de huīhuáng　jiāo ào　shèng lì　zài tà rù zhè jiānchǎng guǎn de shùn jiān quán bù guī líng
的辉煌、骄傲、胜利，在踏入这间场馆的瞬间全部归零。

tī qiú pǎo　diàn qiú pǎo　jiā qiú pǎo　zhè xiē duì pǔ tōng rén ér yán hé zá jì chā bù duō de xiàng
踢球跑、垫球跑、夹球跑……这些对普通人而言和杂技差不多的项
mù shì nǚ pái duì yuánmen bì xū shú liànzhǎng wò de jī běn jì néng　jiē xià lái　de rèn wù shì xiǎo bǐ sài
目是女排队员们必须熟练掌握的基本技能。接下来//的任务是小比赛。
lángpíng jiāng duì yuánmen fēn wéi jǐ zǔ　měi yì zǔ yóu yì míng jiào liàn jiān dū　zuì kuài wánchéng rèn wù de xiǎo
郎平将队员们分为几组，每一组由一名教练监督，最快完成任务的小
zǔ huì dé dào yí miànxiǎohóng qí
组会得到一面小红旗。

kàn zhe zhè xiē nián qīng de gū niang men zài zì jǐ de yǎn qián lái lái qù qù　lángpíng de sī xù cháng piāo
看着这些年轻的姑娘们在自己的眼前来来去去，郎平的思绪常飘
huí dào sān shí duō nián qián　nà shí fēng huázhèngmào de tā shì zhōngguó nǚ pái de zhǔ gōngshǒu　tā hé duì yǒu men
回到三十多年前。那时风华正茂的她是中国女排的主攻手，她和队友们
yě céng zài zhè jiān xùn liàn guǎn lǐ yè yǐ jì rì de bìng jiān bèi zhàn　sān shí duō nián lái　zhè jiān xùn liàn guǎn cóng
也曾在这间训练馆里夜以继日地并肩备战。三十多年来，这间训练馆从
nèi dào wài dōu fā shēng le hěn dà de biàn huà　yuán běn cū cāo de dì miàn biàn chéng le guāng huá de dì bǎn　xùn
内到外都发生了很大的变化：原本粗糙的地面变成了光滑的地板，训
liàn yòng de yí qì yuè lái yuè xiān jìn　zhōngguó nǚ pái de tuán duì zhōng shèn zhì hái chū xiàn le jǐ zhāng mò shēng de
练用的仪器越来越先进，中国女排的团队中甚至还出现了几张陌生的
wài guó miàn kǒng　dàn shí guāng rěn rǎn　bú biàn de shì zhè zhī duì wǔ duì pái qiú de rè ài hé　wán qiáng
外国面孔……但时光荏苒，不变的是这支队伍对排球的热爱和“顽强

pīn bó wèi guózhēng guāng de chū xīn
拼搏，为国争光”的初心。

节选自宋元明《走下领奖台，一切从零开始》

练习十

在一次名人访问中，被问及上个世纪最重要的发明是什么时，有人说是电脑，有人说是汽车，等等。但新加坡的一位知名人士却说是冷气机。他解释，如果没有冷气，热带地区如东南亚国家，就不可能有很高的生产力，就不可能达到今天的生活水准。他的回答实事求是，有理有据。

看了上述报道，我突发奇想：为什么没有记者问：“20世纪最糟糕的发明是什么？”其实2022年10月中旬，英国的一家报纸就评出了“人类最糟糕的发明”。获此“殊荣”的，就是人们每天大量使用的塑料袋。

诞生于上个世纪30年代的塑料袋，其家族包括用塑料制成的快餐饭盒、包装纸、餐用杯盘、饮料瓶、酸奶杯、雪糕杯等。这些废弃物形成的垃圾，数量多、体积大、重量轻、不降解，给治理工作带来很多技术难题和社会问题。

比如，散落在田间、路边及草丛中的塑料餐盒，一旦被牲畜吞食，就会危及健康甚至导致死亡。填埋废弃塑料袋、塑料餐盒的土地，不能生长庄稼和树木，造成土地板结，而焚烧处理这些塑料垃圾，则会释放出多种化学有毒气体，其中一种称为二噁英的化合物，毒性极大。

此外，在生产塑料袋、塑料餐盒的过程中使用的氟利昂，对人体免疫系统和生态环境造成的破坏也极为严重。

节选自林光如《最糟糕的发明》

朗读参考：

zài yí cì míng rén fǎng wènzhōng bèi wèn jí shàng gè shì jì zuì zhòngyào de fā míng shì shén me shí yǒu rén
在一次名人访问中，被问及上个世纪最重要的发明是什么时，有人
shuō shì diàn nǎo yǒu rén shuō shì qì chē děngděng dàn xīn jiā pō de yí wèi zhī míng rén shì què shuō shì lěng qì
说是电脑，有人说是汽车，等等。但新加坡的一位知名人士却说是冷气
jī tā jiě shì rú guǒ méi yǒu lěng qì rè dài dì qū rú dōng nán yà guó jiā jiù bù kě néng yǒu hěn gāo
机。他解释，如果没有冷气，热带地区如东南亚国家，就不可能有很高
de shēngchǎn lì jiù bù kě néng dá dào jīn tiān de shēnghuó shuǐzhǔn tā de huí dá shí shì qiú shì yǒu lǐ yǒu
的生产力，就不可能达到今天的生活水准。他的回答实事求是，有理有
jù
据。

kàn le shàngshù bào dào wǒ tū fā qí xiǎng wèi shén me méi yǒu jì zhě wèn èr shí shì jì zuì zāo gāo
看了上述报道，我突发奇想：为什么没有记者问：“二十世纪最糟糕
de fā míng shì shén me qí shí èr líng líng èr nián shí yuèzhōngxún yīng guó de yì jiā bào zhǐ jiù píng chū le
的发明是什么？”其实二〇〇二年十月中旬，英国的一家报纸就评出了
rén lèi zuì zāo gāo de fā míng huò cǐ shū róng de jiù shì rén men měi tiān dà liàng shǐ yòng de sù
“人类最糟糕的发明”。获此“殊荣”的，就是人们每天大量使用的塑

liào dài
料袋。

dànshēng yú shàng gè shì jì sān shí nián dài de sù liào dài qí jiā zú bāo kuò yòng sù liào zhì chéng de kuài cān
诞生于上个世纪三十年代的塑料袋，其家族包括用塑料制成的快餐
fàn hé bāozhuāng zhǐ cān yòng bēi pán yǐn liào píng suān nǎi bēi xuě gāo bēi děng zhè xiē fèi qì wù
饭盒、包装纸、餐用杯盘、饮料瓶、酸奶杯、雪糕杯等。这些废弃物
xíngchéng de lā jī shù liàng duō tǐ jī dà zhòng liàngqīng bù jiàng jiě gěi zhì lǐ gōng zuò dài lái hěn
形成的垃圾，数量多、体积大、重量轻、不降解，给治理工作带来很
duō jì shù nán tí hé shè huì wèn tí
多技术难题和社会问题。

bǐ rú sǎn luò zài tián jiān lù biān jí cǎo cóng zhōng de sù liào cān hé yí dàn bèi shēngchù tūn shí
比如，散落在田间、路边及草丛中的塑料餐盒，一旦被牲畜吞食，
jiù huì wēi jí jiàn kāngshèn zhì dǎo zhì sǐ wáng tián mái fèi qì sù liào dài sù liào cān hé de tǔ dì bù
就会危及健康甚至导致死亡。填埋废弃塑料袋、塑料餐盒的土地，不
néngshēng zhǎng zhuāng jia hé shù mù zàochéng tǔ dì bǎn jié ér fén shāo chù lǐ zhè xiē sù liào lā jī zé
能生长庄稼和树木，造成土地板结，而焚烧处理这些塑料垃圾，则
huì shì fàng chū duōzhǒnghuà xué yǒu dú qì tǐ qí zhōng yì zhǒngchēng wéi èr è yīng de huà hé wù dú xìng jí
会释放出多种化学有毒气体，其中一种称为二噁英的化合物，毒性极
dà
大。

cǐ wài zài shēng chǎn sù liào dài sù liào cān hé de guò chéngzhōng shǐ yòng de fú lì áng duì rén tǐ
此外，在生产塑料袋、塑料餐盒的过//程中使用的氟利昂，对人体
miǎn yì xì tǒng hé shēng tài huán jìng zào chéng de pò huài yě jí wéi yánzhòng
免疫系统和生态环境造成的破坏也极为严重。

节选自林光如《最糟糕的发明》

本章小结

不断完善自己的朗诵技巧是一个长期的过程，需要我们不断地积累经验。只有通过不断的练习和反思，我们才能在表达艺术的道路上越走越远。让我们以坚定的决心和满腔的热情投入到朗诵的学习中去吧！

第五章

演讲及技巧

知识目标

1.通过本章的学习，了解什么是演讲、演讲的特点以及演讲的形式。

2.通过本章的学习，明确演讲的目的，并了解演讲的特征。

3.通过本章的学习，掌握演讲的技巧。

能力目标

1.通过本章的学习，具备理解稿件的能力及分析能力、语言表达能力，能够抓住观众的注意力，恰当运用肢体语言。

2.通过本章的学习，提高演讲人的社交能力、文化素养与理论水平，建立自信。

3.通过本章的学习，设定演讲所要达到的目的，站在观众的角度思考如何才能更好地与观众建立联系并与之产生情感共鸣进而进行情感交换。

学思践悟

党的二十大报告指出，加快构建中国话语和中国叙事体系，讲好中国故事、传播好中国声音，展现可信、可爱、可敬的中国形象。讲好中国故事，讲好中国式现代化的故事，围绕中国式现代化进行话语阐释和叙事传播，既是我们全社会坚定道路自信、理论自信、制度自信、文化自信的重要途径，也是我们扩大中华文化影响力、促进人类文明交流互鉴的现实要求，是我们打破西方话语霸权、推动形成客观公正积极健康的全球舆论生态的必然选择。

讲中国故事，可以通过各种方式进行，而演讲是方式之一，会“讲故事”能够帮助我们在群体中获得认可、赢得机会，甚至改变命运。讲故事的能力，其实也是演讲能力。语言，是人类文明之始，更是人类文明得以延续的重要载体之一，而演讲则是运用语言的一种更高级的方式。

第一节 演讲概述

演讲的本质是思想的力量，话语的核心是价值的传递，它与语言学、文艺学、美学、政治学、社会学等学科交叉，是一种以有声语言为主，无声语言（副语言）为辅进行思想交流和宣传的社会实践活动。不仅能增强演讲者的自信心，也能够使其克服在公共场合演讲的紧张和恐惧，增强心理素质，加强演讲者的语言表达能力。

一、演讲的定义

演讲也称为讲演或演说，是一种在公众场合进行的语言交际活动。演讲者通常使用有声语言作为主要手段，并辅以体态语言，针对特定的问题发表见解和主张，阐明事理或抒发情感，以此进行宣传和鼓动。演讲不仅是一种交流方式，也是一种艺术表现形式，它可以涉及理论观点、政治思想、事实宣传等主题。在演讲中，语言的选择和编排、体态语言的使用都非常重要，它们共同影响着演讲的效果和感染力。

二、演讲的作用

演讲顾名思义是“讲”与“演”密切配合的口语表达形式，在演讲过程中表达自己的主观思想感情，是以说服人、感染人、改变影响人的思想和行为为目的的语言表达形式，是人类交流思想、传递信息的重要手段。所以，演讲可以起到以下作用：

（1）促进沟通：演讲作为一种有效的沟通方式，可以跨越语言和文化的障碍，使有着不同背景的人能够互相理解、交流。这有助于增进彼此的了解，加强沟通，促进历史转变，促进文明建设，促进人才成长。

（2）增强自信、提高表达能力：成功的演讲需要演讲者具备自信、勇气和决心。通过不断的练习和实践，演讲者可以逐渐克服紧张、焦虑等负面情绪，提高自己的自信心和语言表达能力，提高说话的条理性和逻辑性。

（3）具有艺术美感的作用：演讲又称演说，“讲”是讲明道理，“说”是发表对某一问题的看法。要求题材必须是真实的，必须歌颂真善美，运用有声语言，加上“无声”的动作、体态、表情，相辅相成，巧妙结合，融为一体。要求形式是美的，语言是美的，姿态是美的，从而使人产生愉悦，心灵得到净化，审美得到提升。

三、演讲的主要形式

1.照读式演讲

照读式演讲也称读稿式演讲。演讲者拿着事先写好的演讲稿，走上讲台，逐字逐句地向听众宣读一遍。其内容经过慎重考虑，语言经过反复推敲，结构经过精心安排，话讲得郑重。它比较适合在重要而严肃的场合运用。如各级党代会、人民代表大会、政协会议等大会报告，纪念重大节日的领导人讲话，外交部的声明等。

练习 5-1

请用照读式演讲的方式对以下内容进行宣读：

第十四届全国政协主席王沪宁4日在全国政协十四届二次会议开幕会上代表政协全国委员会常务委员会向大会报告工作时说，为推动十四届全国政协履职工作开好局，着重在以下四方面下功夫、求实效。

一是坚持中国共产党对人民政协工作的全面领导，把牢履职正确政治方向。深刻认识人民政协是中国共产党领导的政治组织，自觉把坚持中国共产党全面领导和党中央集中统一领导贯穿到人民政协全部工作之中，在思想上政治上行动上同以习近平同志为核心的党中央保持高度一致。制定全国政协党组、机关党组向中共中央请示报告事项清单，严格执行重大事项请示报告制度。建立“第一议题”制度，全国政协党组会议、主席会议传达学习贯彻习近平总书记最新重要讲话和重要指示批示精神19次、182篇。健全习近平总书记重要指示批示精神和中共中央决策部署贯彻落实制度、工作台账、督查机制。对中共十八大以来习近平总书记关于人民政协工作重要批示和中共中央关于人民政协工作重要文件落实情况开展“回头看”。

二是强化政治培训，提高政治能力和履职本领。以加强思想政治建设为根本，以增强围绕中心、服务大局本领为关键，制定十四届全国政协委员集中学习培训规划和培训工作办法、全国政协机关干部教育培训规划和培训工作办法等。围绕学习贯彻习近平总书记关于加强和改进人民政协工作的重要思想等，举办新任委员学习研讨班、专门委员会主任会议暨学习研讨班、委员专题学习研讨班、各级政协干部专题培训班等，全国政协主席会议成员参加并带头授课，引导广大委员和机关干部坚持用党的创新理论凝心铸魂、强基固本。

三是完善工作制度体系，夯实履职制度基础。围绕学习培训、调研视察、协商议政、谈心交流、新闻宣传、委员读书、机关建设等工作，制定和修订87项制度。严格制度执行，梳理汇编全国政协层面57项、机关层面171项制度，对重点制度落实情况开展专项督查，落实反对形式主义、官僚主义要求。全国政协机关抓好配套制度建设，做到定岗定责问效、依规依制履职。

四是坚持问题导向，提高调研议政质量。把握人民政协工作定位和特点，对协商议政工作进行全流程规范和优化，在“深、实、细、准、效”上持续用力。坚持调研于协商之前，贯彻中共中央大兴调查研究要求，制定加强和改进调查研究工作意见，探索建立由主席会议成员牵头、跨专门委员会的专题研究制度，针对协商议政中一些深层次问题组织力量跟进研究，通过“调研—协商—再调研”把问题研深议透。改进重要协商会议筹备组织工作，增强参会委员专业性和代表性，创造条件帮助委员掌握情况、熟悉政策，促进深度协商互动、广泛凝聚共识。从1 755个建议议题中遴选出21个重点协商议政题目，围绕中心任务和群众期盼协商议政、建言资政。

资料来源：新华社.推动十四届全国政协履职工作开好局［EB/OL］.［2024-03-05］. http：//www.cppcc.gov.cn/zxww/2024/03/05/ARTI1709604824482561.shtml.

小提示：在宣读时，要做到字音准确，断句正确，拎出重点，对报告内容完整准确地进行宣读。

2.背诵式演讲

背诵式演讲也称脱稿演讲。演讲者事先写好演讲稿，反复照背，背熟后上讲台，脱稿向听众演讲。这种演讲方式比较适合演讲比赛和初学演讲者，可以在一定程度上检验和培养演讲者的演讲能力。

练习 5-2

将这篇演讲稿背熟并试着进行演讲。（选自2023年贵州省大学生“做自信自强者”演讲比赛获奖作品）

我骄傲，我是贵州人

作者：贵州大学动物科学学院动物医学专业学生 余昊泽

“天下山水之秀，聚于黔中”，贵州，是一个美丽而又神奇的地方。这片养育我的土地，过去可能被贴上了“贫穷”“落后”的标签，但今天，高速发展的它，正以全新的、傲人的姿态重回人们的视野，我以自己是贵州人而骄傲！

贵州是一个有文化底蕴的地方。提到贵州的文化底蕴，大部分人都知道遵义会议，四渡赤水。是的，百年党史中有“贵州红”，这是中国革命生死攸关的转折地。但贵州不只有红色文化，“世界之茶源于中国，中国之茶始于贵州”“风过贵州带茶香”。贵州的茶文化，从夜郎古国的茶马古道走来，从高山深壑的迷雾深处走来，芬芳国人，纵横千古。贵州人杰地灵，阳明先生在这里完善了他的学说，使他跻身于中国的哲学家、教育家之列。这里诞生了“清绝一世”的丁宝桢，大家常吃的宫保鸡丁便是他所创。

贵州自古以来就是一个多民族聚居地，贵州的世居民族有苗族、侗族、布依族等18个民族，少数民族人口占全省人口的39%，多个民族在贵州生根发芽。著名的贵州宣慰使——奢香夫人，便是一位彝族女政治家，她巩固了西南边疆，促进了多民族的团结。生长在贵州这片热土上的各个民族，也像石榴籽一样紧紧地抱在一起，团结友爱，共建美丽贵州，兴我中华。

今天的贵州，彻底撕碎了千百年来的贫困标签，正迈向共同富裕的康庄大道。交通一直是制约经济发展的重要因素，曾经的贵州“地无三里平”，今天的贵州却“万桥飞架南北”，被称为“桥梁博物馆”。世界桥梁前十，我国占8座，而贵州独占5座。“要想富，先修路”，贵州已初步构建了高速公路、高速铁路、民航等综合立体交通网络，被称为“高速平原”，贵州还保持了近十年全国领先的经济增速。

“绿水青山就是金山银山”，黔程锦绣，多彩贵州，贵州独特的喀斯特地貌，足以媲美桂林山水的独特美景，处处都是大自然的神赐。贵州近年来大力发展乡村旅游，逐步实现一村一景，使得来贵州游玩的游客越来越多，使贵州成为人们的最佳旅游目的地之一。贵州大学的留学生套用白居易的《忆江南》，吟诵出了“贵州好，风景旧曾谙，日出山花红胜火，四季江水绿如蓝，能不忆贵州？”对贵州赞不绝口。

我生于贵州，长于贵州，求学于贵州。贵州的山水滋养了我，贵州的人民养育了我。“贵州好，风景美如画。日出山花红胜火，四季江水绿如蓝，能不爱贵州？”我爱贵州的山，我爱贵州的水，我爱贵州的人。我骄傲，我是贵州人！贵州兴盛，我们学子有责，今天我们因我们是贵州人而骄傲，明天要让贵州以我们为骄傲，让我，让你，让我们，成为贵州的骄傲！

小提示：在背诵的过程中要充分运用情景再现，在演讲时要使听众仿佛真的看到、听到、感受到贵州发生的巨大变化，充分调动情感，沉浸在演讲内容中。用自己的真情实感打动听众。

3.提纲式演讲

提纲式演讲也称提示式演讲。演讲者只把演讲的主要内容和层次结构，按照提纲形式写出来，借助它进行演讲，而不必一字一句写出来进行背诵演讲。其特点是能避免照读式演讲和背诵式演讲与听众缺乏情感的交流，演讲者根据几条原则性的提纲进行演讲，比较灵活，便于临场发挥，真实感强。但它又具有照读式演讲和背诵式演讲的长处，能够事先对演讲的内容有充分准备，可以有一定的时间收集材料，考虑演讲要点和论证方法，但不要求写出全文，而是提纲挈领地把演讲的主要观点、论据、结构层次等用简练的句子排列出来，作为演讲时的提示，靠它开启思路。它是初学演讲者进一步提高演讲水平行之有效的一种演讲方式。

练习 5-3

围绕下面的题目展开演讲。

1.细节决定成败

2.如何看“90后的潇洒”

3.我的家乡

4.短视频对我们的影响

小提示：在进行演讲时要进行有效架构，先说什么、再说什么、最后要传递什么样的思想，都要提前进行谋篇布局，并在纸上拟出小提纲。训练时，对照列出的小提纲展开说。但要注意的是每一个版块要控制好时间，明确目的，避免长篇大论、记流水账。

4.即兴式演讲

它是演讲者预先没有充分准备而临场触景生情所发表的演讲，是一种难度最大、要求最高、效果往往最佳的演讲方式，可以根据实际情况，针对听众的心理和需要，灵活机动，迅速调动语言的一切积极因素进行演讲，这样的演讲虽然会有很多不确定性，但是也会充满魅力，带来意想不到的惊喜。使用这种演讲方式，需要演讲者在德、才、学、识、胆诸方面具有很高的修养，具有很强的记忆力、丰富的想象力、敏捷的思维能力、大量的语言和材料储备……如果不具备这些条件，即使使用这种演讲方式，也不会取得理想的演讲效果。相反，往往还会出现信口开河、漫无边际、逻辑混乱、漏洞百出的现象。这样反倒影响了演讲的效果。虽然如此，每个演讲者都要争取掌握这种演讲方式。只要下苦功，肯定能学会。

练习 5-4

假设你参加一场旅行分享会，现在要求你以“人在旅程”为题，探讨个人在人生旅途中的体验和感悟。

小提示：要调动记忆，对在大脑里第一时间浮现出来的场景进行优化，将自己的真情实感表达出来。当然，如果每一次旅行之后，你都有记录感受的习惯，此时就可以轻松面对。

第二节　演讲的目的及特征

演讲作为一种以语言为工具而进行宣传的社会活动有着悠久的历史。在日常生活和工作中，演讲作为一种重要的沟通方式，扮演着举足轻重的角色。

一、演讲的目的

德国哲学家黑格尔在《美学（第三卷）》中对演讲的目的做过一段精彩的论述，他说：“一般说来，演讲家在演讲里的高旨趣并不在于艺术性的描述和完美的刻画，他还有一个跃出艺术范围的目的，他的演讲的形式结构毋宁说只是一种有效的手段，利用来实现一种非艺术性的目的或旨趣。从这个观点来看，他感动听众，不单是为感动而感动，听众的感动和信服也只是一种手段，便于演说家要实现的意图。所以，对听众来说，演讲者的描述也不是为描述而描述，也只是一种手段，用来使听众达到某一信念，做出某一种决定，或采取某一种行动。”演讲的目的可以归纳为：

（1）传播信息：演讲的首要目的是传递信息。演讲者通过演讲向听众介绍知识、信息，让听众能够更好地理解某个主题或领域。也可以通过感人的故事引人思考，传播正能量。

（2）表达观点：演讲者通过演讲阐述自己对某个问题的看法时，可以表达自己的观点和立场，抒发感情。

（3）感染和激励听众：演讲者通过演讲，用真实的内容、真挚的情感表达激发听众产生共鸣，帮助他们理解和接受演讲者的观点。

（4）影响和改变听众：演讲者通过演讲影响听众的观念和行为方式，引导他们对某一问题进行深入的认识和认真的思考，从而促使他们改变自己的观念和行为，实现社会变革和进步。

二、演讲的特征

演讲在与口语交际、表演艺术及其他社会交际活动相比时，具有以下几个明显特征：

（1）演讲的群众性：从演讲的活动形式来看，其具有广泛的群众性。从演讲的目的与效果来看，坚持从群众中来再到群众中去会得到社会上大多数人的认可。演讲者面对的是聚在一起的听众。演讲没有等级与学历的门槛，任何人都可以成为演讲者。

（2）演讲的务实性：演讲与其他艺术门类很大的区别在于演讲的实践性和真实性，演讲者始终以一个真实、本真的样貌出现在大众面前，没有角色扮演，演讲者就是演讲者自己。真实的感情流露，即通过自己的感受对内容进行传递，而所演讲的内容也都是生活中真实存在的。

（3）演讲的鼓动性：从演讲的目的来看，其本意就是鼓动听众接受演讲者的意念。演讲本身就是带有鼓动性的宣传。

（4）演讲的综合性：演讲与其他艺术存在交叉点。其不仅具有艺术独有的特点，同时还借鉴了其他艺术门类的表现手法。

第三节　演讲的技巧

演讲是一门语言艺术，它的主要形式是“讲”，即运用有声语言并追求言辞的表现力和声音的感染力；同时，还要辅之以“演”，即运用面部表情、手势动作、身体姿态等体态语言，使讲话“艺术化”，从而产生一种特殊的艺术魅力。

一、副语言表达技巧

副语言是指除了语言本身之外的语言表达方式，包括非语言的身体动作、面部表情、肢体语言等。副语言是人类交流的重要组成部分，在演讲中起着关键的作用。

1. 肢体语言：又称身体语言，是指通过头、眼、颈、手、肘、臂、身等人体部位的协调活动来传达人物的思想，以达到表情达意的沟通目的。

2. 表情语言：通过面部表情和肢体反应来传递信息和表达情绪的非有声语言。主要包括语言表达时的面部表情，如说话时的语气语调、目光指向等。

3. 手势语言：运用手指、手掌、拳头和手臂动作的变化，表达思想感情。这是演讲中最常用的一种语言。

练习 5-5

请举例说明副语言的作用。

小提示：在生活中副语言无处不在，请仔细观察并体会不同情形下，你的肢体、表情以及手势的运用。

二、现场把控技巧

演讲之前在内容选择和谋篇布局上要对观众有一个预测，确定现场气氛及效果。演讲的根本目的在于影响观众的主观意识，促使某种行为出现或改变。为了达到这一目的，演讲时要考虑临场发挥及现场把控。

临场发挥技巧：主要表现为对怯场心理的控制和对情感的把控。

演讲现场把控：演讲者在演讲过程中要把握主动，对现场的突发状况进行有效的控制。

练习 5-6

1. 当你在台上演讲时，突然发现你提前制作好的ppt或者视频内容播放不出来，你该如何应对?

2. 如果是在户外演讲，前一秒还是晴空万里，现在突然飘起了小雨，你该如何应对?

3. 如果演讲时话筒出现了问题，发出了啸叫声，你该如何应对?

小提示：可以主动适应或者巧妙地与自己的演讲内容进行结合，还可以幽默风趣地进行化解等。

三、语言表达口语化

演讲是一种口语表达的艺术活动，而口语化则是使演讲产生魅力的诀窍之一。如果只是一味地咬文嚼字，堆砌辞藻，就会使演讲变得枯燥无味，使人反感。

（1）选取有利于口语表达、通俗易懂的词语，避免使用官方语言。好的演讲，不拐弯抹角，而是直来直去、开诚布公、一针见血。从听众的角度看，这样的信息传达有效且能够突出重点，容易使听众产生记忆点。从信息传播的规律看，这符合当下人们获取信息的需求。

（2）运用适合口语表达的句式。“短句”比“长句”有力，短句子适合递进表达，非常适合表达强烈的观点和情感。

练习 5-7

1.通过下面的故事，体会口语化的必要性。

一个秀才看到一个挑担卖柴的，喊道："荷薪者过来。"卖柴人听懂了"过来"两字，就过来了。秀才指着柴问："其价几何?"卖柴人听懂了一个字"价"，就告诉他了。秀才又摇头晃脑地说："其薪枝多而茎少，烟多而焰少，请损之!"意思是：你这个柴小枝多、大段少，烟多、火不旺，便宜点吧。卖柴人一个字也没听懂，扭头走了。

小提示：秀才的话有没有文化？有！但有没有用？没有！这就是我们在写作中容易犯的"书生病""转文病"。你老老实实说"人话"就行了，非得故作高深，别人听得难受，没有传播效果，一切都是白费。

2.多积累一些谚语、俗语，比如"不管黑猫白猫，抓住老鼠就是好猫"，它既是比喻，又是一句俗语。

四、画面感的建立

演讲要"具象"，要有"画面感"。每个人都喜欢听故事，如果讲故事的人干巴巴地陈述，会让人感觉乏味无趣不想听下去，如果讲故事时把细节讲出来，且绘声绘色地进行讲述，会让听众有身临其境之感，完全沉浸在故事情节中。比如在写演讲稿时，比起"他对我说"，改用"他放下手里的书，拉着我的手对我说"，画面感更强，会让自己也回到当时的状态中，并将观众带入自己的情绪里。

练习 5-8

1.想象力训练：通过想象，将自己置身于某种环境或情境中，认真感知每一个细节。

请坐下来，背靠椅背，闭上眼睛，开始想象：你身处森林当中，正朝着森林深处走去。然后：

(1) 只专注于你所看到的视觉画面，注意每一个细节。

(2) 只专注于你所听到的听觉声音，注意每一个细节。

(3) 只专注于你所触到的触觉感受，注意每一个细节。

(4) 同时结合你的视觉+听觉感受，注意每一个细节。

(5) 同时结合你的视觉+触觉感受，注意每一个细节。

(6) 同时结合你的视觉+听觉+触觉感受，注意每一个细节。

2.视觉训练：是一种有关眼睛和大脑的训练方式，注重视觉专注，提高自己的专注力水平。

限定一两分钟，仔细观察周围的某个事物。比如房屋内的陈设、一本书等。

闭上眼睛，回忆刚才所看到的图像，注意要体现每个细节。

睁开眼睛，比较一下差异。

再次闭上眼睛，补充图像。

不断重复，直到闭上眼睛回忆的图像和真实事物完全一致。

小提示：通过以上练习，能明显提高大脑的画面感。

第四节　综合实战演练

朗读下列文章：

柔和酱香酒歌

国酒之侧，溪流之畔，绿荫之下，河谷之地。这里酒旗招客饮，远望有人家，满山高粱红，十里麦花香。在这里，美酒河的清波，邂逅了唯茅台独有的红樱子糯高粱和优质小麦，邂逅了勤劳智慧的茅台酿酒人，孕育出了最柔和醉人的柔和酱香酒。一脉酱香，随风一路芬芳。此酒享国酒乡曲之誉，酱味醇厚，柔和典雅，和而不同。此酒醇和如深情，甘甜回味长，杯杯醉人心，口口留齿香。邀友对酌心花放，主客陶然各忘忧，揽明月入杯，存浓情于怀。良辰美景处，清风徐来时，举杯邀月，把酒临风，且共从容，其乐融融。一杯敬过往，岁月悠悠未蹉跎；一杯敬今朝，春风常在酒常有；一杯敬未来，明年花好胜今朝！意犹未尽再举杯，共祝愿父母幸福安康享高寿，夫妻琴瑟和鸣共白头，儿女茁壮成长步步高，朋友蒸蒸日上生活美，祖国国泰民安国运昌！

（作者：吴畏，贵州大学文学院教授，硕士研究生导师，国家级普通话测评员）

不负韶华，不负青春

青春，是宇宙间最绚烂的烟火，它绽放于生命的每一个瞬间。人生，如同一条长河，而青春，便是其中最清澈、最激昂的篇章。青春的年华，是上天赐予我们最珍贵的礼物，它充满了希望、阳光、激情与奋进。即使有时青春的脚步会带着些许无奈与痛苦，但这一切都会成为我们人生中最宝贵的财富。

青春，是一首动人的诗篇，是一幅绚丽多彩的画卷。它常常被赋予无数美好的寓意，如同清晨的露珠，晶莹剔透；如同夏日的阳光，热烈而耀眼。在这如梦如幻的青春时光里，我们有着无尽的遐想与憧憬，有着探索未知的勇气与决心。

青年人啊，请勇敢地追求梦想，如同飞鸟展翅高飞。当你遇到困难时，不要害怕，因为每一次挑战都是成长的契机。记住，只有经历过风雨，才能见到彩虹。你的每一次努力，都将化为青春的足迹，镌刻在你人生的道路上。

同时，我们也要明白，青春不仅仅是个人的奋斗与拼搏，更是对家国情怀的坚守与奉献。我们生而为人，应当有责任和担当。只有将自己的梦想与国家和民族的命运紧密相连，我们的青春才会更加有意义、有价值。

青年兴则国家兴，青年强则国家强。让我们携手共进，用青春的激情与热血，书写属于我们的辉煌篇章。让我们珍惜这美好的青春时光，不负韶华，不负自己。因为只有奋斗的青春，才是最值得回忆的青春。

（朗读者：吕露露，贵州黔南经济学院，信息学院，计算机2302班）

可爱的中国

朋友，中国是生育我们的母亲。你们觉得这位母亲可爱吗？我想你们是和我一样的，觉得这位母亲是非常可爱的。以气候而言，中国处于温带，不太热，也不太冷。好像我们母亲的体温不高不低，最适宜于孩儿们的依偎。就国土而言，中国土地广大，纵横960万平方公里。

中国，有许多有名的崇山大岭、长江巨河以及大小湖泊。中国，土地的生产力是无限的，地底蕴藏着未开发的宝藏，也是无限的。废置而未曾利用起来的天然力更是无限的。这岂不象征着我们的母亲，保有着无穷的乳汁，无穷的力量，以养育她4万万的孩儿。至于说到中国天然风景的美丽，不仅有巍峨的峨眉、妩媚的西湖、幽雅的雁荡、秀甲天下的桂林山水，可以傲视一世，其实，中国无处不美，到处皆景。从城市到乡村，一山一水，一丘一壑，只要稍加修饰，都可以成为流连难舍的盛景。这好像我们的母亲，她是一个天资玉质的美人，她的身体的每一部分都令人爱慕。

可是我的母亲太可怜了，一个天生的丽人现在却变成这样！

不错，目前的中国固然是江山破碎，国弊民穷，但谁能断言中国就没有一个光明的前程呢？是的，我们相信中国一定会有个可赞美的光明前途！

中华民族在很早以前就建造了一座万里长城，就开凿了几千里的运河。这就证明中国，证明中华民族有无比伟大的创造力。这种创造力将会无限地发挥出来。到那时，中国的面貌将会被我们改造一新，所有的贫困和灾荒、混乱和仇杀、饥饿和寒冷、疾病和瘟疫、迷信和愚昧，以及那慢性的杀灭中华民族的鸦片毒物，这些都是帝国主义带给我们的可憎的赠品，将来也要随着帝国主义被赶走而离开中国。

朋友，我相信：到那时，到处都是活跃的创造，到处都是日新月异的进步。欢歌将代替悲叹，笑脸将代替哭脸，富裕将代替贫穷，康健将代替疾病，智慧将代替愚昧，友爱将代替仇恨，生之快乐将代替死之忧伤，明媚的花园将代替暗淡的荒地。

这时，我们的民族就可以无愧色地立在人类的面前！生育我们的母亲也会被最美丽地装饰起来，与世界上各位母亲平等地携手同行。朋友，我们可以这样相信：这光荣的一天，绝不在遥远的未来，而在很近的明天。我期待着这一天早日到来！

（1935年5月无产阶级革命家方志敏写于狱中，原文有删改。

朗读者：吴畏，贵州大学文学院教授，硕士研究生导师，国家级普通话测评员）

为天地立心，为生民立命

宋仁宗嘉祐二年（1057年），翰林院学士欧阳修主持科举考试，这一年的中举榜单被称为“千年科举龙虎榜”，原因是中举的人有日后位列唐宋八大家的苏轼、苏辙和曾巩，有开创程朱理学的程颐，有北宋改革家吕惠卿，有政治家章惇，还有后来战功赫赫的北宋将领王韶。有人统计，嘉祐二年这一榜至少出现了8位文学大家和9位宰相，可以说光耀了整个宋朝。除了上述几位杰出人物外，还有一个人，他的名字叫张载，后人尊称他为张子，他给世人留下了22字格言“为天地立心，为生民立命，为往圣继绝学，为万世开太平”，这就是著名的“横渠四句”。

张载（1020- 1077），字子厚，其名“载”，源自《易经》，意为厚德载物。张载生于长安，父亲名叫张迪，曾任涪州知州。在张载15岁时，其父病逝，他带着母亲和幼弟把父亲的灵柩从涪州迁回长安，经过横渠，正值西北兵变，便在这里把父亲安葬下来，并在一年后举家搬到了横渠。

庆历元年（1041年），张载21岁。当时范仲淹被任命为陕西经略安抚副使，主持西北防务。张载上呈《边议九条》，由于见解独到，深得范公赏识。然而临别时，范仲淹送给他一本《中庸》，希望他日后专注于儒学。

张载在自己的书房里写了一副对联，上联是“夜眠人静后”，下联是“早起鸟啼先”。他不仅自己刻苦攻读，对弟弟张戬也十分严厉。父亲去世时，张戬才5岁，后来张戬考中进士，与兄长张载的教诲是分不开的。嘉祐二年（1057），张载38岁，考中进士，他以《易经》为题在相国寺讲学，第一课就轰动京城。

宋神宗熙宁二年（1069年），吕公著推荐张载入朝，宋神宗希望他能辅佐王安石实施新政，张载婉拒了。后来张载的弟弟张戬因为反对推行新法而遭受贬谪，张载因此事毅然辞去了官职，回到家乡横渠讲学。

熙宁十年（1077年），张载不幸染上肺疾，恰逢神宗皇帝诏其入京。张载抵京后，病情愈发沉重，于是决定辞官归乡。途经临潼，天降大雪，张载知道生命将尽，于是沐浴净身，更换新衣，泰然自若地迎接死亡的到来。次日清晨，在纷飞的大雪中，张载离开了人世。

张载是一位儒者，一位备受敬仰的思想家，他心怀天下、志向高远。他在官场历经坎坷，本可独善其身、避世隐居，然而他却选择坚守儒者之道，在艰难中追求真理，在困境中坚守信仰。自他辞官返回家乡横渠以后，便踏入了勤奋苦读的漫长岁月，程颢、程颐曾用“苦心极力”来形容他在学问上的刻苦与执着。张载在横渠讲学期间创立了“关学”，与二程的“洛学”、周敦颐的“濂学”、王安石主张的“新学”以及朱熹的“闽学”，共同构成了宋代儒学的主流。

为官期间，张载想了解民间疾苦，为百姓尽力，于是向朝廷申请外放。他先后到了祁州、云岩、渭州等地，为官一任，造福一方。他重视用言行来劝人们向善，尊老爱幼，乐善好施。他在家乡横渠购得百余亩良田，将这片土地分为九个小块，并将其布置成井田之状；他选择了最中央的那一块留作自用，而其余八块则慷慨地赠予了那些无地可耕的乡民。张载在横渠数年，始终以布衣的身份组织乡民兴修水利、灌溉良田。

张载去世两百年后，文天祥参加殿试，写下了张载的22字格言，高中状元；后来文天祥积极抗元，血洒刑场，成为中华民族永不磨灭的丰碑。张载去世约六百年，张煌言以“横渠四句”为座右铭，在明朝大厦将倾之际，毅然挺身而出；他抗清22年，最后舍生取义。张载去世大约七百年后，林则徐肩负使命南下，在虎门点燃了熊熊烈火，他的行动彰显了民族的大义，深刻地诠释了“横渠四句”的真谛。抗日战争时期，无数的中华儿女抛头颅、洒热血，用血肉之躯去践行民族大义，“横渠四句”是对他们最好的诠释。

“为天地立心，为生民立命，为往圣继绝学，为万世开太平。”当很多人都在思考读书的目的究竟是什么的时候，北宋的张载经过半生思索，用上述四句话回答了我们，这22个字言简意赅，一千多年来已经成为了中华民族的精神坐标。

稿件来源：佚名.张载：为天地立心，为生民立命，他的22个字，成为千年的座右铭[EB/OL].[2024-05-15] baijiahao.baidu.com/s?id.有删改。

（朗读者：林洁，贵州大学文学院，贵州省普通话水平省级测评员）

本章小结

演讲是一种重要的沟通方式，我们应该重视演讲的学习和训练，不断提高自己的演讲技巧和能力。当然技巧只是在演讲时为内容服务的，最好的技巧其实就是真诚。演讲不是为了迎合观众，而是用真诚打动在看你的人。演讲不只是在演讲，更多的是在真诚地表达，表达你的感受和体悟。好的演讲应当是酝酿已久的故事、沉淀许久的情感以及呼之欲出的观点，它来自真实的个人体验、独立的个体思考。要想用演讲打动人，情感不能虚，故事不能假。每句话都要有依据，莫名其妙的情感爆发是没有依据的，故事逻辑不清也会让听众听得云里雾里。所以不能为了讲而讲，而是要用心、用情去表达。

主要参考文献

[1] 周济.做好语言文字工作，为经济社会发展服务——在纪念国务院《关于公布〈汉字简化方案〉的决议》和《关于推广普通话的指示》发布50周年座谈会上的发言[J].现代语文：语言研究版，2006（4）：2.

[2] 刘照雄.推广普通话的重要举措——普通话水平测试简论[J].语言文字应用，1994（4）：6.

[3] 推广普通话宣传提纲和宣传口号——中华人民共和国教育部政府门户网站（http：//www.moe.gov.cn/）.

[4] 国务院办公厅关于全面加强新时代语言文字工作的意见（国办发〔2020〕30号）.

[5] 佚名.教育部等三部门印发《国家通用语言文字普及提升工程和推普助力乡村振兴计划实施方案》[J].贵州开放大学学报，2022，30（1）：1.

[6] 国家语委普通话与文字应用培训测试中心.普通话水平测试实施纲要[M].北京：语文出版社，2022.

[7] 国家语委普通话与语言应用培训测试中心.普通话水平测试应试指导[M].北京：语文出版社，2023.

[8] 贵州省语言文字工作委员会办公室，贵州省普通话培训测试中心.贵州省普通话培训测试用书[M].贵阳：贵州教育出版社，2020.

[9] 张颂.朗读学[M].4版.北京：中国传媒大学出版社，2022.

[10] 中国传媒大学播音主持艺术学院.播音主持创作基础[M].北京：中国传媒大学出版社，2015.

[11] 王琳.演讲与口才教程[M].4版.大连：东北财经大学出版社，2021.

[12] 纽曼.演讲的本质：让思想更有影响力[M].郑燕，译.北京：中信出版社，2016.

[13] 黑格尔.美学：第三卷[M].朱光潜，译.北京：商务印书馆，1981.